SCHWARZER HIRSCH

Ich rufe mein Volk

SCHWARZER HIRSCH

Ich rufe mein Volk

Leben, Visionen und Vermächtnis des letzten großen Sehers der Ogalalla-Sioux

Weltbild Verlag

Die Urausgabe trägt den Titel
Black Elk Speaks

Die Übersetzung besorgte Siegfried Lang
Bilder und Zeichnungen
vom Stehenden Bär

Authentische Aufzeichnung des
Indianer-Forschers
John Neihardt

Genehmigte Lizenzausgabe für
Weltbild Verlag GmbH, Augsburg 1997

Umschlaggestaltung: Adolf Bachmann, Reischach
Gesamtherstellung: Wiener Verlag, Himberg
Printed in Austria
ISBN 3-89604-063-4

INHALT

EINST LEBTEN WIR GLÜCKLICH

ALS ICH SCHWARZEN HIRSCH [BLACK ELK[1]] ZUM erstenmal bei den Ogalalla-Sioux aufsuchte, saß er allein im Schutze eines Kiefergeästes, in der Nähe einer Blockhütte. Diese steht auf einem unbewachsenen Hügel, ungefähr zwei Meilen vom Manderson-Postamt entfernt.

Man sagte mir, Schwarzer Hirsch sei ein Verwandter des großen Häuptlings Tolles Pferd [Crazy Horse] und er habe diesem sehr nahegestanden. So machte ich mich denn in Begleitung meines Sohnes und eines Dolmetschers auf, um ihn zu sprechen. Freilich erwartete ich nicht mehr als die Gunst, mit dem alten Krieger und Weisen ein paar Worte wechseln zu dürfen; doch war ich auch dessen nicht gewiß. Unterwegs erzählte mir mein Dolmetscher nämlich, er habe an diesem Morgen einen andern Schriftsteller zu Schwarzem Hirsch geführt, indessen ohne Erfolg. »Ich kann sehen, daß du ein achtbarer Mensch bist«, habe der Alte zu ihm gesagt, »und ich fühle, du bist gut; aber ich mag nicht über diese Dinge reden.«

Schwarzer Hirsch sprach auch zu mir nichts Verbindliches; aber er erzählte wenigstens während dieses ganzen August-Nachmittags, obschon er öfters in nachdenkliches Schweigen versank. Er saß dann vorgebeugt, die Ellbogen über den Knien gekreuzt und starrte mit halbblinden Augen zu Boden.

Nicht viel sprach er von weltlichen Dingen, mehr von solchen, die er als heilig und als »der Dunkelheit menschlicher Augen« entrückt erachtete. Wiewohl meine Kenntnis vom Seelenleben der Indianer in einem Zeitraum von dreißig

Jahren einen nicht unbeträchtlichen Umfang angenommen, so war doch des Schwarzen Hirschs innere Welt, wie sie sich an diesem Tag – obschon unvollkommen und nur blitzhaft erhellt – offenbarte, für mich gleich merkwürdig wie wunderbar.

Auch war ich tief beeindruckt von der umfassenden Lebenserfahrung des Mannes. Er hatte die Schicksale seines Volkes sowohl in der guten alten Zeit wie in den tragischen und heroischen Jahren seiner Niederlagen und Entwürdigung mitgelebt, sich zudem aber seit früher Jugend höhern Werten gewidmet als der Sicherung von Obdach und Nahrung. Während langen Jahren hatte er sich leidenschaftlich an diese ihn erfüllenden Werte hingegeben. Als Jäger, Krieger, Krankenheiler und Seher schien er mir damals das Wissen der Prärie-Indianer vollkommener zu vertreten als irgendeiner, den ich gekannt. Sowie ich dann mit seiner innern Welt vertraut geworden war, fand ich meine Meinung bestätigt.

Im folgenden Jahr kehrte ich, begleitet von meinen Töchtern Enid und Hilda, zu Schwarzem Hirsch zurück, um die Geschichte seines Lebens zu erfahren. Die Erzählung nahm er wie eine ihm auferlegte Pflicht auf sich. Die besondere Art seiner Pflichtauffassung wird sich zwar den Lesern nicht eröffnen, die das Buch mit der Herablassung eines »Zivilisierten« in die Hand nehmen, und mehr oder weniger neugierig zu erfahren suchen, wie ein »Wilder« denkt; nein, sie wird jenen offenbar, die als demütig im Dunkel Tastende wünschen, einen andern Menschen zu verstehen, um dann aus einer solchen Welt vielleicht ein klein wenig mehr zu lernen als sonst an Wahrheit erlangt werden mag. Ein solcher Leser wird in des Schwarzen

Hirschs Erkenntnissen manche Anregung zu ernstem Nachdenken finden, vor allem was Rang und Ordnung all der Werte betrifft, die gerade unserer Zivilisation bedeutungsvoll erscheinen mögen.

Aber selbst Leute, die nur unterhalten werden möchten, dürfen ruhig zuhören, wenn Schwarzer Hirsch spricht. Er ist ein lebendiger Zeuge verschiedener aufwühlender Begebnisse der sichtbaren wie der unsichtbaren Welt. Er berichtet darüber mit einer selbstlosen Einfachheit, die uns das Lesen leicht macht. Wenn seine Schauungen und seine dichterischen Bilder sich zuweilen der Stufe der Erhabenheit nähern, so ist doch bei Gelegenheit sein Sinn für Humor so lebendig, daß seine Mitmenschen sich ihm nahe fühlen.

Im vertraulichen Umgang seines Familien-Alltags mag Schwarzer Hirsch mit Fug und Recht als ein Heiliger im ursprünglichen Sinne dieses Wortes gelten. Er verkörpert eine seltene Form des Genius. Die Mitglieder seiner Familie und alle seine Freunde fühlen dies, und die Verehrung, die ihm jene entgegenbringen, die ihn am besten kennen, ist ergreifend. Obwohl ein tief schwermütiger Mann, zeigt er sich in allen seinen menschlichen Beziehungen heiter. Freundlichkeit geht auch noch dann von ihm aus, wenn er versunken dasitzt, mit jenem Ausdruck des Herzenskummers im Antlitz, der ihm die Liebe mindestens eines weißen Mannes zugezogen hat. Er sehnt sich nach der Zeit, da er in die »Jenseitige Welt« wird eingehen können; und doch war er während der Dauer unseres ausgedehnten Besuches bei ihm und seinen Freunden immer zu jeder Unterhaltung, die meine Töchter erfreuen konnte, bereit. Er entsann sich vieler drolliger Geschichten und guter Spässe, die er zum besten gab, um die manchmal abflauende Stimmung unserer Gesellschaft zu heben. Mit dem Eifer eines sorglosen Knaben konnte er an einem Reif- und Speer-Spiel teilnehmen, oder er tanzte die halbe Nacht mit uns unter den Sternen, zum Schall der Trommeln und dem Klang der seltsamen schönen Lieder, die er in seiner Jugend gesungen.

Als ich Schwarzen Hirsch erstmals besuchte, war er nahezu blind. Kürzlich ist er völlig erblindet, wovon er mich ganz beiläufig und anscheinend ohne alle Betrübnis in Kenntnis setzte. Ist er nicht gerade so von der »Dunkelheit der Augen« befreit und damit seiner geschauten Wirklichkeit um einiges näher?

Schwarzer Hirsch besitzt keine Schulkenntnisse; doch werden denkende Leser zugeben, daß er trotzdem ein gebildeter Mensch ist, in der edlen, ursprünglichen Bedeutung, die unserm fortschrittlichen Zeitalter entglitten ist. Denn wie anders kann ein gebildeter Mann gerühmt werden, als daß man von ihm sagt, es wiederhole sich in seinem Bewußtsein die ganze Erfahrung seiner Rasse, um seine reiche Persönlichkeit zu entfalten? Und ganz gewiß sehen wir in Schwarzem Hirsch die Kultur seines Volkes in voller Blüte.

Ich möchte noch bemerken, daß diese Erzählung sich nicht allein an Menschen, die sich üblicherweise um andere kümmern, wendet, sondern vor allem an Studierende der Sozialwissenschaften, der vergleichenden Religionsgeschichte und der Seelenforschung. Auch dürften jene, die nach dem Sinn der Gesichte suchen, ganz besonders nach dem des Großen Gesichts, wahrscheinlich reichlich auf ihre Rechnung kommen. Meinen Freunden unter den Ogalalla-Sioux möchte ich für ihre vielseitige Hilfe und für ihre

menschliche Güte danken, wenn auch die Mehrzahl von ihnen nie etwas von meinem Dank vernehmen wird. Besonders zu danken habe ich Benjamin, Schwarzen Hirschs Sohn, für seine Mühewaltung und seine wirksame Hilfe als mein Dolmetscher während vieler Tage; ferner meiner Tochter Enid für ihre umfangreiche stenographische Niederschrift der Gespräche, aus denen dieses Buch, als ein Werk der Liebe, geschaffen worden ist.
Regierungsbeamte leisteten mir großherzigen Beistand, und so habe ich alle Ursache, auch ihnen dankbar zu sein.

Branson, Mo.

JOHN G. NEIHARDT

DAS OPFER DER PFEIFE

SCHWARZER *Hirsch spricht:*

Mein Freund, so wie du wünschest, erzähle ich dir die Geschichte meines Lebens; doch ginge es nur um die Geschichte meines Lebens, so glaube ich, würde ich sie dir nicht erzählen. Was ist schon ein einzelner Mensch, daß er Aufhebens machen sollte von seinen Wintern, selbst wenn sie ihn gebeugt hätten wie lastender Schnee? So viele andere Menschen haben gelebt und mögen diese Geschichte wieder leben, dann werden auch sie Gras sein auf den Hügeln.

Es ist die Geschichte eines Lebens, die zu erzählen gut und heilig ist. Die Geschichte eines Lebens von uns Zweibeinern, die daran teilhaben mit den Vierbeinern und den Vögeln in der Luft und allen grünen Dingen; denn alle sind Kinder einer Mutter, und ihr Vater ist ein Geist.

Es ist also nicht die Geschichte eines großen Jägers oder eines großen Kriegers oder eines großen Reisenden, wiewohl ich zu meiner Zeit viel Wild erlegt und für mein Volk gekämpft habe, als Knabe und als Mann, und obwohl ich weit herumgekommen bin und fremde Länder und Menschen gesehen habe. Solches haben auch andere vollbracht, und besser als ich. Dieser Dinge werde ich beiläufig gedenken. Oft wird es scheinen, daß sie die Geschichte selbst ausmachen, so wie ich sie erlebte, mit Glück und Kummer. Doch nun, da ich alles wie von einem hohen Berggipfel aus überblicken kann, weiß ich: es war die Geschichte eines ungeheuern Gesichts, das einem Menschen offenbart worden, der zu schwach war, um davon Gebrauch zu machen; eines heiligen Baumes, der mit Blüten und singenden Vögeln in eines Volkes Herz hätte gedeihen sollen, und der nun verdorrt ist; und Traum eines Volkes, der im blutigen Schnee gestorben.

Wenn aber dieses Gesicht, wie ich weiß, ein wahres und mächtiges gewesen, so ist es wahr und mächtig auch jetzt; denn solche Dinge sind aus dem Geist, und es liegt an der Finsternis ihrer Augen, daß die Menschen irregehen. Darum weiß ich, daß es eine gute Sache ist, die ich beginne; und da Gutes nicht durch die Menschen allein vollbracht werden kann, werde ich zuerst ein Opfer darbringen und den Geist der Welt anrufen, damit ich die Kraft erlange, wahr zu sein. Sieh, ich fülle diese heilige Pfeife mit der Borke der roten Weide; aber ehe wir sie rauchen, mußt du sehen, wie sie beschaffen ist und was sie bedeutet. Die vier Bänder, die hier am Rohr hängen, sind die vier Viertel des Alls. Das schwarze ist für den Westen, wo die Donnerwesen wohnen, die uns Regen senden; das weiße für den Norden, von wo der große, weiße, reinigende Wind kommt; das rote für den Osten, wo der Morgenstern wohnt, der die Menschen mit Weisheit begabt; das gelbe für den Süden, wo der Sommer herkommt und die Gewalt des Wachstums für Pflanzen, Tiere und Menschen.

Aber diese vier Geister sind am Ende nur ein Geist, und diese Adlerfeder hier ist für diesen einen, der gleich dem Vater ist, und sie ist auch für die Gedanken der Menschen, die sich so hoch wie die Adler erheben sollten. Ist nicht der Himmel ein Vater und die Erde eine Mutter, und sind nicht alle lebenden Dinge mit Füßen oder Flügeln oder Wurzeln ihre Kinder? Und diese Tierhaut hier am Mundstück, die aus Büffelhaut sein sollte, bedeutet die Erde, von der wir gekommen sind und an deren Brust wir wie kleine Kinder unser Leben lang saugen, zusammen mit all den Tieren und Vögeln und Bäumen und Gräsern. Und weil sie all das aussagt, und dazu noch mehr als irgendein Mensch verstehen könnte, darum ist die Pfeife heilig.

Es gibt eine Geschichte, die erzählt, wie die Pfeife zuerst zu uns gekommen. Vor sehr langer Zeit, sagen sie, sahen zwei Kundschafter nach Büffeln aus; und als sie auf der Kuppe eines hohen Hügels angelangt waren und nach Norden spähten, sahen sie von weit her etwas auf sie zukommen; als es nahte, riefen sie: »Das ist eine Frau!« – und so war es. Da stiegen in dem einen von den Kundschaftern, der töricht war, böse Gedanken auf, und er sprach sie aus; doch der andere sagte: »Das ist eine heilige Frau; laß alle schlimmen Gedanken fahren.« Als sie noch näher gekommen war, da sahen sie, daß sie ein Kleid aus feinem weißem Wildleder trug, daß sie sehr langes Haar hatte und jung und schön war. Und sie kannte ihre Gedanken, und mit einer Stimme, die wie Gesang tönte, sprach sie: »Ihr kennt mich nicht, doch wollt ihr tun, was ihr gedacht habt, so kommt.« Und der Törichte kam; doch als er vor ihr stand, erschien eine weiße Wolke und hüllte beide ein. Und die schöne junge Frau trat aus der Wolke hervor, und als diese sich verzog, war der törichte Mann ein mit Schlangen[2] bedecktes Gerippe.

Da sprach die Frau zu dem, der nicht töricht war: »Du sollst heimgehen und deinen Leuten sagen, daß ich komme, und daß in der Mitte eures Volkes ein großes Zelt für mich errichtet werden soll.« Und der Mann, den große Furcht erfaßt hatte, ging eilig. Er erzählte den Leuten, die sogleich taten, was sie geheißen worden; dann standen sie rings um das große Zelt und erwarteten die heilige Frau. Nach einer

Weile schritt sie heran, sehr schön und mit Gesang; und dies ist, was sie sang, als sie das Zelt betrat:

»Mit sichtbarem Atem ich wandre.
Wie ich gehe, sende ich eine Stimme.
Auf heilige Weise ich wandre.
Mit sichtbaren Spuren ich wandre.
Auf heilige Weise ich wandre.«

Und als sie sang, trat aus ihrem Mund eine weiße Wolke; die hatte einen angenehmen Duft. Dann übergab sie dem Häuptling etwas. Das war eine Pfeife; auf deren einer Seite war ein Büffelkalb eingegraben, das die Erde bedeutete, die uns trägt und nährt, und von dem Rohr hingen zwölf Adlerfedern, die mit unzerreißbarem Gras zusammengebunden waren. Sie bedeuteten den Himmel und die zwölf Monate. »Schau her!« sagte sie; »damit werdet ihr zu einem zahlreichen und guten Volk werden. Nichts als Gutes kann daraus kommen. Nur die Hände der Guten sollen damit umgehen, und die Schlechten sollen es nicht einmal erblicken.« Darauf sang sie wieder und verließ das Zelt; und als die Leute ihr, wie sie wegging, nachschauten, war es plötzlich ein weißer Büffel, der davonrannte; und bald war nichts mehr zu sehen.

Das erzählen sie, und ob es sich so zugetragen hat, das weiß ich nicht; doch wenn man darüber nachdenkt, kann man erkennen, daß es wahr ist.

Jetzt zünde ich die Pfeife an; und nachdem ich sie den Mächten geweiht, die eine Macht sind, und eine Stimme zu ihnen geschickt habe, werden wir zusammen rauchen. Zuerst bieten wir das Mundstück dem einen über uns an – so – und ich sende eine Stimme:

Hey hey! hey hey! hey hey! hey hey!

Großvater, Großer Geist, du warest immer, und vor dir war keiner. An keinen andern, nur an dich ist ein Gebet zu richten. Du selbst, alles, was du siehst, ein jedes Ding ist von dir geschaffen. Die Sternvölker durch das ganze All hast du ausgerichtet. Die vier Viertel der Erde hast du vollendet. Den Tag und alles an diesem Tage hast du bewirkt. Großvater, Großer Geist, neige dich nah herab zur Erde, auf daß du mein Gebet vernehmest. Ihr, auf deren Seite die Sonne versinkt, schaut her! Donnerwesen, seht her! Ihr, dort wo der weiße Riese in seiner Macht wohnt, schaut her! Ihr, dort wo die Sonne beständig scheint, von wo der Morgenstern aufsteigt und der Tag, seht mich an! Ihr, bei denen der Sommer wohnt, seht mich an! Du in den Tiefen der Himmel, ein Adler an Kraft, blicke her! Und du, Mutter Erde, du einzige Mutter, du hast deinen Kindern dich gnädig gezeigt!

Hört mich, ihr vier Vierteile der Welt – ich bin euer Verwandter! Macht mich stark, über die sanfte Erde zu gehen, ein Verwandter von allem, was ist! Gebt mir Augen, zu sehen und die Kraft zu verstehen, daß ich euch gleich sein möge. Mit eurer Macht allein kann ich den Winden standhalten.

Großer Geist, Großer Geist, mein Großvater, über der ganzen Erde ist das Antlitz der lebenden Dinge das gleiche. Zart sind diese aus dem Grund hervorgesproßt. Schau auf diese Gesichter von unzähligen Kindern und mit Kindern in ihren Armen, auf daß sie den Winden standhalten mögen und die gute Straße wandern bis zum Tage des Friedens. – Dieses ist mein Gebet; erhöre mich! Das Wort, das ich zu dir gesandt habe, ist schwach, doch im Ernste habe ich gesprochen. Höre mich!

Ich habe geschlossen. Hetschetu weloh[3]! Nun, mein Freund, laß uns zusammen rauchen, auf daß nur Gutes zwischen uns walten möge.

FRÜHESTE KNABENZEIT

Ich bin ein Lakota[4] vom Ogalalla-Zweig. Meines Vaters Name war Schwarzer Hirsch, und sein Vater trug vor ihm diesen Namen, und auch der Vater von dessen Vater, also bin ich der Vierte dieses Namens. Er war ein Medizinmann, und das waren auch verschiedene seiner Brüder. Also, er und der große Häuptling Tolles Pferd waren Vettern, denn sie hatten denselben Großvater. Meiner Mutter Name war Weiße Kuh sieht [White Cow Sees]; ihr Vater wurde Weigert-sich-zu-gehen [Refuse-to-Go] genannt und ihre Mutter Viele Adler-Federn [Plenty Eagle Feathers]. Ich kann mich an die Mutter meiner Mutter und an ihren Vater erinnern. Meines Vaters Vater wurde von den Pani getötet, als ich noch zu klein war, um etwas zu verstehen, und seine Mutter, Rote Adler-Frau [Red Eagle Woman] starb bald hernach.

Ich wurde geboren im Monat der Krachenden Bäume [Dezember] am Little Powder River, in jenem Winter, als die vier Krähen[5] getötet wurden [1863], und ich war drei Jahre alt, als meinem Vater in der Schlacht der Hundert Erschlagenen[6] das Bein gebrochen wurde. Infolge dieser Verletzung hinkte er bis zum Tage seines Todes; das war um die Zeit, als die Schar des Großen Fuß [Big Foot] bei Wounded Knee niedergemetzelt worden [1890]. Er liegt in diesen Hügeln begraben.

Ich kann mich an diesen Winter der Hundert Erschlagenen erinnern, so wie ein Mensch sich an einen Traum erinnern mag, den er als Kind geträumt, aber ich könnte nicht genau sagen, wieviel ich davon später gehört habe, als ich größer war, und wieviel ich gewußt, als ich klein gewesen. Es ist wie etwas Schreckhaftes, von Nebel umgeben, denn es war eine Zeit, da alle in Furcht und Verwirrung lebten.

Damals hatte ich noch nie einen Uaschitschun[7] gesehen; doch jedermann sagte, die Uaschitschun würden kommen und unser Land nehmen und uns auslöschen, und wir alle müßten kämpfen. Es waren die Uaschitschun, die in der Schlacht ausgelöscht wurden, und lange redeten alle Leute davon; aber hundert Uaschitschun waren nicht viel, wenn nach ihnen andere und unzählige kamen.

Ich entsinne mich, daß ich einmal meinen Großvater hierüber befragte. Ich sagte: »Wenn die Kundschafter heimkehren und irgendwo die Prärie voller Büffel gesehen, dann sagen die Leute, die Uaschitschun kommen; und wenn die fremden Männer anrücken, uns alle zu töten, so sagen sie, die Uaschitschun kommen. Was bedeutet das?« Er antwortete. »Daß ihrer viele sind.«

Als ich älter war, hörte ich mehr über diese Kämpfe im Winter und im darauffolgenden Sommer. Oben an der Madison Fork hatten die Uaschitschun viel von dem gelben Metall gefunden, das sie anbeten und das sie wahnsinnig macht, und sie wollten eine Straße zu dem Ort hinführen, wo das gelbe Metall zu finden war; doch unsere Leute begehrten keine solche Straße. Die Büffel wären dadurch scheu gemacht und vertrieben worden, auch wären die andern Uaschitschun wie ein Strom herangeflutet. Sie sagten uns, sie brauchten für ihren Zweck nur ganz wenig Land,

so viel wie ein Wagen zwischen seinen Rädern bedecke; doch unser Volk wußte es besser. Und wenn du jetzt hier um dich blickst, so kannst du sehen, was sie wollten.
Einst waren wir glücklich in unserm eigenen Land und waren selten hungrig, denn die Zweibeiner und die Vierbeiner lebten beieinander wie Verwandte, und es gab Überfluß für sie wie für uns. Aber die Uaschitschun kamen, und sie machten kleine Inseln für uns und andere kleine Inseln für die Vierbeiner, und diese Inseln wurden immer kleiner, denn rings um sie brandete die nagende Flut der Uaschitschun; und sie ist schmutzig von Gier und Lügen.
Vor langer Zeit sagte mir mein Vater, was ihm sein Vater gesagt, daß einst ein heiliger Lakota gewesen, genannt Trinkt Wasser [Drinks Water], der träumte, was kommen werde; und das war lange vor der Ankunft der Uaschitschun. Er sah im Traum, daß die Vierbeiner in die Erde zurückgingen und daß ein fremdes Geschlecht ein Spinngeweb um die Lakotas gezogen. Und er sagte: »Wenn dies geschieht, werdet ihr in viereckigen grauen Häusern, in einem unfruchtbaren Land wohnen, und in diesen grauen Häusern werdet ihr verhungern.« Sie sagen, bald nachdem er dieses Gesicht gehabt, sei er in die Mutter Erde zurückgekehrt, und es sei der Kummer gewesen, der ihn getötet. Ihr könnt euch nun hier umblicken und sehen, daß er diese Häuser mit den schmutzigen Dächern meinte, in denen wir wohnen, und daß auch alles übrige wahr ist, was er gesagt hat. Träume sind zuweilen wissender als das Wachen.
Und als dann die Soldaten kamen und sich dort an der Piney-Scheide des Powder River eine hölzerne Stadt aufbauten, da erkannte mein Volk, daß sie nun ihre Straße haben, unser Land besetzen, und vielleicht, wenn sie stark

Schwarzer Hirsch
Indianische Weise,
den Namen
zu schreiben

genug wären, uns alle töten wollten. Tolles Pferd war damals erst neunzehn Jahre alt, und Rote Wolke [Red Cloud] war noch unser großer Häuptling. In dem Monat der Wechselnden Jahreszeit [Oktober] rief er alle zerstreuten Gruppen der Lakota zu einem großen Rat am Powder River zusammen; und als wir nun gegen die Soldaten den Kriegspfad beschritten, da konnte ein Reiter von Sonnenaufgang, bis der Mittag über seinem Haupte stand, durch unsere Dörfer reiten, so weit erstreckten sich unsere Lager das Flußtal entlang; denn viele von unsern Freunden, die Shyela[8] und die Blauen Wolken[9] waren gekommen, um uns im Kampfe beizustehen.

Es war als der sterbende Mond noch verweilte [in seinem letzten Viertel] in der Zeit der Krachenden Bäume, als die

Hundert aufgerieben wurden. Mein Freund Feuer-Donner [Fire Thunder] hier, der älter ist als ich, war in der Schlacht und kann dir erzählen, was sich zugetragen hat.

Feuer-Donner spricht:

Ich war sechzehn Jahre alt, als dies geschah, und nach dem großen Kriegsrat am Powder River waren wir zum Tongue River hinübergezogen, wo wir an der Mündung der Peno-Bucht unser Lager besaßen. Viele von uns waren dort. Rote Wolke hatte den Befehl über alle, doch der Häuptling unseres Trupps war Big Road [Großer Weg]. Wir ritten mit Sonnenaufgang die Bucht hinauf gegen die Stadt der Soldaten am Piney, denn wir wollten sie angreifen. Die Sonne stand auf halber Höhe, als wir an der Stelle anhielten, wo die Uaschitschun-Straße einen steilen engen Hang herabkam und die Bucht durchschnitt. Es war ein guter Kampfplatz; so schickten wir ein paar Mann voraus, um die Soldaten herabzulocken. Während sie dorthin gingen, bildeten wir zwei Abteilungen, verbargen uns in zwei Gräben, auf beiden Seiten des Hanges, und warteten. Nach einer langen Frist hörten wir oben auf dem Hügel einen Schuß und wußten nun, daß die Soldaten kamen. Da hielten wir unsern Ponies die Nüstern zu, auf daß sie den Pferden der Soldaten nicht zuwieherten. Bald sahen wir unsere Männer zurückkommen; einige von ihnen gingen zu Fuß und führten ihre Pferde, damit die Soldaten denken sollten, sie seien erschöpft. Und dann kamen die Leute, die wir vorausgeschickt hatten, auf der Straße, die zwischen uns lag, herabgerannt, und die Soldaten folgten ihnen zu Pferd und schossen. Als sie auf flachem Boden unten am Hügel angelangt waren, begann sogleich die Schlacht. Ich hatte einen Rotfuchs. Eben als ich ihn besteigen wollte, machten die

Soldaten kehrt, um sich kämpfend nach dem Hügel zurückzuziehen. Ich trug einen Sechslader, den ich mir erworben hatte, und auch einen Bogen und Pfeile. Als die Soldaten zurückdrängten, hielt ich meinen Fuchs mit der einen Hand und fing an, mit dem Sechslader auf sie zu schießen, denn sie kamen in meine Nähe. Viele Kugeln wurden verschossen, aber noch viel mehr Pfeile – so viele, daß es aussah wie ein Heuschreckenschwarm über und rings um die Soldaten herum; und unsere Leute, deren Pfeile sich kreuzten, trafen sich auch gegenseitig. Während sie sich kämpfend auf den Hügel zurückzogen, fielen fortwährend viele Soldaten, und ihre Pferde liefen davon. Manche von unsern Leuten jagten hinter den Pferden her; doch ich dachte nicht an die Pferde, ich dachte an die Uaschitschun. Als die Soldaten oben anlangten, waren es ihrer nicht mehr viele, und sie fanden dort keinen Schutz. Sie kämpften zäh. Es wurde uns gesagt, daß wir sie umschleichen sollten, und wir taten das. Als wir ihnen ganz nah waren, rief einer von uns: »Los auf sie! Dies ist ein guter Tag zum Sterben. Denkt an die Hilflosen daheim!« Da schrien wir alle: »Ho ka hey!« und fielen über sie her. Ich war damals jung und flink auf meinen Füßen, und ich warf mich als einer der ersten mitten unter die Soldaten. Sie leisteten Widerstand und kämpften heftig, bis keiner von ihnen mehr am Leben blieb. Sie hatten einen Hund bei sich gehabt, dieser rannte zurück und die Straße hinauf nach der Stadt der Soldaten. Er heulte, während er lief, der einzige Überlebende. Ich schoß nicht auf ihn, weil er so sanft aussah; manche jedoch schossen, und er starb mit Pfeilen gespickt. Also war keiner von den Soldaten am Leben geblieben. Tote Menschen und Pferde und verwundete Indianer waren auf dem ganzen

Weg zum Hügel hinauf zerstreut, und ihr Blut war gefroren, denn ein Sturm hatte sich erhoben, und es war sehr kalt und wurde noch immerzu kälter. Wir ließen alle Toten liegen, denn der Boden war hartgefroren. Wir nahmen nur unsere Verwundeten auf und machten uns auf den Rückweg; doch verloren wir die meisten von ihnen, ehe wir unser Lager an der Mündung des Peno erreichten. Es erhob sich ein mächtiger Schneesturm in dieser Nacht, und einige von den Verwundeten, die nicht unterwegs starben, starben, als wir zu Hause angelangt waren. So geschah es damals, als Schwarzen Hirschs Vater das Bein brach.

Schwarzer Hirsch fährt fort:

Ich kann mich sehr wohl an die Zeit erinnern, als mein Vater mit einem gebrochenen Bein nach Hause kam, nachdem er viele Uaschitschun getötet hatte. Es scheint auch, daß ich mich all dessen entsinnen sollte, was in jener Schlacht geschehen ist. Aber es gelingt mir nicht. Es muß die Furcht sein, an die ich mich vor allem erinnere. Während der ganzen Zeit durfte ich nur in der Nähe unseres Tipi[10] spielen, und immer wieder rief meine Mutter, »wenn du nicht artig bist, dann werden dich die Uaschitschun holen«.

Wir müssen bald nach der Schlacht das Lager an der Peno-Mündung abgebrochen haben, denn ich sehe noch meinen Vater in einem Pony-Wagen liegen, ganz in Büffel-Felle gehüllt wie ein Baby, und meine Mutter ritt das Pony[11]. Es war tiefer Schnee und sehr kalt, und ich erinnere mich, daß ich in einem andern Wagen, neben Vater und Mutter saß, in dicken Pelz gehüllt. Wir entfernten uns von dem Ort, wo die Soldaten gewesen, und ich weiß nicht, wohin wir zogen, doch ging es westwärts.

Ein Hungerwinter quälte uns, denn der hohe Schnee machte

Der Name von »Stehendem Bär«, der die Bilder zu diesem Buch gemalt hat

es schwierig, den Wapiti zu finden; auch wurden viele von unsern Leuten schneeblind. Wir fuhren weit, und einige von unsern Trupps verloren einander. Endlich aber schlugen wir das Lager auf, im Wald irgendwo bei einer Bucht, und unsere Jäger kamen zurück und brachten Fleisch.
Ich glaube, es war in eben diesem Winter, als ein Medizinmann mit dem Namen Kriechender [Creeping] unter den Leuten herumging und die Schneeblinden heilte. Er legte ein wenig Schnee auf ihre Augen, und nachdem er einen bestimmten heiligen Gesang gesungen, den er in einem Traum vernommen hatte, blies er auf die Hinterköpfe der Kranken, und dann sahen sie wieder; so habe ich es gehört. Er sang von der Wasserjungfer; denn von ihr habe er seine Kraft erhalten, berichteten sie.

Als es wiederum Sommer geworden, lagen wir am Rosebud, und ich war nicht mehr so ängstlich, denn die Uaschitschun schienen in weiter Ferne. Es herrschte Friede in diesem Tal, und wir hatten Fleisch die Fülle. Doch alle Jungen, vom fünften oder sechsten Jahr an, spielten Krieg. Die kleinen Knaben der verschiedenen Gruppen taten sich zusammen, und sie kämpften gegeneinander mit Lehmkugeln, die sie mit Weidenstöcken schlugen. Und die großen Knaben spielten das Spiel Wirf-sie-von-ihren-Pferden, das eine richtige Schlacht ist, nur daß sie einander nicht töten; doch manchmal wurden sie verletzt. Die Berittenen der verschiedenen Banden stellten sich auf und brachen mit Geschrei gegeneinander los; und wenn die Ponies zusammenstießen, dann bäumten sie sich und zappelten und schrien auf in einer Wolke von Staub. Die Reiter aber faßten einander an und rangen, bis die eine Partei alle Mann verloren hatte, denn alle, die zu Boden fielen, galten als tot.

Als ich älter wurde, habe auch ich oft an diesem Spiel teilgenommen. Wir waren dabei immer nackt, gerade wie die Krieger, die zum Kampf ziehn; denn wenn es nicht zu kalt ist, sind sie ohne Kleider viel behender. Einmal fiel ich auf den Rücken, mitten in ein Beet von stacheligen Feigendisteln, und meine Mutter brauchte eine lange Zeit, alle Stacheln aus mir herauszuziehen. Ich war in diesem Sommer noch zu klein, um das Kriegsspiel mitzuspielen, aber ich kann mich erinnern, daß ich den andern Knaben zugesehen habe und dabei dachte, wenn wir erst alle erwachsen und groß sein würden, dann könnten wir vielleicht alle Uaschitschun töten oder weit aus unserem Land hinaustreiben.

Es war in dem Monat, da die Kirschen schwarz werden

[August], als alle wiederum von einer großen Schlacht sprachen, und unsere Krieger mit vielen Verwundeten heimkehrten. Da geschah der Angriff auf die Wagen [12], und ich fühlte wieder Furcht, denn wir gewannen diese Schlacht nicht, so wie wir die andern gewonnen hatten. Es gab ein großes Klagen um die Toten. Feuer-Donner war auch in dieser Schlacht; er kann euch erzählen, wie es an diesem Tage zugegangen.

Feuer-Donner spricht:

Es war sehr schlimm. Da liegt eine weite flache Prärie, rings von Hügeln umgeben, und in ihrer Mitte hatten die Uaschitschun die Gehäuse ihrer Wagen im Kreis aufgestellt, also daß sie bei Nacht ihre Maultiere dort zusammenhalten konnten. Es waren nicht viele Uaschitschun, doch sie lagen hinter ihren Wagen, und sie schossen heftiger als je zuvor. Wir dachten, sie besäßen einen neuen Zauber, denn sie schossen so ohne Unterlaß, daß es war wie das Prellen einer Schlafdecke. Später hörte ich, sie hätten neuartige Flinten gehabt [13], die von hinten geladen wurden, und sie hätten nun zum erstenmal diese Waffen gebraucht. Wir kamen dorthin nach Sonnenaufgang, und wir waren unser viele, sehr viele, so daß wir glaubten, sie überreiten und aufreiben zu können. Doch unsere Ponies fürchteten sich vor dem Ring der feuernden Gewehre, den die Uaschitschun aufgerichtet hatten, und sie wollten nicht vorwärts. Unsere Frauen schauten uns von den Hügeln aus zu, und wir konnten sie singen und klagen hören, wenn das Schießen einen Augenblick verstummte. Wir machten die äußersten Anstrengungen, doch wollte es nicht gelingen, und tote Krieger und Pferde lagen in Haufen vor den Wagen und in der Prärie verstreut. Da ließen wir unsere Pferde in einer

Schlucht und versuchten den Angriff zu Fuß, doch es war, wie wenn grünes Gras im Feuer einschrumpft. Da lasen wir unsere Verwundeten zusammen und zogen ab. Ich weiß nicht, wieviele von unsern Leuten getötet wurden, aber es waren sehr viele. Es war schlimm.

Schwarzer Hirsch fährt fort:

Ich erinnere mich nicht, wo wir in diesem Winter unser Lager hatten, doch muß damals wieder eine Zeit des Friedens und des reichlichen Essens gewesen sein.

Stehender Bär [Standing Bear] *spricht:*

Ich bin vier Jahre älter als Schwarzer Hirsch. Er und ich, wir waren Freunde seit unserer Knabenzeit. Ich weiß, wir lagerten am Powder River, da, wo viele Baumwollbäume standen. Die Ponies fressen gern die Rinde dieser Bäume, und sie tut ihnen gut. Dies war der Winter, als Hohen Hemds [High Shirt's] Mutter von einem großen Baum erschlagen wurde, der auf ihr Tipi fiel. Es herrschte eine stürmische Nacht, und es gab Geräusche, die mich weckten. Dann hörte ich, eine alte Frau sei getötet worden, und es war Hohen Hemds Mutter.

Schwarzer Hirsch fährt fort:

Damals war ich vier Jahre alt, und ich glaube, es muß im nächsten Sommer gewesen sein, als ich zum erstenmal die Stimmen hörte. Es war ein glücklicher Sommer, und niemand war in Furcht, da in dem Monat, wo die Ponies werfen [Mai], Botschaft von den Uaschitschun kam, daß Friede sein werde, und daß sie die Straße nicht gebrauchen wollten, und alle Soldaten abziehen würden. Die Soldaten gingen fort, und ihre Städte wurden niedergerissen. In dem Monat der Fallenden Blätter [November] schlossen sie mit Rote Wolke einen Vertrag, darin es hieß, daß unser Land unser Land bleiben sollte, solang darin Gras wachsen und Wasser fließen würde. Ihr könnt sehen, daß nicht Gras und Wasser das vergessen haben.

Es mag sein, daß ich nicht in jenem Sommer die Stimmen zum erstenmal hörte, aber ich glaube doch, daß es damals war; denn ich weiß, es geschah noch, bevor ich mit Pfeil und Bogen spielte oder ein Pferd geritten, und ich war allein zum Spielen ins Freie gegangen, als ich sie hörte. Mir schien, es würde jemand mich rufen, und ich dachte, es sei meine Mutter, aber da war niemand. Das geschah mehr als einmal und versetzte mich jedesmal in Furcht, so daß ich nach Hause rannte.

Und als ich fünf Jahre alt war, machte mir mein Großvater einen Bogen und Pfeile. Junges Gras grünte, und ich saß zu Pferd. Ein Gewitter kam von dort herauf, wo die Sonne untergeht, und eben als ich einer Bucht entlang in den Wald einritt, saß da ein Königsvogel auf einem Ast. Das war kein Traum, es geschah wirklich. Ich schickte mich an, mit dem Bogen, den mir mein Großvater gegeben, auf den Königsvogel zu schießen, als der Vogel zu sprechen begann und rief: »Die Wolken da herum sind alle einseitig.« Vielleicht wollte er damit sagen, daß alle Wolken auf mich hinsahen. Und darauf sprach er: »Horch! Eine Stimme ruft dich!« Dann schaute ich zu den Wolken, und zwei Männer kamen von dort, mit dem Kopf voran, wie Pfeile herabgeglitten; und als sie nahten, sangen sie einen heiligen Sang, und der Donner tönte wie der Ton der Trommel. Ich will es euch vorsingen. Der Sang und das Trommeln klangen so:

»Merk auf, dich ruft eine heilige Stimme;
Durch den ganzen Himmel ruft eine heilige Stimme.«

Ich saß da und starrte auf die Männer; sie waren von dem Ort gekommen, wo der Riese wohnt [Norden]. Doch als sie mir ganz nah waren, steuerten sie dort hinüber, wo die Sonne untergeht, und auf einmal waren es Gänse. Dann verschwanden sie. Der Regen kam mit einem starken Wind, und ein Brausen hob an.

Über dieses Gesicht sprach ich zu niemand. Ich dachte gerne darüber nach, doch fürchtete ich mich, davon zu erzählen.

DAS GROSSE GESICHT

WAS NACH diesem bis zu dem Sommer, da ich neun Jahre alt wurde, sich ereignet hat, ist keine Geschichte. Winter gingen dahin und Sommer, und sie waren gut; denn die Uaschitschun hatten ihre Eisenstraße[14] der Platte entlang gebaut und reisten auf ihr. So wurde die Büffelherde in zwei Teile geteilt, doch die, die in unserem Land geblieben, waren nicht zu zählen, und wir bewegten uns ungestört durch unser Land.

Hin und wieder, wenn ich allein im Freien war, kehrten die Stimmen zurück, so als rufe mich jemand, doch wußte ich nicht, was sie wünschten. Das geschah nicht sehr oft, und wenn es nicht geschah, vergaß ich es bald; denn ich wurde nun größer; ich ritt Pferde und konnte mit meinem Bogen Präriehühner und Kaninchen schießen. Die Knaben meines Volkes begannen sehr früh das Tun der Männer aufzunehmen, und niemand lehrte uns; wir lernten, indem wir einfach taten, was wir sahen, und wir waren Krieger in einem Alter, da heute die Jungen noch wie Mädchen sind.

Es war in dem Sommer, als ich neunjährig wurde; unser Volk zog langsam gegen die Rocky Mountains hinauf. Wir lagerten eines Abends in einem Tal bei einem kleinen Fluß, gerade bevor dieser in das Fette Gras[15] einfließt, und da war ein Mann, genannt Mann-Hüfte [Man Hip], der mich gut mochte und mich einlud, mit ihm in seinem Tipi zu essen.

Als ich aß, kam eine Stimme, die sagte: »Es ist Zeit; nun rufen sie dich.« Die Stimme war so laut und deutlich, daß ich ihr glaubte, und ich dachte, ich sollte gerade hingehen, wo sie mich haben wollte. So stand ich auf und ging hinaus. Als ich aus dem Tipi trat, begannen mich beide Schenkel zu schmerzen. Dann war mir, als erwache ich aus einem Traum, und da war keine Stimme. So ging ich in das Tipi zurück, aber ich wollte nicht mehr essen. Mann-Hüfte blickte mich merkwürdig an und fragte mich, was denn geschehen sei. Ich sagte ihm, daß meine Beine mich schmerzten.

Am nächsten Morgen rückte das Lager wieder weiter, und ich ritt mit einigen Knaben zusammen. Wir hielten an, um an einem Bach zu trinken. Doch als ich vom Pferd stieg, gaben meine Beine unter mir nach, und ich konnte nicht gehen. So halfen mir die Jungen und setzten mich auf mein Pferd. Als wir an diesem Abend das Lager aufschlugen, war ich krank. Am Tag darauf zog das Lager gegen einen Ort, wo die verschiedenen Gruppen unseres Volkes zusammentreffen sollten, und ich fuhr in einem Pony-Wagen, denn ich war sehr krank. Meine beiden Beine und beide Arme waren arg geschwollen, und mein Gesicht war gedunsen.

Als wir wiederum lagerten, befand ich mich in unserem

Tipi, und Mutter und Vater saßen neben mir. Ich konnte durch die Öffnung im Zelt hinaussehen. Plötzlich kamen zwei Männer aus den Wolken, Kopf voran, schräg wie Pfeile herabgeglitten, und ich wußte, es waren dieselben, die ich früher gesehen hatte. Jeder trug einen langen Speer, an dessen Spitze ein zackiger Blitz zuckte. Sie stiegen diesmal vollständig auf den Boden nieder, standen in einiger Entfernung, blickten mich an und sagten: »Eile! komm! Deine Großväter rufen dich!«

Dann wandten sie sich ab und fuhren schräg aufwärts, wie von einem Bogen geschnellt. Als ich mich erhob, um ihnen zu folgen, schmerzten mich meine Beine nicht mehr, und ich fühlte mich sehr leicht. Ich trat aus dem Tipi, und von dort, wo die Männer mit den flammenden Speeren hingegangen, nahte sehr rasch eine kleine Wolke. Sie kam und ließ sich herab, dann nahm sie mich in sich auf und kehrte zurück, von wo sie gekommen, mit großer Geschwindigkeit. Und als ich hinabblickte, konnte ich dort meine Mutter und meinen Vater sehen. Es tat mir leid, daß ich sie verließ.

Und dann war nichts mehr als die Luft und die Eile der kleinen Wolke, die mich trug, und jene beiden Männer, die noch immer höher strebten, bis dort weiße Wolken wie Berge in einer weiten, blauen Ebene übereinandergeschichtet standen, in denen Donnerwesen wohnten, die hinliefen und aufleuchteten.

Dann aber war plötzlich nichts mehr als eine einzige Welt von Wolken, und wir drei waren dort allein in einer großen, weiten Steppe mit schneeigen Hügeln und Bergen, die uns entgegenstarrten; und es war sehr still; aber da war ein Geflüster.

Und die beiden Männer redeten miteinander, und sie sagten: »Sieh es an, das Wesen mit vier Beinen!«

Ich schaute hin und sah ein rotbraunes Pferd dort stehen, das zu sprechen begann: »Sieh mich an!« sagte es, »meine Lebensgeschichte sollst du sehen.« Und dann lief es nach der Richtung, wo die Sonne hinabgeht, und sprach: »Schau sie an! Du sollst ihre Geschichte erfahren.«

Ich sah hin, und da waren dort zwölf schwarze Pferde, alle nebeneinander, mit Halsketten aus Büffelhufen, und sie waren schön; aber ich fürchtete mich, denn ihre Mähnen waren Blitze, und Donner kam aus ihren Nüstern.

Dann lief das rotbraune Pferd nach der Richtung, wo der große weiße Riese wohnt [nach Norden], und sagte: »Sieh her!« Und da standen nebeneinander zwölf weiße Pferde. Ihre Mähnen fluteten wie ein Schneesturm. Ein Brüllen kam aus ihren Nasen, und weiße Gänse flogen und kreisten über ihnen. Dann rannte das rotbraune Pferd nach der Richtung, wo die Sonne ständig scheint [nach Osten], und hieß mich schauen. Dort standen nebeneinander in der Reihe zwölf fuchsrote Pferde, mit Halsketten aus Hirschzähnen, mit Augen funkelnd wie der Morgenstern und Mähnen wie Morgenlicht.

Dann lief das rotbraune Pferd wiederum und blickte nach dem Ort, wo ihr immer hinseht [nach Süden], und dort standen zwölf rehbraune Pferde, alle nebeneinandergereiht, mit Geweihen auf den Köpfen und Mähnen, die lebten und wuchsen wie Bäume und Gras.

Nachdem ich all das gesehen, sprach das rotbraune Pferd: »Deine Großväter halten einen Rat. Sie werden dich aufnehmen; darum sei mutig.«

Und alle Pferde stellten sich in Reih und Glied, immer

vier nebeneinander – die schwarzen, die weißen, die fuchsroten und die rehbraunen –, und hielten sich hinter dem rotbraunen, das sich jetzt nach Westen wandte und wieherte. Plötzlich tauchte dort am Himmel ein schrecklicher Sturm von Pferden aller Farben herauf, der die Welt mit seinem Donner erschütterte und Antwort wieherte.
Jetzt wandte sich das rotbraune Pferd gegen Norden und wieherte. Dort dröhnte der ganze Himmel von einem gewaltigen Sturm rennender, vielfarbener Pferde, die zurückwieherten.
Und als es gegen Osten wieherte, war auch dort der Himmel erfüllt von glühenden Wolken von Mähnen und Schweifen vielfarbener Pferde, die zurücksangen.
Dann rief es nach Süden, und er war erfüllt von vielfarbenen, fröhlichen Pferden und ihrem Wiehern.
Nun sprach das rotbraune Pferd wiederum zu mir: »Sieh, wie alle deine Pferde zum Tanz kommen!« sagte es. Ich blickte hin, und da waren Pferde, Pferde überall – ein ganzer Himmel voller Pferde, die mich im Tanz umzogen.
»Beeile dich!« sagte das rotbraune Pferd; und wir gingen zusammen, Seite an Seite, indessen die schwarzen, die weißen, die fuchsroten und die rehbraunen in Vierer-Reihen folgten.
Wieder blickte ich mich um, und plötzlich verwandelten sich die zahllosen tanzenden Pferde in Tiere und in Vögel jeder Art, und diese flohen nach den vier Himmelsrichtungen, woher die Pferde gekommen, und verschwanden. Darauf, während wir gingen, sahen wir vor uns aufgetürmt eine Wolke, die sich in ein Tipi verwandelte, durch dessen Eingang blickend ich sechs alte Männer in einer Reihe sitzen sah.

Die zwei Männer mit den Speeren standen nun neben mir, an jeder Seite einer, und die Pferde, zugeordnet den vier Himmelsrichtungen, blieben in ihrer Vierer-Aufstellung und schauten hinein. Und der älteste von den Großvätern sprach in freundlichem Ton: »Komm ganz herein und fürchte dich nicht.« Sowie er also sprach, da wieherten mir alle Pferde aus den vier Himmelsgegenden aufmunternd zu. Nun ging ich hinein und stellte mich vor die Sechs, und sie sahen älter aus als Menschen je sein können – wie Berge alt, wie Sterne.

Der Älteste redete wiederum: »Deine Großväter, welche die Großväter der ganzen Welt sind, halten einen Rat, und sie haben dich hierhergerufen, um dich zu unterrichten.« Seine Stimme klang sehr freundlich, aber ich bebte vor Furcht an allen Gliedern, denn ich wußte, daß dies keine alten Männer waren, sondern die Mächte der Welt. Und der erste war die Macht des Westens; der zweite die des Nordens; der dritte die des Ostens; der vierte die des Südens; der fünfte die des Himmels; der sechste die der Erde. Ich wußte dies und war darob erschrocken, bis der erste Großvater wieder anhob: »Betrachte sie dort, wo die Sonne hinabgeht, die Donnerwesen! Sehen und haben sollst du von ihnen meine Kraft; und sie werden dich zu der hohen und einsamen Mitte der Erde bringen, damit du das siehst. Selbst an den Ort, wo die Sonne ständig scheint, werden sie dich hinbringen, damit du verstehst.

Und als er vom Verstehen sprach, blickte ich auf und sah den Regenbogen mit vielfarbigen Flammen über mir hinlaufen. Jetzt aber hielt er eine hölzerne Schale in der Hand, und sie war gefüllt mit Wasser, und in dem Wasser ruhte der Himmel.

»Nimm dies«, sagte er, »es ist die Kraft, Leben zu schaffen, und sie gehört dir.«
Jetzt hielt er einen Bogen in seinen Händen. »Nimm dies«, sprach er. »Es ist die Macht zu zerstören, und sie gehört dir.« Darauf zeigte er auf sich selbst und sprach: »Sieh ihn gut an, der nun dein Geist ist, denn du bist sein Leib, und sein Name ist Adlerschwinge-spreitet-sich [Eagle Wing Stretches].«
Sowie er dies sagte, erhob er sich. Er war gewaltig groß, ging hinaus und eilte in der Richtung, wo die Sonne untergeht; und plötzlich war er ein schwarzes Pferd, das anhielt und sich wandte und zu mir zurücksah. Das Pferd aber sah sehr schwach und krank aus; seine Rippen standen hervor.
Da erhob sich der zweite Großvater, der vom Norden, mit einem heilkräftigen Kraut in seiner Hand, und sagte: »Nimm dieses und mach schnell.« Ich nahm es und hielt es dort unten dem schwarzen Pferde hin. Es nahm zu, wurde munter und kam stolzierend an seinen Platz zurück, wo es wieder der erste Großvater war, der dort saß.
Der zweite Großvater, der aus dem Norden, sprach nun erneut: »Fasse Mut, junger Bruder«, sagte er, »auf Erden sollst du ein Volk zum Leben bringen, denn dein wird sein Kraft von des weißen Riesen Flügel, der reinigende Wind.« Dann stand er auf, sehr groß und ging und rannte gegen Norden; als er sich aber gegen mich umwandte, war er eine kreisende weiße Gans. Jetzt blickte ich um mich, und die Pferde im Westen waren Donner, und die Pferde des Nordens waren Gänse. Und der zweite Großvater sang zwei Sänge, die lauteten:

»Sie erscheinen, mögest du sie sehen!
Sie erscheinen, mögest du sie sehen!
Das Donnervolk erscheint, so sieh!
Sie erscheinen, mögest du sie sehen!
Sie erscheinen, mögest du sie sehen!
Das weiße Gänsevolk erscheint, so sieh!«

Und nun hob der dritte Großvater zu sprechen an, der, von wo die Sonne beständig scheint. »Fasse Mut, junger Bruder«, sagte er, »denn sie werden dich quer über die Erde bringen!« Dann zeigte er dorthin, wo der Morgenstern glänzte, und unter dem Stern flohen zwei Männer hin. »Von ihnen wirst du Macht empfangen«, sagte er, »von ihnen, die alle Dinge auf der Erde erweckt haben, mit Wurzeln oder Beinen oder Flügeln.« Und als er dies sagte, hielt er in seiner Hand eine Friedenspfeife, auf deren Rohr ein gefleckter Adler ausgestreckt war. Dieser Adler schien lebendig, denn er lag dort und flatterte, und seine Augen schauten zu mir her. »Mit dieser Pfeife«, sagte der Großvater, «wirst du über die Erde wandern, und was immer krankt, machst du wieder heil.« Dann wies er auf einen Mann, der war über und über glänzend rot, von der Farbe des Guten und der Fülle. Sowie er auf ihn zeigte, legte der rote Mann sich nieder; er wälzte sich und verwandelte sich in einen Büffel, um als solcher aufzustehen und den fuchsroten Pferden des Ostens entgegenzugaloppieren, und auch sie wurden Büffel, stattlich und in großer Zahl.

Und nun sprach der vierte Großvater, der von dem Ort, nach dem man immer hinsieht [dem Süden], woher die Kraft des Wachstums kommt. »Junger Bruder«, sagte er, »mit den Mächten der vier Orte sollst du zusammengehn als ihr Verwandter. Schau, die lebendige Mitte eines Volkes

werde ich dir geben, und damit wirst du viele erretten.« Und ich sah, er hielt in seiner Hand einen glänzenden roten Stab, der war lebendig, und als ich ihn betrachtete, begann er an seinem Ende zu sprossen und Zweige auszusenden. Aus den Zweigen wuchsen viele Blätter hervor, die rauschten, und in den Zweigen fingen die Vögel zu singen an. Und nach einer kurzen Weile schien mir, ich sehe darunter, im Schatten, umzäunte Dörfer von Menschen und alle lebendigen Dinge, mit Wurzeln oder Beinen oder Flügeln, und alle waren fröhlich. »Ich werde in der Mitte vom Kreise des Volkes stehen«, sagte der Großvater, »als Stab, daran zu wandern, und sein eines Volkes Herz. Durch deine Kraft sollst du es blühen machen.«
Und nachdem er kurze Zeit dem Gesang der Vögel gelauscht, sprach er aufs neue: »Betrachte die Erde!« So schaute ich hinab und sah sie unten liegen wie einen Reifen voller Menschen, und in der Mitte blühte der heilige Stab, der jetzt ein Baum war, und an seinem Fuße kreuzten sich zwei Straßen, eine rote und eine schwarze. »Von dort, wo der Riese wohnt [dem Norden], bis dorthin, wo man stets hinsieht [dem Süden], führt die rote Straße, die Straße des Guten«, sagte der Großvater, und *sie* soll dein Volk begehen. Die schwarze Straße führt, von wo die Donnerwesen wohnen [dem Westen], dorthin, wo die Sonne ständig scheint [nach Osten], eine gefahrvolle Straße, ein Weg der Wirrsal und des Krieges. Auch auf dieser Straße sollt ihr gehen, und von ihr erhältst du die Macht, eines Volkes Feinde zu vernichten. In vierfachem Anstieg sollt ihr mit Macht über die Erde ziehen.«
Ich glaube, er meinte, ich sollte vier Geschlechter sehen, das meinige mitgerechnet, und jetzt sehe ich das dritte.

Dann erhob er sich, sehr groß, und ging hinaus und eilte gegen den Süden und war ein Wapiti; doch als er dort bei den Rehfarbigen stand, da waren auch sie lauter Wapitis. Nun sprach der fünfte Großvater, der älteste von ihnen allen, der Geist des Himmels. »Mein Junge«, sagte er, »ich habe nach dir geschickt, und du bist gekommen. Meine Macht sollst du sehen!« Er breitete seine Arme aus und wurde zu einem gefleckten kreisenden Adler. »Sieh«, sagte er, »alle geflügelten Tiere der Luft werden zu dir kommen, und die Winde und die Sterne werden wie deine Verwandten sein. Du wirst mit meiner Kraft begabt über die Erde ziehen.« Dann erhob sich der Adler hoch über meinen Kopf und schlug in der Höhe mit seinen Flügeln; alsbald war der Himmel von freundlichem fliegendem Getier erfüllt, das gegen mich herabgeschwebt kam.

Nun, wußte ich, war der sechste Großvater an der Reihe zu sprechen, er, welcher der Geist der Erde ist, und ich sah: er war sehr alt, viel älter als Menschen sind. Sein Haar war lang und weiß, sein Gesicht ganz von Runzeln durchfurcht, und seine Augen saßen tief und waren trübe. Ich sah ihn fest an, denn etwas an ihm schien mir bekannt; und wie ich ihn so anblickte, verwandelte er sich langsam und wuchs zurück in seine Jugend. Sowie er wieder zum Knabe geworden, da wußte ich, daß ich selbst es war, mit all den Jahren, die schließlich die meinen sein würden. Als er wieder alt geworden, sagte er: »Mein Junge, fasse Mut, denn meine Kraft soll die deine sein, und du wirst sie nötig haben, denn dein Volk wird auf Erden viel Schweres erleiden. Komm.«

Er stand auf und wankte hinaus durch das Regenbogen-Tor. Und als ich ihm folgte, ritt ich auf einmal auf dem rotbraunen Pferd, das zuerst zu mir gesprochen und mich an diesen Ort geführt hatte.

Dann hielt das rotbraune Pferd an und schaute nach den schwarzen Pferden des Westens, und eine Stimme sagte: »Sie haben dir die Schale mit dem Wasser gegeben, um den grünenden Tag zu beleben, und auch den Bogen und die Pfeile zum Zerstören.« Das rotbraune wieherte, und die zwölf schwarzen Pferde kamen und stellten sich, Seite an Seite, in Vierer-Reihen, hinter mir auf.

Das Rotbraune schaute nach den Fuchsroten des Ostens, und ich sah, daß sie Morgensterne auf ihren Stirnen trugen. Diese Sterne hatten einen wunderbaren Glanz. Da sprach die Stimme: »Sie haben dir die heilige Pfeife gegeben und die Kraft des Friedens und den guten roten Tag.« Das Rotbraune wieherte, und die zwölf Fuchsroten standen hinter mir, Seite an Seite.

Mein Pferd schaute nun nach den Rehbraunen des Südens, und eine Stimme sprach: »Sie haben dir den heiligen Stab gegeben, und den Kreis deines Volkes[16], sowie den gelben Tag. In die Mitte des Kreises sollst du den Stab setzen und ihn zu einem schirmenden Baum aufwachsen lassen und zu voller Blüte.« Das Rotbraune wieherte, und die zwölf Rehbraunen kamen und stellten sich hinter mich, Seite an Seite.

Und da wußte ich, daß auf allen den Pferden hinter mir Reiter saßen, und eine Stimme sprach: »Nun sollst du mit diesen die schwarze Straße ziehen; und wenn ihr sie zieht, so werden alle Völker, die Wurzeln haben oder Beine oder Flügel, euch fürchten.«

So brach ich gegen Osten auf, die gefahrvolle Straße hinreitend, und hinter mir die Berittenen in Vierer-Reihen – die schwarzen, die weißen, die fuchsroten und die rehbraunen – und weit in der Höhe über der gefahrvollen Straße erhob sich, sehr trübe, der Morgenstern.

Ich schaute unter mich hinab, wo schweigend in einem grünlichen Schein die Erde lag, und ich sah die Hügel und das Gras auf den Hügeln und alle Tiere erschrocken aufblicken; und überall rings um mich waren Schreie aufgescheuchter Völker und das Rauschen fliehender Flügel. Ich war der Führer all jener reitenden Himmel, und als ich zurücksah, bäumten sich die zwölf Pferde und schlugen aus und donnerten, und ihre Mähnen und Schweife waren wirbelnder Hagel, und ihre Nüstern schnoben Blitze. Und als ich nochmals hinunterblickte, sah ich den schrägen Hagel fallen und den langen scharfen Regen, und wo wir vorbeikamen, verneigten sich die Bäume tief, und alle Hügel lagen in trübem Dunst.

Und jetzt war die Erde wieder hell, während wir ritten. Ich konnte die Hügel und Täler und die Bäche und Flüsse unter uns hinziehen sehen. Wir kamen an einen großen Platz, wo drei Ströme zu einem einzigen, großen wurden – eine Quelle mächtigen Gewässers[17], und etwas Schreckliches war dort. Flammen stiegen aus dem Wasser, und in den Flammen wohnte ein blauer Mann. Rings über ihm in der Luft wölkte Staub, das Gras war kurz und verdorrt, die Bäume schlaff; zweibeinige und vierbeinige Wesen lagen keuchend und abgemagert herum, auch Vögel, die zu schwach zum Fliegen waren.

Darauf riefen die Reiter auf den schwarzen Pferden »Hoka hey!« und sprengten zum Angriff auf den blauen Mann, doch wurden sie zurückgewiesen. Und die weiße Truppe rief und ging vor und wurde geschlagen; danach auch die rote und die gelbe.

Und als sie alle abgewiesen worden, riefen sie miteinander: »Adlerschwinge-spreitet-sich, mache schnell!« Und allüberall ertönten Stimmen jeder Art, die mich ermutigten, so stieß ich zum Angriff vor. Ich hatte die Schale mit dem Wasser in der einen Hand, in der andern trug ich den Bogen, der zum Speer wurde, als ich und das Rotbraune vorgingen, und die Speerspitze war ein scharf leuchtender Blitz. Sie durchbohrte des blauen Mannes Herz, und als sie traf, hörte ich den Donner rollen und viele Stimmen rufen »Un-hi!« was bedeutete: ich hätte getötet. Die Flammen erloschen. Bäume und Gräser waren nicht mehr welk und verschrumpft; sie murmelten freudig miteinander, und alles, was da lebte, gab mit der Stimme, wie es sie nun hatte, seiner Fröhlichkeit laut. Dann fielen die vier Reitergruppen über den Körper des Mannes her, und plötzlich lag da nur noch eine harmlose Schildkröte.

Du siehst, ich war mit den Sturmwolken gefahren, und dann als Regen zur Erde gekommen, und ich hatte die Dürre mit der Kraft, welche mir die sechs Großväter gegeben, bezwungen. So ritten wir nun auf der Erde dem Fluß entlang, der flutend voll war von der Quelle der Gewässer, und bald sah ich vor mir das umzäunte Dorf eines Volkes im Tal. Und eine Stimme sagte: »Siehe ein Volk: es ist deines. Beeile dich, Adlerschwinge-spreitet-sich!«

Reitend kam ich in das Dorf mit den vier Pferdegruppen hinter mir – der schwarzen, der weißen, der fuchsroten und der rehbraunen; und der Platz war erfüllt von Stöhnen und von Klagen um die Toten. Der Wind blies von Süden heran wie Fieber, und als ich mich umschaute, da sah ich fast in jedem Tipi die Frauen und die Kinder und die Männer sterbend neben den Toten liegen.

So ritt ich den Kreis des Dorfes ab und schaute auf die Kranken und Toten. Da fühlte ich in mir großes Weinen, während ich hinritt. Doch als ich hinter mich sah, erhoben sich alle Frauen, Kinder und Männer und kamen mit frohen Gesichtern heraus.
Und eine Stimme sprach: »Sieh, sie haben dir die Mitte des Stammeskreises gegeben, auf daß du sie lebendig machst.«
Da ritt ich zur Mitte des Dorfes, mit der vierfältigen Pferdegruppe um mich, wo sich nun die Leute versammelten.
Und die Stimme sprach: »Jetzt gib ihnen den blühenden Stab, auf daß sie gedeihen mögen, und die heilige Pfeife, auf daß sie die Macht kennen, welche der Friede ist, und den Flügel des weißen Riesen, damit sie Ausdauer erlangen und allen Winden mutig Trotz bieten.«
So faßte ich den glänzenden roten Stab, und in der Mitte des Stammeskreises stieß ich ihn in die Erde. Als er den Boden berührte, bewegte er sich mächtig in meiner Hand und war ein Uagatschun, der raschelnde Baum [18], sehr hoch und voll blättriger Äste und singender Vögel. Unter ihm waren alle Tiere mit den Menschen versammelt wie mit Verwandten und stießen Freudenschreie aus. Die Frauen stimmten ihr Freudengetriller an, und alle Männer riefen: »Hier werden wir unsere Kinder aufziehen und sein wie Kücken unter Mutter Scheos Flügel [19].«
Darauf hörte ich den weißen Wind sachte durch den Baum wehen und singen, und von Osten kam die heilige Pfeife auf ihren Adlerflügeln geflogen; sie hielt vor mir dort unter dem Baume an und verbreitete rings um ihn tiefen Frieden. Und dann erhob sich der Morgenstern, und eine Stimme sagte: »Ich werde für sie ein Verwandter sein; und wer das sehen wird, der wird viel mehr sehen, denn von dort

kommt Weisheit; doch die es nicht sehen, die werden dunkel sein.« Und alle Menschen kehrten ihre Gesichter nach Osten, und das Licht der Sterne beglänzte sie, und alle Hunde bellten laut, und die Pferde wieherten.

Als jedoch die vielen kleinen Stimmen schwiegen, sagte die große Stimme: »Betrachte den Kreis des Volkes, denn er ist heilig, da er kein Ende hat; und also werden alle Kräfte nur eine Macht sein in dem Volk ohne Ende. Jetzt sollen sie das Lager abbrechen und sich auf die rote Straße begeben, und euer Großvater wird mit euch ziehen.« Also brachen die Leute das Lager ab; sie betraten die gute Straße mit der weißen Schwinge über ihren Gesichtern; und die Ordnung, in der sie zogen, war folgende:

Zuerst kamen die Reiter auf den schwarzen Pferden mit der Wasserschale; dann die Reiter auf den weißen Pferden mit der weißen Schwinge und dem heilkräftigen Kraut; dann die Reiter auf den fuchsroten Pferden mit der heiligen Pfeife; dann die Reiter auf den rehbraunen Pferden mit dem blühenden Stab. Und diesen folgten im Zuge die kleinen Kinder und die Jungen und die Mädchen.

Zweitens kamen die vier obersten Häuptlinge des Stammes, und ihr Zug bestand aus lauter jungen Männern und Frauen.

Drittens: des Volkes vier Ratgeber; sie führten Männer und Frauen, die weder jung noch alt waren.

Viertens: die alten Männer, an ihren Stöcken humpelnd und auf die Erde schauend.

Fünftens: die alten Frauen, an ihren Stöcken humpelnd und auf die Erde schauend.

Sechstens: ich selbst, allein auf dem rotbraunen Pferd mit dem Bogen und den Pfeilen, welche der Erste Großvater mir gegeben. Aber ich war nicht der letzte; denn als ich hinter mich blickte, waren da geisterhafte Völker, gleich ziehendem Nebel, soweit ich sehen konnte – Großväter und Großväter und Großmütter und Großmütter ohne Zahl. Und über diesen lebte eine große Stimme – die Stimme des Südens –, und ich konnte sie wahrnehmen, obwohl sie schwieg.

Und während wir weiterzogen, sagte die Stimme hinter mir: »Sieh, ein gutes Volk wandert auf heilige Weise durch ein gutes Land!«

Dann sah ich auf und erblickte vor mir vier Anhöhen, und das waren die Geschlechter, die ich kennen würde. Jetzt waren wir auf dem ersten Anstieg, und das ganze Land grüßte. Sowie nun der lange Zug ihn erklomm, da erhoben alle alten Männer und Frauen ihre Hände, mit den Flächen nach vorn, und stimmten zusammen einen leisen Gesang an, und der Himmel vor ihnen war erfüllt mit Wolken von Gesichtern kleiner Kinder.

Als wir auf der Höhe des ersten Anstieges angelangt waren, lagerten wir in dem heiligen Kreis wie zuvor, und in der Mitte stand der heilige Baum, und noch immer war das Land um uns grün.

Darauf machten wir uns an den Anstieg und schritten so wie vorher. Noch war das Land grün, aber es wurde allmählich steiler. Und als ich gradaus blickte, verwandelten sich alle Leute in Wapitis und Büffel und selbst in Vögel, alle wanderten miteinander in heiliger Weise auf der guten roten Straße. Und ich selbst war ein gefleckter Adler, der über ihnen hinschwebte. Doch gerade bevor wir anhielten, um auf der Höhe dieses zweiten Anstiegs zu lagern, wurden alle wandernden Tiere unruhig und ängstlich, weil sie

nicht waren, was sie gewesen, und sie fingen an, Stimmen der Besorgnis auszusenden und ihren Führern zu rufen.
Und die Stimme sagte: »Sieh dein Volk, und denke an das, was deine sechs Großväter dir gegeben haben, denn hinfort wird dein Volk in Beschwernis wandern.«
Dann brach das Volk das Lager wieder ab und sah vor sich die schwarze Straße, die dorthin führt, wo die Sonne niedergeht, und von wo schwarze Wolken heraufkommen; aber sie wollten sie nicht betreten, doch konnten sie nicht bleiben. Und als sie die dritte Anhöhe erstiegen, da rannten alle Tiere und Vögel, die das Volk ausmachten, hierhin und dorthin, denn jedes schien seine eigene kleine Schauung zu haben, der es folgte, und sein eigenes Gesetz; und durch das ganze All konnte ich den Streit der Winde hören, die wie wilde Tiere kämpften.
Als wir die Staffel des dritten Anstiegs erreichten und dort lagerten, da zerbrach der Kreis des Volkes wie ein Rauchband, das zerfetzt wird und sich zerstreut, und der heilige Baum schien hinzusterben, und alle seine Vögel waren verschwunden. Und als ich vorwärts blickte, da erkannte ich, daß der vierte Anstieg schrecklich sein würde.
Als dann aber die Leute sich anschickten, den vierten Anstieg zu beginnen, war die Stimme wie die eines Weinenden, und sie sagte: »Sieh dorthin auf dein Volk.« Und als ich hinabschaute, waren alle in Menschen zurückverwandelt, und sie waren mager, mit spitzen Gesichtern, denn sie hungerten. Ihre Ponies waren nur noch Haut und Knochen, und der heilige Baum war nicht mehr.
Und als ich solches sah und weinte, da gewahrte ich im Norden des Hungerlagers einen heiligen Mann, der am ganzen Leibe rot bemalt war. Der Mann trug einen Speer

und trat in die Mitte des Volkes, und dort legte er sich nieder und wälzte sich. Als er sich wieder erhob, stand da ein wohlgenährter Büffel; und wo der Büffel stand, sproßte ein heiliges Kraut aus dem Boden, da wo in der Mitte des Stammeskreises der Baum gestanden war. Das Kraut wuchs und trug vier Blüten an einem einzigen Stiel, als ich es betrachtete – eine blaue[20], eine weiße, eine scharlachrote und eine gelbe – und ihre glänzenden Strahlen flammten gen Himmel.

Ich weiß nun, was das bedeutete: daß der Büffel die Gabe eines guten Geistes war und unsere Kraft, doch sollten wir sie verlieren; und durch denselben guten Geist mußten wir eine andere Kraft finden. Denn alle Leute schienen sich wieder wohler zu fühlen, als das Kraut gewachsen und erblüht war. Die Pferde schwangen ihre Schweife und wieherten und brüsteten sich, und ich sah einen leichten Hauch von Norden her unter das Volk schweben, gleich einem Geist; und auf einmal war der blühende Baum wieder dort in der Mitte des Stammeskreises, wo das vierstrahlige Kraut in Blüte gewesen.

Ich war noch immer der fliegende gefleckte Adler, und ich sah, daß ich mich bereits auf dem vierten Aufstieg befand, als sich die Leute dort auf dem dritten langen Hügel lagerten. Es war finster und schrecklich um mich her, denn alle Winde der Welt lagen miteinander im Kampf. Und es war wie Gewehr-Schnellfeuer, wie wirbelnder Rauch, und wie wenn über die ganze Welt hin Frauen und Kinder wehklagten und wie das Schreien von Pferden.

Ich sah meine Leute dort herumlaufen, die Stangen für die Rauchklappen[21] einsetzen und ihre Tipis gegen den Wind befestigen, denn die Sturmwolke kam sehr rasch und

schwarz auf sie zu, und zahllose erschreckte Schwalben flogen vor der Wolke her.
Dann erhob sich in mir ein Lied der Kraft, und ich sang es dort auf der Mitte dieses schrecklichen Platzes, wo ich mich befand. Er lautete also:

»Ein gutes Volk will ich leben machen.
Dies hat das Volk in der Höhe gesagt.
Sie haben mir dazu die Macht gegeben.«

Nachdem ich das Lied gesungen, sprach eine Stimme: »Nach den vier Gegenden sollst du eilen und Hilfe holen, und nichts soll stark sein vor dir. Schau es an!«
Nun saß ich wieder auf meinem rotbraunen Pferd, weil das Pferd von der Erde ist, und dort sollte meine Kraft gebraucht werden. Sowie ich der Stimme gehorchte und hinschaute, sah ich ein Pferd dort im Westen, ganz Haut und Knochen, von mattem bräunlichem Schwarz. Und eine Stimme sprach: »Nimm dies und bring ihm Genesung.« Und es war das vierstrahlige Kraut, das ich in der Hand hielt. So ritt ich im Kreis um das arme Pferd herum, und während ich das tat, hörte ich drüben das Volk um Geisteshilfe rufen: »A-hey! a-hey! a-hey! a-hey!« Da wieherte das arme Pferd, wälzte sich, stand wieder auf und war ein großer, glänzender schwarzer Hengst mit vielen Flecken, und seine Mähne lag um ihn wie eine Wolke. Er war der Führer aller Pferde; und wenn er schnaubte, gab es blitzendes Licht, und seine Augen waren wie der Abendstern. Er rannte nach Westen und wieherte, und der Westen war erfüllt von einem Staub von Hufen, und Pferde ohne Zahl tauchten aus dem Staub hervor. Darauf rannte er gegen den Norden und wieherte, und nach Osten und

Süden, und die Staubwolken antworteten, indem sie unzählige Pferde herausgaben – weiße und fuchsrote und rehbraune, wohlgenährt, glänzend und sich ihrer Flinkheit und Stärke freuend. Das war schön, doch es war auch schrecklich.

Dann hielten sie alle plötzlich an, richteten sich auf, umstanden in einem großen Kreis ihren schwarzen Führer und verhielten sich still. Als sie dort standen, traten in den Kreis vier Jungfrauen, schöner als irdische Frauen sein können, in Scharlach gekleidet, aus jeder Himmelsrichtung eine; eine hielt die hölzerne Wasserschale, eine die weiße Schwinge, eine die Pfeife und eine den Ring[22] des Stammes. Das ganze Weltall schwieg und lauschte; dann erhob der große Hengst seine Stimme und sang. Und dieses war sein Sang:

»Meine Pferde, bäumend kommen sie,
Meine Pferde, wiehernd kommen sie;
In stolzer Haltung kommen sie.
Über das ganze Erdrund kommen sie.
Sie wollen tanzen; mögest du sie betrachten! [viermal]
Ein Pferdevolk, sie wollen tanzen;
Mögest du sie betrachten!« [viermal]

Seine Stimme klang nicht laut, doch drang sie über die ganze erschaffene Welt und erfüllte sie. Da war nichts, das sie nicht vernommen hätte, und sie war schöner als irgend etwas sein kann. So schön klang sie, daß nirgendwo etwas war, das sich des Tanzens enthalten konnte. Die Jungfrauen tanzten und alle die Pferde im Kreis. Die Blätter an den Bäumen, die Gräser auf den Hügeln und in den Tälern, die Wasser in den Schluchten und in den Flüssen und Seen, die Vierbeiner und die Zweibeiner und die geflügelten Vögel der Luft – alle tanzten zusammen zur Weise von des Hengstes Gesang.

Und als ich auf meine Leute dort hinabblickte, glitt die Wolke über sie hin und segnete sie mit einem freundlichen Regen; und im Osten und über ihr stand ein flammender Regenbogen.

Da schritten alle Pferde singend an ihre Plätze unterhalb des vierten Anstiegs zurück, und alle Dinge sangen mit ihnen, während sie dahinzogen.

Eine Stimme aber sagte: »Über dem ganzen Erdrund haben sie einen Tag des Glücks vollbracht.« Und hinabschauend erblickte ich das ganze weite Tagesrund; das war in großer Pracht und grün, und alle Früchte waren im Wachstum, und alle Dinge freundlich und gütig.

Dann sagte eine Stimme: »Sieh diesen Tag, er soll dein Werk sein. Jetzt wirst du auf der Mitte der Erde stehen, um zu schauen, denn dorthin werden sie dich bringen.«

Ich saß noch auf meinem rotbraunen Pferd, und einmal mehr fühlte ich, daß die Reiter des Westens, des Nordens, des Ostens und des Südens hinter mir aufgestellt waren wie zuvor. Wir zogen nach Osten, und gradausblickend sah ich die Berge, mit Felsen und Wäldern, und von den Gebirgen flammten alle Farben aufwärts zum Himmel. Dann aber stand ich auf dem höchsten von allen diesen Bergen und ringsum unter mir in der Tiefe lag der ganze Erdkreis[23]. Und während ich dort stand, sah ich mehr, als ich sagen kann, und ich verstand mehr, als ich sah; denn ich schaute auf heilige Weise die Gestalten aller Dinge im Geiste, und die Gestalt aller Gestalten, wie sie zusammen leben müssen, gleich wie *ein* Wesen. Da sah ich, daß der heilige Ring meines Volkes einer von vielen Ringen war, die einen Kreis bildeten, weit wie Tageslicht und wie Sternenlicht. In der Mitte aber wuchs ein üppig blühender Baum zum Schutze all der Kinder einer Mutter und eines Vaters. Und ich erkannte all dies als heilig.

Dann, als ich dort stand, kamen zwei Männer aus Osten, den Kopf voran wie fliegende Pfeile, und zwischen ihnen erhob sich der Morgenstern. Sie traten herzu, reichten mir ein Kraut und sagten: »Mit diesem wirst du auf Erden alles beginnen und ausführen.« Es war das Morgenstern-Kraut, das Kraut des Verständnisses, und sie hießen mich, es auf die Erde fallen zu lassen. Ich sah es fallen, tief, und als es die Erde berührte, begann es zu wurzeln. Es wuchs und trieb Blüten, vier Blüten an einem Stengel, eine blaue, eine weiße, eine scharlachrote und eine gelbe; und ihre Strahlen strömten aufwärts zu den Himmeln, so daß alle Geschöpfe es sehen konnten und an keinem Ort mehr Dunkel herrschte. Dann sagte die Stimme: »Deine Sechs Großväter nun wirst du zu ihnen zurückkehren.«

Ich hatte bis dahin nicht darauf geachtet, wie ich gekleidet war, nun aber sah ich, daß ich vollkommen rot bemalt war, und meine Gelenke waren schwarz mit weißen Streifen. Mein rotbraunes Pferd hatte über seinen ganzen Leib Streifen aus Blitz, und seine Mähne war Gewölk. Und wenn ich atmete, so war mein Atem Blitz.

Und jetzt führten mich die zwei Männer kopfvoran wie fliegende Pfeile, aufwärts – die beiden, welche mich von der Erde gebracht hatten. Und als ich ihnen auf dem rotbraunen Pferd folgte, verwandelten sie sich in vier Gänsezüge, die kreisend flogen, über jeder Weltgegend eine, und während ihres Fluges schickten sie eine heilige Stimme aus: »Br-r-r-p, br-r-r-p, br-r-r-p, br-r-r-p!«

Dann sah ich vor mir den Regenbogen flammen, über dem Tipi der Sechs Großväter, errichtet aus Wolken und mit Wolken gedeckt und geschnürt mit Gurten aus Blitz; und unter ihm waren alle Vögel der Luft und unter ihnen die Tiere und Menschen. Und sie alle freuten sich, auch der Donner klang wie glückliches Lachen.

Als ich durch das Regenbogen-Tor hindurchschritt, drang aus dem ganzen All her frohes Begrüßen, und ich sah die Sechs Großväter in einer Reihe sitzen; sie streckten mir die Arme entgegen und die Hände, mit den Handflächen nach außen; und hinter ihnen, im Gewölk, drängten sich Gesichter ohne Zahl, von dem Volk, das erst noch sein sollte.

»Er hat gesiegt!« riefen die Sechs miteinander und donnerten. Als ich vor ihnen vorbeiging, gab mir jeder wieder die Gabe, die er mir früher gegeben – die Wasserschale und Bogen und Pfeil, die Macht, Leben zu schaffen und zu vernichten; die reinigende Vogelschwinge; das heilkräftige Kraut; die heilige Pfeife; den blühenden Stab. Ein jeder sprach, der Reihe nach von Westen nach Süden, und erklärte seine Gabe, wie er das früher getan, doch jeder, der sprach, schmolz hinab in die Erde und erhob sich wieder; und wie jeder das tat, fühlte ich mich der Erde näher.

Darauf sagte der Älteste von ihnen allen: »Großsohn, das ganze All hast du erblickt. Jetzt sollst du mit Kraft begabt an den Ort zurückkehren, von dem du gekommen, und dort soll es geschehen, daß Hunderte geheiligt, Hunderte zu Flammen werden! Sieh!«

Ich schaute hinab und sah dort mein Volk, und alle waren wohlauf und heiter, einer ausgenommen, der dort lag wie tot – und dieser eine war ich selbst. Da sang der älteste Großvater, und so lautete sein Sang:

»Dort liegt einer auf dem Boden in heiliger Weise.
Dort ist einer — auf der Erde liegt er.
Auf heilige Weise hab ich ihn wandern lassen.«

Jetzt begann das Tipi, aus Gewölk geschaffen, mit Wolke gedeckt unter einem Winde vor- und rückwärts zu schwanken, und der flammende Regenbogen war trübe. Von draußen hörte ich Stimmen aller Art schreien. »Adlerschwinge-spreitet-sich kommt heraus. Seht ihn an!«

Als ich durch die Tür schritt, erschien mir das Gesicht des Erdentages mit dem Morgenstern auf seiner Stirn; und die Sonne ging auf und schaute auf mich, und ich schritt allein fürbaß.

Doch wie ich so allein dahin ging, da hörte ich die Sonne während ihres Aufsteigens singen, und also sang sie:

»In sichtbarer Form erschein ich.
Auf heilige Weise erschein ich.
Ich erfreue die grünende Erde.
Ich habe die Mitte des Stammesrings erfreut.
In sichtbarer Form – schaut mich an!
Die Vier- und die Zweibeiner, ich lehrte sie gehen;
Die Beschwingten in der Luft, ich lehrte sie fliegen.
In sichtbarer Form erschein ich.
Heilig machte ich meinen Tag.«

Als der Gesang verstummte, fühlte ich mich verloren und sehr einsam. Da sprach eine Stimme über mir: »Schau hinter dich!« Es war ein gefleckter Adler, der über mir schwebte und sprach. Ich sah zurück, und wo das flammende Regenbogen-Tipi, aus Gewölk erbaut und mit Wolke gedeckt, gestanden, sah ich jetzt nur den großen Felsenberg in der Mitte der Welt.

Ich war nun ganz allein auf einer weiten Ebene, und meine Füße schritten auf der Erde – allein, nur mit dem gefleckten

Adler als Wächter über mir. In weiter Ferne vor mir konnte ich das Dorf meines Volkes sehen, und ich holte kräftig aus, denn Heimweh hatte mich ergriffen. Dann erblickte ich mein eigenes Tipi, und in seinem Innern sah ich meine Mutter und meinen Vater sich über einen kranken Knaben beugen, der ich selber war. Sowie ich in das Tipi eintrat, sagte jemand: »Der Junge kommt wieder zu sich; es wäre gut, ihm etwas Wasser zu geben.«

Dann richtete ich mich auf; ich war traurig, weil meine Mutter und mein Vater nicht zu wissen schienen, daß ich so weit weg gewesen.

DIE BÜFFELJAGD

ALS ICH, zu meinem Vater und meiner Mutter zurückgekehrt, dort aufrecht in unserem Tipi saß, da war mein Gesicht noch ganz gedunsen und meine Beine und Arme waren arg geschwollen; doch fühlte ich mich vollkommen wohl und begehrte sogleich aufzustehen und herumzulaufen. Meine Eltern ließen das nicht zu. Sie sagten mir, ich sei zwölf Tage krank gewesen, wie tot dagelegen, und Wirbelwind-Jäger [Whirlwind Chaser], Stehenden Bärs Onkel, der nämlich, der Medizinmann war, habe mich wieder zum Leben gebracht. Ich wußte, daß die Großväter in dem flammenden Regenbogen-Tipi mich geheilt hatten; jedoch scheute ich mich sehr, das zu sagen. Mein Vater schenkte Wirbelwind-Jäger das beste Pferd, das er besaß, weil er mich gesundgemacht habe. Viele Leute kamen, um mich zu sehen, und es wurde viel geredet über Wirbelwind-Jägers große Kraft, die mich plötzlich wiederhergestellt, nachdem ich so gut wie tot gewesen war. Jedermann freute sich, daß ich lebte, doch als ich dalag und an den wunderbaren Ort dachte, wo ich gewesen, und an alles, was ich gesehen, da wurde ich sehr traurig. Es schien mir, jeder müßte davon wissen, doch wagte ich nicht, davon zu erzählen, da ich ahnte, daß niemand mir glauben würde, so klein wie ich war, denn ich zählte erst neun Jahre. Auch konnte ich, als ich dort lag und über mein Gesicht nachdachte, alles wieder sehen und mit einem Teil von mir dessen Sinn empfinden als eine seltsame Kraft, die in meinem Leibe glühte; doch wenn der Teil von mir, welcher spricht, für diesen Sinn nach Worten suchte, dann war er wie Nebel, der sich mir entzog.

Ich bin nun gewiß, daß ich damals zu jung war, um das alles zu verstehen, was ich bloß fühlte. Jedoch erinnerte ich mich sehr wohl und recht deutlich an die geschauten Bilder und die Worte, welche mit ihnen zusammen heraufkamen; denn nichts, was ich je mit meinen Augen sah, war so hell und so klar wie das, was mein Gesicht mir gezeigt hat; und keine Worte, die ich jemals mit meinen Ohren gehört, waren gleich den Worten, die ich vernommen. Ich brauchte mich auf diese Dinge nicht zu besinnen; sie haben sich während aller dieser Jahre ständig selbst in Erinnerung gebracht. In dem Maße, wie ich älter wurde, trat für mich der Sinn dieser Bilder und Worte deutlicher hervor; aber auch jetzt noch weiß ich, daß mir mehr offenbart worden, als ich mitzuteilen vermag.

Am Abend des Tages, da ich zurückgekehrt war, kam Wirbelwind-Jäger, der für meine Heilung einen großen Ruf und ein gutes Pferd erlangt hatte, in unser Tipi herüber. Er setzte sich und schaute mich lange Zeit seltsam an; dann sagte er zu meinem Vater: »Dein Junge hier sitzt da in einer heiligen Weise. Ich weiß nicht, was es ist, doch ihm ist etwas Besonderes zu tun bestimmt, denn eben als ich kam, konnte ich sehen, daß eine Kraft wie ein Licht durch seinen ganzen Körper ging.«

Während er mich so fest anblickte, wäre ich gern auf und davon gegangen, denn ich fürchtete, er möchte mich völlig durchschauen, auch mein Gesicht gewahren und falsch auslegen, und dann dächten vielleicht alle Leute, ich sei wahnsinnig. Und noch lange Zeit verspürte ich, wenn ich Wirbelwind-Jäger kommen sah, den Drang davonzulaufen und mich zu verbergen, aus Angst, er könnte in mich hineinschauen und davon berichten.

Am folgenden Morgen waren das Gesicht, die Arme und Beine von jeder Schwellung frei, und ich fühlte mich so gesund wie je; doch alles in meiner Umgebung erschien mir fremd und so, als befände es sich in weiter Ferne. Ich erinnere mich, daß es mich die zwölf folgenden Tage danach verlangte, allein zu sein, und mir war, als gehöre ich nicht zu meinem Volk. Sie waren für mich fast wie Fremde. Ich pflegte allein vom Dorf und den andern Jungen wegzugehen und nach den vier Himmelsgegenden zu blicken, an mein Gesicht zu denken mit dem sehnsüchtigen Wunsch, dorthin zurückfinden zu können. Und wenn ich wieder nach Hause ging, brachte ich es nicht über mich, viel zu essen; Vater und Mutter dachten darum, ich sei noch krank; aber das war ich nicht. Ich hatte nur Heimweh nach dem Ort, an dem ich gewesen.

Von dem, was ich gesehen und gehört, konnte ich selbst zu dem Vater meiner Mutter, Weigert-sich-zu-gehen, nicht sprechen, wiewohl ich früher gedacht, daß ich ihm alles

sagen könnte; denn er liebte all das, was einen Knaben erfreute, und es gab der wundervollen Dinge, die er zu erzählen wußte, kein Ende. Er war es, der mir meinen ersten Bogen machte, und immer hatte er neue Pfeile für mich bereit, wenn ich alle, die er mir gegeben, verloren hatte. Ich liebte meinen Vater, aber Weigert-sich-zu-gehen war anders, und ich war sehr viel mit ihm zusammen. Dieses war das erstemal, daß ich ihm etwas nicht sagen konnte.
Eines Tages in dieser Zeit war ich mit dem Bogen und den Pfeilen, die mein Großvater für mich gemacht hatte, ausgegangen, und wie ich so dahinwanderte und an mein Gesicht dachte, überkam mich plötzlich eine seltsame Empfindung; einen Augenblick schien es mir, Bogen und Pfeile seien jene, die mir der Erste Großvater im flammenden Regenbogen-Tipi übergeben hatte. Gleich darauf waren es aber nur die, welche Weigert-sich-zu-gehen mir gemacht hatte, und ich kam mir närrisch vor und suchte mir einzureden, das alles sei doch nur ein Traum.
So beschloß ich, diesen Zustand zu vergessen und etwas zu schießen. Da stand ein Strauch und darin saß ein kleiner Vogel; doch eben als ich mich zum Schießen anschickte, befiel mich wieder jene seltsame Empfindung, und ich dachte daran, daß ich gleichsam ein Verwandter der Vögel sein sollte. Also schoß ich nicht. Hierauf ging ich an den Bach hinab und schalt mich selbst, weil ich den kleinen Vogel hatte leben lassen; und als ich dort einen grünen Frosch sitzen sah, schoß ich ihn kurzweg ab. Sowie ich ihn aber an den Beinen aufhob, dachte ich: »Jetzt habe ich ihn getötet«, und ich hätte weinen mögen.
Stehender Bär spricht:
Ich erinnere mich der Zeit, da mein Freund hier krank war.

Ich war vier Jahre älter als er. Ich bin ein Minneconjou[24], doch unsere Mütter waren Basen, und wenn unsere Gruppe am selben Platz lagerte, dann pflegten wir miteinander zu spielen. Es war am Hauptarm des Greasy Graß, beim Little Big Horn. Jedermann im Dorfe war wohlauf, und so auch Schwarzer Hirsch. Doch was ich dann als Nächstes vernahm, war: er liege im Sterben und atme nur noch schwach. Jedermann war in großer Aufregung, und sie schickten zu andern Gruppen um Medizin, doch niemand wußte, was für eine Krankheit es war. Ich sah ihn während dieser Zeit. Er lag da wie tot, und alle redeten von ihm. Doch dann auf einmal war er wieder gesund, und darüber verwunderte sich jedermann, und man sprach davon.
Ich erinnere mich auch, wie es war, nachdem er wieder aufgestanden. Gleich danach versetzten wir das Lager an die Mündung von Willow Greek, etwa zwei Tagereisen in südlicher Richtung; und als unsere Leute aufbrachen, ritt ich zurück bis zu den kleineren Knaben, die den Nachtrab bildeten, denn ich wollte meinen jungen Freund sehen. Ich sagte zu ihm: »Nun, junger Bruder, dir geht es wieder gut!« Und er antwortete: »Nun ja, ich bin jetzt gar nicht mehr krank!« Doch als wir zusammen ritten und uns unterhielten, war er nicht wie ein Junge, er war eher wie ein alter Mann. Und ich entsinne mich, daß sein Vater eines Abends, als wir in unserm Tipi aßen, zu meinem Vater sagte: »Seit mein Junge krank gewesen, ist er nicht mehr wie früher. Er hat ein seltsames Wesen und bleibt nicht gern zu Hause. Armer Bub, es tut mir leid, daß es so um ihn steht! Was mag wohl aus ihm werden?«
Und dann unternahmen wir eine große Jagd. Die Leute vergaßen dabei das Geschehene.

Schwarzer Hirsch fährt fort:
Ja, nachdem wir eine Weile am Willow Creek gewesen, machten wir uns auf zu einer großen Jagd, und das half mir, während all der Zeit die Gedanken an mein Gesicht zu vergessen.
Eines Morgens machte der Ausrufer eine Runde im Dorf und gab kund, wir würden das Lager abbrechen. Die Beratenden befanden sich im Ratszelt, und er rief sie an: »Ihr Ratpflegenden, kommt heraus in die Mitte und bringt euere Feuerbrände mit.« Sie hatten das Amt, das Feuer für die Gemeinde zu bewahren, denn damals hatten wir nur wenig Streichhölzer.
»Jetzt brecht sie ab!« schrie der Ausrufer. Und alle Leute begannen ihre Tipis herunterzunehmen und auf Pony-Wagen[25] zu packen.
Dann rief der Ausrufer: »Viele Büffel habe ich gehört! Viele Büffel habe ich gehört! Ihr Kinder, nehmt euch immer in acht!« Er meinte damit, die Kinder sollten während der Reise eng zurückgehalten werden, auf daß sie die Büffel nicht erschreckten.
Darauf brachen wir das Lager ab und stellten uns in Zugordnung. Es gingen die vier Ratkundigen an der Spitze, hinter ihnen ein Ausrufer, als nächste die Häuptlinge und dann in langem Zuge das Volk mit den beladenen Pony-Wagen; ihnen folgte die Pony-Herde. Ich ritt in der Nähe des Nachtrabs mit einigen von den kleineren Jungen, und als die Leute einen langen Hügelhang hinaufzogen, schaute ich voran und hatte wieder kurze Zeit jene seltsame Empfindung, weil mich alles an das Volk in meiner Schauung erinnerte, welches in heiliger Weise auf der roten Straße ging. Doch war dies anders, und ich vergaß jenes bald. Et-

was Aufregendes sollte bald geschehen, und selbst die Ponies schienen davon zu wissen.
Nachdem wir eine Strecke gezogen waren, kamen wir an einen Platz, wo viele Rüben wuchsen, und der Ausrufer sagte: »Legt ab und laßt die Pferde ruhen. Nehmt eure Stöcke und grabt für euch von den Rüben heraus.« Und während sie das taten, setzten sich die Ratsleute in der Nähe auf einen Hügel und rauchten. Dann schrie der Ausrufer: »Nehmt eure Lasten auf!« und bald war das Dorf wieder auf dem Weg. Als die Sonne hoch stand, fanden die Ratsleute einen zum Lager geeigneten Ort, wo es Holz und auch Wasser gab. Als rings herum die Frauen kochten, hörten ein paar Leute sagen, die Kundschafter kehrten zurück, und über den Hügelkamm sah ich drei Männer herreiten. Sie ritten zum Rats-Tipi in der Mitte des Dorfes, und alle gingen dorthin, um etwas zu vernehmen. Auch ich ging hin und drängte mich hinzu, so daß ich zwischen den Beinen der Männer hindurchschauen konnte. Der Ausrufer trat aus dem Ratszelt heraus und sagte, für die Kundschafter zum Volk sprechend: »Ich habe dich beschützt; dafür sollst du mir mit reichlichen Gaben entgelten.« Darauf setzten die Kundschafter sich vor der Tür des Zeltes nieder, und einer von den Ratgebern füllte die heilige Pfeife mit Tschanschascha, der Borke der roten Weide, und stellte sie vor sich auf ein Stück Büffelhaut, weil der Büffel heilig war und uns beides gab, Speise und Obdach. Dann zündete er die Pfeife an, weihte sie den vier Himmelsgegenden, dem Geist über uns und der Mutter Erde, reichte sie den Kundschaftern und sprach: »Das Volk hat sich auf euch verlassen. Was immer ihr gesehen habt, mögt ihr es zum Wohl des Volkes gesehen haben.« Die Kundschafter rauchten zum

Zeichen, daß sie die Wahrheit berichten wollten. Dann fragte der Ratskundige: »An welchem Ort habt ihr gestanden und habt das Gute gesehen? Sagt es mir, und ich werde mich daran erfreuen.«

Einer der Kundschafter antwortete: »Ihr wißt, von wo wir aufgebrochen sind. Wir gingen und langten auf der Kuppe eines Hügels an und dort sahen wir eine kleine Büffelherde.« Er machte, während er sprach, mit der Hand eine deutende Bewegung.

Der Ratgeber entgegnete: »Mag sein, daß ihr dort auf der andern Seite das Gute gesehen habt. Berichtet!« Der Kundschafter gab zur Antwort: »Dort auf der andern Seite sahen wir eine zweite, große Büffelherde.« Darauf sagte der Ratgeber: »Ich werde dir dankbar sein. Erzähle mir alles, was du dort draußen gesehen hast.«

Der Kundschafter fuhr fort: »Auf der andern Seite waren über das ganze Land hin nur Büffel zu sehen.«

Und der Ratgeber rief aus: »Hetschetu ueloh!«

Und jetzt rief der Ausrufer, und es klang wie Gesang: »Schärfet eure Messer, schärfet eure Pfeile. Beeilt euch, macht euch bereit; macht die Pferde bereit! Wir greifen mit Pfeilen an. Viel Fleisch werden wir erbeuten!«

Jedermann fing an, Messer und Pfeile zu schärfen und die besten Pferde für die große Fleischbeute bereit zu machen. Dann machten wir uns auf nach der Gegend, wo die Büffel grasten. Zuerst kam der Trupp der Krieger: sie ritten ihrer zwanzig nebeneinander, und wer es wagte, ihnen vorzureiten, der wurde von seinem Pferd gestoßen. Sie bestimmten die Ordnung, und jedermann hatte zu gehorchen. Nach ihnen kamen die Jäger, die zu fünfen nebeneinander ritten. Das Volk folgte im Nachtrab. Dann ging der Obmann des

Rates herum, um die besten Jäger mit den stärksten Rossen herauszusuchen; er sagte zu ihnen: »Gute junge Krieger, meine Verwandten, ich weiß, was ihr leistet, ist gut. Was ihr tut, ist immer gut; so werdet ihr heute die Hilflosen nähren. Vielleicht sind da einige alte und schwache Leute ohne Söhne, oder solche, die kleine Kinder haben, aber keinen Mann. Solchen werdet ihr Hilfe bringen, und was immer ihr tötet, soll ihnen gehören.« Dies war für junge Männer eine große Ehre.

Als wir nahe zu dem Ort gekommen waren, wo die Büffel lagen, wurden diese von den Jägern eingekreist. Dann erhob sich, gleich wie in der Schlacht, der Ruf: »Hoka hey!« – was Angreifen bedeutet. Dann wölkte viel Staub, und jedermann schrie, und alle Jäger machten sich ans Töten, ein jeder auf eigene Faust. Sie waren alle fast nackt; sie hatten ihre mit Pfeilen gefüllten Köcher an der rechten Seite hängen, und sie ritten gerade auf einen Büffel zu und schossen ihn hinter das linke Schulterblatt. Einzelne von den Pfeilen drangen bis über die Federn ein und mitunter gingen solche, die auf keinen Knochen stießen, durch und durch. Wir alle waren sehr fröhlich.

Stehender Bär spricht:

Ich erinnere mich an jene Jagd, denn vor dieser Zeit hatte ich erst ein Kalb getötet. Ich war dreizehn Jahre alt und hielt mich für einen Mann; so erkühnte ich mich, einen Jährling zu schießen. Einer von ihnen jagte eben davon und ich auf meinem Pony hinter ihm her. Mein erster Schuß schien ihn überhaupt nicht verletzt zu haben; doch mein Pony blieb dicht hinter ihm, und der zweite Pfeil drang bis zur Hälfte ein. Ich glaube, ich traf sein Herz, denn er fing im Laufe an zu schwanken, und Blut trat aus seiner

Nase hervor. Jäger riefen einmal: »Yuhu!« wenn sie getötet hatten; doch dies war mein erster Büffel, und ich brüllte immer weiter »Yuhu!«. Die Leute müssen gedacht haben, ich töte eine ganze Herde, so habe ich gebrüllt. Als er zusammenbrach, stieg ich vom Pferd und begann, ihn zu zerlegen, dabei war ich sehr glücklich. Über die ganze Ebene, so weit ich blicken konnte, waren Männer zerstreut, die Büffel abschlachteten, und die Frauen und die alten Männer, die nicht mehr jagen konnten, kamen ihnen dabei zu Hilfe. Und alle Frauen ließen ihr Freudetrillern hören über das, was die Krieger ihnen gegeben hatten. Das begab sich in dem Monat der Roten Kirschen [Juli]. Es war ein großes Schlachten.

Schwarzer Hirsch fährt fort:

Ich war sehr wohl imstande, auf meinem Pony zu reiten, doch zum Jagen war ich noch nicht alt genug. Also strichen wir kleine Jungen herum und schauten den Jägern zu; und wenn wir einen Trupp Büffel sich nähern sahen, schrien wir »Yuhu« wie die andern, doch niemand achtete auf uns. Als das Schlachten beendet war, hingen sie das Fleisch über die Rücken der Pferde und befestigten es mit Riemen aus frischer Büffelhaut. Auf dem Rückweg nach dem Dorf waren alle Jagdpferde beladen, und wir kleinen Jungen, die den Beginn des Schmauses nicht erwarten konnten, führten uns so viel von der rohen Leber zu, wie wir nur mochten. Darüber erboste sich niemand.

Mittlerweile schnitten Frauen hinten im Lager lange Stangen und gegabelte Stöcke, um daraus Trockengestelle für das Fleisch zu machen. Als die Jäger zurückgekommen, warfen sie ihr Fleisch in Haufen auf Baumblätter.

Darauf kehrten die Ratsmitglieder alle in das Rats-Tipi

zurück. Von allen Seiten kamen die Leute und brachten ihre Fleischspenden, und die Männer des Rates riefen alle »Hya-a-a-a!« worauf sie für die, welche ihnen gute Gaben gebracht, sangen. Und nachdem sie so viel gegessen, wie sie konnten, rief der Ausrufer dem Volk zu: »Kommt alle heim! Es ist mehr, als ich essen kann!« Und die Leute kamen durch das Lager her, um sich ein wenig von dem übriggebliebenen Fleisch zu holen.

Alle Frauen waren damit beschäftigt, das Fleisch in Streifen zu schneiden und zum Trocknen an die Gestelle zu hängen. Überall konnte man rote Fleischstücke herumhängen sehen. Die Leute schmausten und tanzten und sangen die ganze Nacht. Das waren glückliche Zeiten.

Nach einer großen Jagd spielten wir kleine Jungen ein Kriegsspiel. Wir gingen ein Stück weit vor das Dorf hinaus und bauten dort aus Gras ein paar Tipis; so spielten wir die Rolle von Feinden und dieses war unser Dorf. Wir hatten einen Ratgeber, und wenn es dunkel wurde, gab er uns den Befehl hinzugehen und von den erwachsenen Leuten getrocknetes Fleisch zu stehlen. Er hielt uns ein Stück davon vor, und wir mußten dann abbeißen; war der Bissen groß, hatten wir auch ein großes Stück Fleisch zu bringen, war er jedoch nur klein, wurde nicht so viel von uns erwartet. Dann schlichen wir zu dem Dorf der großen Leute hin, und wenn es uns gelang, auf dem Bauche kriechend, unerwischt wieder zu den Unsrigen zu gelangen, dann hatten wir einen guten Schmaus und Tanz. Wir hörten Mordgeschichten und erzählten eifrig von unsern Heldentaten wie erwachsene Krieger. Einmal, erinnere ich mich, hatte ich keine Heldentat zu erzählen. Ich kroch zu einem überhängenden Baum neben einem Tipi, und dort hing Fleisch in den Ästen. Mein Gelüsten richtete sich auf eine Zunge, die ich im Mondlicht deutlich erblickte; also kletterte ich hinauf. Doch eben als ich sie erreichte, schrie der Mann aus dem Tipi »Ye-a-a!« Er meinte damit seinen Hund, der ebenso auf Fleisch-Diebstahl aus war, aber ich dachte, der Mann habe mich gesehen, und ich war so erschrocken, daß ich vom Baum fiel und weinend davonlief.

Sodann pflegten wir auch – wie wir's nannten – den Tanz der aufgerissenen Brust. Unser Berater untersuchte uns, um festzustellen, wessen Brust am stärksten verbrannt war, da wir ja zur Jagd unsere Röcke nicht getragen hatten; und der darauf hin erwählte Junge wurde Anführer des Tanzes, während wir alle also sangen:

»Ich hab eine aufgerissene Brust.
Meine Brust ist rot.
Meine Brust ist gelb.«

Auch im ausdauernden Ertragen übten wir uns. Unser Berater legte getrocknete Sonnenblumen-Kerne auf unsere Handgelenke. Sie wurden am oberen Ende angezündet und wir mußten sie bis dicht auf die Haut niederbrennen lassen. Sie schmerzten und hinterließen wunde Stellen, doch wenn wir sie wegschlugen oder »au!« schrien, wurden wir Weiber genannt.

NACHDEM alles Fleisch getrocknet war, brachen die sechs Zweige unseres Stammes, welche um die Zeit meines Großen Gesichtes zusammengekommen[26], das Lager an der Mündung des Willow Creek ab und zerstreuten sich nach allen Richtungen. Ein kleiner Teil von unserer Schar, den Ogalallas, stieß nach Süden vor gegen die Soldatenstadt[27] am weißen Smoky Earth River, denn einige von unseren Verwandten befanden sich dort, und wir wollten sie besuchen und mit ihnen ein Fest bei Akuiapi und Päschuta ssapa mit Tschahumpi ska darin abhalten[28]. Alle übrigen Ogalallas blieben in dieser Gegend, mit Tollem Pferd, der mit den Uaschitschun nichts zu tun haben wollte. Das war spät in dem Monat, wenn die Kirschen reif sind [Juli], und wir Jungen hatten eine gute Zeit für unsere Spiele. In unserem kleinen Trupp befanden sich nicht viele Jungen, und wir spielten alle zusammen. Ich hatte aufgehört, über mein Gesicht nachzudenken. Das seltsame Gefühl war von mir gewichen, und ich war nicht mehr schüchtern; doch wenn immer ein Gewitter sich ankündigte, fühlte ich mich glücklich, als hätte ich die Ankunft eines Besuchers in Aussicht.

Wir lagerten zuerst am Powder River, dann am Hauptarm der nördlichen Gabel des Good River [des Cheyenne], wo sich ein großer Hügel erhebt, den wir Sitzt-mit-einem-Jungen benannten, wegen seines kleinen Hügels neben ihm. Ferner lagerten wir am Driftwood Creek, dann in der Plain of Pine Trees und hierauf am Plum Creek. Als wir dort anlangten, begannen die Pflaumen sich zu röten, doch waren sie noch nicht ganz reif. Mein Großvater ging einige große, rote pflücken, und sie schmeckten gut. Als wir den War Bonnet Creek erreichten, nicht weit entfernt von der Soldatenstadt, erwarteten uns dort meine Tante und andere Verwandte mit Brot und Kaffee, und wir hatten einen festlichen Schmaus. Diese ganze Nacht war ich krank, und am folgenden Tag nahmen sie mich auf einem Pony-Wagen mit, denn sie waren überzeugt, diesmal werde ich sicher sterben. Doch ich glaube, es kam bloß von zuviel Brot und Kaffee, und vielleicht von den Pflaumen. Wir lagerten wieder zu Hips Hill, und um diese Zeit waren die meisten unserer Leute von der Soldatenstadt bei uns. Am nächsten Tag brachen etwa zwanzig von unseren Tipis auf, die übrigen blieben zurück. Wir lagerten mit unsern Verwandten bei White Butte nahe der Soldatenstadt und verbrachten dort den ganzen Winter. Das war für uns eine vergnügte Zeit. Wir fuhren den Hügel hinab auf Schlitten, die wir uns aus Büffel-Kinnbacken und Rippen gemacht und mit ungegerbten Riemen zusammengebunden hatten.

Ich war in diesem Winter zehn Jahre alt, und zu dieser Zeit sah ich zum erstenmal einige Uaschitschun. Zuerst fand ich, daß sie alle krank aussähen, und ich fürchtete, sie würden bei jeder Gelegenheit über uns herfallen; doch ich gewöhnte mich an sie.

In diesem Winter erkletterte einer von unsern Jungen die Fahnenstange und schlug sie nahe unter der Spitze entzwei. Dies hätte fast zu etwas Schlimmem geführt, denn die Soldaten umstanden uns mit ihren Gewehren; aber Rote Wolke, der dort wohnte, stellte sich aufrecht und ohne Waffe in die Mitte der Leute und sprach zu den Uaschitschun und zu uns. Er sagte, der Knabe, der das getan habe, müsse bestraft werden, und er sagte zu den Uaschitschun, es wäre doch töricht, wenn Männer erwachsene Männer erschießen wollten, wegen eines dummen Streichs, den ihre kleinen Buben im Spiel begangen: und er fragte sie, ob sie, als sie Knaben waren, nicht auch allerlei Närrisches getrieben hätten. So geschah schließlich nichts.

Rote Wolke war ein großer Häuptling, und er war ein Ogalalla. Doch zu jener Zeit hatte er seine kriegerische Laufbahn schon beendet. Nach dem Vertrag, den er fünf Jahre zuvor [1863] mit den Uaschitschun abgeschlossen, kämpfte er nie wieder; er lebte mit seiner Stammesgruppe[29], den Bösen Gesichtern [Bad Faces] in der Soldatenstadt. Auch Tolles Pferd war ein Ogalalla, und ich glaube, er war der größte Häuptling von allen.

Im Monat des Erscheinenden Roten Grases [April] brachen etwa dreißig unserer Tipis auf, um in den Black Hills Zeltstangen zu schneiden. Wir folgten dem Lauf des Horse Head Cutting Creek bis zu seiner Mündung, und als wir dort das Lager hatten, war ich eines Tages allein vom Dorf weggegangen; da vernahm ich das Pfeifen eines gefleckten Adlers. Ich blickte hinauf, und dort war er und kreiste über mir. Die seltsame Empfindung kehrte sehr stark zurück, und für eine kurze Weile schien es, als sei ich wieder in die Welt meines Gesichtes eingetreten.

Von da zogen wir nach Buffalo Cap am Fuße der Hügel, und mein Vater und ich machten uns allein auf, um nach Rotwild auszusehen. Wir stiegen durch das Holz auf den Kamm eines großen Hügels hinauf, und es war mühsam für meinen Vater, der hinkte von der Wunde, welche er in der Schlacht der Hundert Erschlagenen erhalten hatte. Als wir auf der Höhe standen, schaute mein Vater hinab und sagte: »Dort drüben sind sie. Bleib du hier, ich will sie umgehen.« Da kam die seltsame Empfindung zurück, und ich sagte, ohne zu wissen, warum ich so sprach: »Nein, Vater, bleib hier; denn sie bringen sie zu uns.« Er sah mich durchdringend an und fragte: »Wer bringt sie?« Ich vermochte nichts zu antworten; und nachdem er mich nochmals fest angeblickt, sagte er: »Nun wohl, mein Sohn.« So legten wir uns nun ins Gras und warteten. Und sie kamen zu uns heran, und mein Vater erlegte zwei von ihnen.

Als wir sie ausweideten und ich ein wenig Leber aß, wurde ich traurig, daß wir diese Tiere getötet hatten, und ich dachte, wir sollten etwas als Gegengabe spenden. Darum sagte ich: »Vater, sollten wir nicht eines von diesen zweien den wilden Wesen opfern?« Wieder blickte er mich forschend an. Dann legte er einen von den Tierkörpern mit dem Kopf nach Osten hin, reckte sich empor, das Gesicht gen Westen gewandt, erhob die Hand und rief: »Hey-hey!«, viermal, und sprach dieses Gebet: »Großvater, Großer Geist, sieh auf mich. Allen wilden Geschöpfen, die Fleisch essen, habe ich dies geopfert, auf daß mein Volk lebe, und die Kinder in Fülle gedeihen.«

Das war ein weiterer glücklicher Sommer, denn das große Ungemach war noch nicht gekommen. Wir schnitten viele Tipi-Stangen längs den Bächen, die an der Ostseite der Black Hills herabkamen, und zu essen gab es, soviel wir nur wünschten, denn die Hügel waren wie große Speisekörbe für unser Volk. Eiserner Stier [Iron Bull], ein kleiner Knabe meines Alters und ich, wir hatten viel Vergnügen am Fischen. Wir opferten dem Fisch stets einen Köder, indem wir sagten: »Du, der du unten im Wasser bist, mit roten Schwingen, dieses opfere ich dir; so komm her.« Dann, wenn wir den ersten Fisch gefangen, steckten wir ihn auf einen gegabelten Stock und küßten ihn. Wenn wir das nicht täten, das wußten wir, würden die andern fern bleiben. Fingen wir einen kleinen Fisch, dann küßten wir ihn und warfen ihn in das Wasser zurück, damit er die größeren Fische nicht ängstigen sollte. Ich weiß nicht, ob all das etwas half oder nicht, doch immer hatten wir Fische in Menge, und unsere Eltern waren stolz auf uns. Wir suchten so viele zu erwischen, wie wir konnten, damit die Leute von uns eine gute Meinung erhielten.

Es war da ein Mann mit Namen Uatanye, der verstand sich auf das Speerfischen. Er hatte stets aufgerissene Lippen, derart, daß er sich nicht zu lachen getraute. Um seinen ganzen Mund herum waren sie geborsten. Die Leute versuchten es wohl, ihn zum Lachen zu reizen, doch da lief er sogleich davon. Eines Tages sagte er zu mir: »Junger Bruder, ich will dir zeigen, wie man Fische spießt.« Also gingen wir an den Bach hinauf, und da lag ein Fisch so lang [bis zum Ellbogen] in einem Pfuhl. »Nimm den Speer«, sagte Uatanye, »und stoß tief hinab, denn sie sind stets weiter unten, als es aussieht.« Ich faßte den Speer und stieß mit voller Kraft, doch das klare Wasser war viel tiefer als es schien. Ich verfehlte das Ziel und plumpste Kopf voran in das kalte Wasser hinab. Als ich herauskroch, krümmte Uatanye sich vor Lachen, hielt sich den Bauch und »hunh, hunh, hunh!« tönte es in einem fort. Blut rann ihm über das Kinn hinab. Er lief davon, so rasch ihn die Beine trugen, und noch eine ganze Zeit nachher pflegte er, sobald er mich irgendwo kommen sah, umzudrehen und zu laufen, damit ihn nicht das Lachen überkäme. Einmal versteckte ich mich in einem Gebüsch, bis er dort vorbeikam, nur um ihn, wenn ich hervorhüpfte, laufen zu sehen.

Ich glaube, Uatanye hatte mich recht gern, denn er pflegte mich oft allein zur Jagd oder zum Fischen zu holen, und stets lehrte er mich allerhand Fertigkeiten. Auch erzählte er mir gern Geschichten, scherzhafte zumeist, wenn seine Lippen gerade nicht gerissen waren. Ich erinnere mich an eine, die er mir erzählte, von einem jungen Lakota namens Hohes Pferd [High Horse], und welch schwere Not dieser hatte, das Mädchen zu erlangen, das er begehrte. Uatanye sagte, die Geschichte habe sich genau so zugetragen, wie er sie erzählte, und dem mag so sein. Wenn nicht, dann eben nicht. Ich will jetzt diese Geschichte hier mitteilen.

HOHEN PFERDS BRAUTWERBUNG

IHR WISST, in früheren Zeiten war es für einen, der heiraten wollte, nicht gar so leicht, ein Mädchen zu gewinnen. Mitunter kostete es einen jungen Mann große Mühe, und er hatte manches auszuhalten. Gesetzt: ich bin ein junger Mann und habe ein junges Mädchen gesehen, das meinen Augen so schön erscheint, daß ich ganz krank werde, sobald ich daran denke. Dann kann ich nicht einfach hingehen und mit ihm darüber reden und dann heiraten, wenn es dazu gewillt ist. Ich muß mich aller möglichen Ränke bedienen, um überhaupt mit ihm sprechen zu dürfen, und ist mir solches gelungen, dann ist dies noch erst ein Beginn. Ich mag mich schon seit langer Zeit wegen eines bestimmten Mädchens krank fühlen, da ich es so sehr liebe, doch wird es mich überhaupt nicht beachten; die Eltern aber haben auf ihre Tochter ein wachsames Auge.

Mag sein, ich verberge mich im Gebüsch bei einer Quelle,

wo sie manchmal Wasser holen geht, und wenn sie vorbeikommt, wenn niemand hinsieht, springe ich hervor und halte sie auf und erbitte mir Gehör. Wenn auch sie mich liebt, so kann ich das an ihrem Gebaren erkennen, denn sie ist sehr schüchtern, und das erstemal wird sie vielleicht kein Wort erwidern oder mich überhaupt nicht beachten. So lasse ich sie gehen, und vielleicht schleiche ich dann herum, bis ich ihrem Vater allein begegne. Ich sage ihm dann, wieviele Pferde ich ihm für dieses schöne Mädchen geben kann, und mittlerweile bin ich so krank geworden, daß ich ihm vielleicht alle Pferde von der ganzen Welt geben wollte, wenn ich sie hätte.

Also gut, dieser junge Mann, von dem ich erzählen möchte, wurde Hohes Pferd genannt. Im Dorf lebte ein Mädchen, das in seinen Augen eine solche Schönheit war, daß er vom vielen Darandenken ganz krank geworden und noch immer kränker wurde. Das Mädchen zeigte sich sehr scheu, und seine Eltern hielten es sehr hoch, denn sie waren nicht mehr jung, und dieses war ihr einziges Kind. So überwachten sie es während des ganzen Tages, und sie trafen Maßnahmen, daß es auch nachts, wenn sie beide schliefen, gesichert war. So hoch schätzten sie ihre Tochter ein, daß sie ihr ein Bett aus ungegerbter Haut hergerichtet hatten, und als sie erfuhren, daß Hohes Pferd ihr nachging, fesselten sie das Mädchen nachts in seinem Bett mit Riemen, auf daß es niemand während des Schlafes rauben könnte, denn sie waren nicht gewiß, ob ihr Kind nicht tatsächlich wünschte, entführt zu werden.

Nun gut: nachdem Hohes Pferd geraume Weile in des Mädchens Nähe herumgestrichen war, sich verborgen, ihm aufgelauert hatte und mit jedem Tag kränker geworden war, erwischte er es endlich allein und brachte es zum Reden. Er fand heraus, daß es ihn vielleicht ein ganz klein wenig liebe. Das stimmte ihn freilich nicht eben freudig. Es machte ihn elender als zuvor; doch jetzt fühlte er auf einmal in sich den Mut eines Büffelstiers, und er ging geradenwegs zum Vater des Mädchens und sagte ihm, er liebe das Mädchen so sehr, daß er zwei gute Pferde dafür geben wolle – ein junges und ein noch nicht sehr altes.

Doch der alte Mann winkte ab mit seiner Hand: Hohes Pferd möge gehen und nicht solchen Unsinn reden.

Darüber fühlte Hohes Pferd sich kränker als je; doch da war ein anderer junger Kerl, der sagte, er wolle Hohem Pferd zwei Ponies borgen, und wenn er einmal mehr Pferde besitze, dann könne er solche ja für die geborgten zurückgeben.

Da kehrte Hohes Pferd zu dem alten Mann zurück und sagte, er wolle für das Mädchen vier Pferde geben, davon wären zwei jung, die beiden andern noch kaum alt zu nennen. Doch der alte Mann winkte nur ab und wollte sich nicht äußern.

So schlich Hohes Pferd herum, bis er das Mädchen wiederum sprechen konnte, dann schlug er vor, es möge mit ihm entfliehen. Er sagte ihm, er glaube, er müßte hinfallen und sterben, wenn es sich weigerte. Es aber erklärte, es möchte das nicht tun; es wünsche, wie eine feine Frau gekauft zu werden. Ihr seht, es dachte selbst von sich auch nicht gering. Hohes Pferd fühlte sich jetzt so krank, daß er nicht einen Bissen zu essen vermochte; kopfhängend ging er herum, als sei er jeden Augenblick bereit, hinzufallen und zu verscheiden.

Rothirsch [Red Deer] war ein anderer junger Mann; er

und Hohes Pferd waren große Freunde, die alles gemeinsam taten. Rothirsch, der Hohen Pferds Benehmen gewahrte, fragte: »Vetter, was fehlt dir? Ist dein Magen krank? Du siehst aus, als sei es dir ums Sterben.«

Da erzählte ihm Hohes Pferd, wie die Dinge standen, und sagte: er glaube, lange werde er nicht mehr am Leben bleiben, falls er das Mädchen nicht sehr bald heimführen könne.

Rothirsch dachte ein wenig nach und meinte dann: »Vetter, ich habe einen Plan, und bist du Manns genug, zu tun, was ich dir sage, so wird alles gut werden. Sie will nicht mit dir fliehen; der alte Mann will sich mit vier Pferden nicht begnügen; vier Pferde sind alles, was du geben kannst. Du mußt sie rauben und mit ihr fort. Nach einiger Zeit kannst du mit ihr zurückkommen, und der alte Mann kann nichts dagegen tun, weil sie dann deine Frau sein wird. Vermutlich wünscht auch sie, daß du sie raubst.«

So berieten sie nun über das, was Hohes Pferd unternehmen sollte. Dieser erklärte, er liebe das Mädchen so heftig, daß er Manns genug wäre, alles zu tun, was Rothirsch oder irgendeiner für ihn ausdenken könnte.

Was sie nun taten, ist dies:

In der Nacht, spät, schlichen sie zu des Mädchens Tipi und warteten, bis von innen Töne kamen, die verrieten, daß der alte Mann und die alte Frau und das Mädchen in gesundem Schlafe lagen. Dann kroch Hohes Pferd, mit einem Messer versehen, unter das Tipi. Er mußte zuerst die Riemen aus ungegerbter Haut durchschneiden. Dann sollte Rothirsch, der die Stäbe an der Seite des Tipi herauszuziehen hatte, das Mädchen wegschleppen helfen und knebeln. Hierauf konnte Hohes Pferd die Geraubte quer vor sich

auf sein Pony legen, mit ihr davonsprengen und für den ganzen Rest seines Lebens glücklich sein.
Als Hohes Pferd in das Zelt gekrochen, war er so aufgeregt, daß er sein Herz pochen hörte; so laut schien es ihm, daß es die alten Leute sicher aufzuwecken vermöchte. Das geschah aber nicht, und nach einer Weile begann er die Riemen zu durchschneiden. Jedesmal, wenn er einen zerschnitt, gab es einen Paff, der ihn tödlich erschreckte. Er fuhr indessen in seiner Arbeit fort. Als alle Riemen durchschnitten waren bis zu des Mädchens Schenkel hinab, wurde er plötzlich so unsicher, daß ihm das Messer entglitt und das Mädchen stach. Die Verletzte schrie laut und gellend auf. Da sprangen die Alten hoch, unter ebenso lautem Geschrei. Doch Hohes Pferd befand sich bereits im Freien. Er und Rothirsch liefen davon wie Antilopen. Der alte Mann verfolgte, mit ein paar andern Leuten, die jungen Männer, doch diese entkamen in der Dunkelheit, und niemand wußte, wer sie waren.
Nun, wenn du je ein schönes Mädchen begehrt hast, so wirst du wissen, wie elend Hohes Pferd sich fühlte. Ihm war sehr schlimm zumut, und es sah so aus, als werde er lange hinsiechen, wenn nicht gar sterben müssen. Rothirsch ging mit sich zu Rat, und nach ein paar Tagen suchte er Hohes Pferd auf. Er sprach zu ihm: »Vetter, fasse Mut! Ich habe einen andern Plan und bin gewiß, bist du Manns genug, werden wir sie diesmal wegbringen können.« Und Hohes Pferd antwortete: »Ich bin Manns genug, alles zu unternehmen, was nur irgendeiner ersinnen kann, wenn ich dadurch dieses Mädchen erlange.«
Dies ist's, was sie taten:
Sie gingen allein vor das Dorf hinaus, und Rothirsch hieß

Hohes Pferd sich nackt ausziehen. Dann übermalte er Hohes Pferd am ganzen Leib mit weißer Farbe, setzte schwarze Streifen auf das Weiß und umzog Hohen Pferds Augen mit schwarzen Ringen. Hohes Pferd sah nun schrecklich aus. So furchtbar, daß Rothirsch, nachdem er sein Werk beendet hatte und ihn betrachtete, gestand, sich selbst ein wenig zu fürchten.

»Wenn du jetzt wieder überrascht wirst«, sagte Rothirsch, »dann wird jedermann dich für einen bösen Geist halten und sich hüten, dich zu verfolgen.«

Als nun die Nacht kühl wurde und alles tief schlief, schlichen die beiden zu des Mädchens Tipi zurück. Hohes Pferd kroch, wie zuvor, mit seinem Messer hinein, und Rothirsch wartete, bereit, das Mädchen herauszuschleppen und zu knebeln, wenn Hohes Pferd die Riemen durchschnitten hätte.

Hohes Pferd glitt an des Mädchens Bett und begann mit dem Zerschneiden der Riemen. Dann aber hielt er inne und sagte sich: »Wenn sie mich erblicken, dann werden sie auf mich schießen, weil ich so schrecklich aussehe.« Das Mädchen war unruhig und krümmte sich in seinem Bett; stets wenn ein Riemen durchschnitten wurde, gab es jenen paffenden Laut. Hohes Pferd ging darum sehr sorgfältig zuwege.

Aber er mußte doch zuviel Geräusch gemacht haben, denn die alte Frau erwachte plötzlich und sagte zu dem alten Mann: »Alter Mann, wach auf! Es ist jemand in diesem Tipi!« Der alte Mann jedoch war schlaftrunken und wollte nicht belästigt sein. Er antwortete: »Freilich ist hier jemand in diesem Tipi. Schlafe und stör mich nicht.« Darauf schnarchte er noch lauter.

Hohes Pferd aber war jetzt so erschrocken, daß er ganz still liegen blieb und sich so flach auf den Boden drückte, wie er es nur vermochte. Nun müßt ihr verstehen: er hatte seit langer Zeit nicht mehr richtig geschlafen, da er des Mädchens halber in seinem Gemüt so zu leiden hatte. Wärend er also dort lag und das Schnarchen der alten Frau abwartete, vergaß er vollkommen alles, sogar wie schön das Mädchen war. Rothirsch, der draußen lag, bereit seine Rolle zu spielen, wunderte sich, was denn dort innen geschehen sein mochte, doch wagte er nicht, Hohes Pferd herauszurufen.

Mittlerweile hatte es zu tagen begonnen, und Rothirsch mußte mit den beiden Ponies, die er für seinen Gefährten und das Mädchen dort aufgestellt hatte, abziehen, wenn er nicht entdeckt werden wollte. Also ging er.

Und wie es in dem Tipi nun hell wurde, da erwachte das Mädchen, und das erste, was es erblickte, war ein gräßliches Tier, am ganzen Leibe weiß mit schwarzen Streifen, das schlafend neben seinem Bette lag. Das Mädchen schrie laut auf, dann schrie auch die alte Frau, und der alte Mann brüllte. Hohes Pferd sprang zu Tode erschrocken auf, und im Fliehen hätte er beinah das Tipi umgerissen.

Von allen Seiten kamen nun die Leute des Dorfes herbeigerannt, mit Flinten und Bogen und Beilen. Jedermann brüllte.

Hohes Pferd hingegen rannte so, daß er den Boden kaum berührte und er sah so fürchterlich aus, daß ihm die Leute auswichen und ihn laufen ließen. Ein paar Beherzte wollten auf ihn schießen, doch die andern meinten: er könnte ein heiliges Wesen sein, darum könnte es Unglück bringen, wenn man ihn töte.

Hohes Pferd nahm den Weg zum nahen Fluß, und in dem diesen umgebenden Gehölz stieß er auf einen hohlen Baum. Dort schlüpfte er hinein. Später kamen ein paar von jenen Beherzten vorüber, und er konnte sie sagen hören, es sei ein böser Geist gewesen, der aus dem Wasser gekommen und jetzt wieder dorthin zurückgekehrt sei.

An diesem Morgen wurde den Leuten befohlen, das Lager abzubrechen und weiterzuziehen. Das taten sie, während Hohes Pferd sich in seinem hohlen Baum noch verborgen hielt.

Das alles hatte Rothirsch von seinem eigenen Tipi aus mitangesehen und sich den Anschein zu geben versucht, als sei er so gut überrascht und erschrocken wie alle andern. Als das Lager sich in Bewegung setzte, schlich er sich an den Ort zurück, wohin sein Gefährte verschwunden war. Dort unten im Gebüsch rief er, und Hohes Pferd antwortete, da er seines Freundes Stimme kannte. Sie wuschen die Farbe von Hohen Pferds Körper weg und setzten sich am Ufer nieder, um sich über ihren Verdruß zu unterhalten.

Hohes Pferd sagte, zeitlebens wolle er nicht mehr ins Dorf zurück, es sei ihm auch gleichgültig, was mit ihm geschehe. Er werde ganz für sich allein auf den Kriegspfad gehen. Rothirsch erwiderte: »Vetter, nein, du wirst nicht allein auf den Kriegspfad gehen, denn ich werde dich begleiten.« Und so bereitete Rothirsch alles vor. In der folgenden Nacht zogen sie selbander auf den Kriegspfad. Nach mehreren Tagen trafen sie gerade beim Sonnenuntergang auf ein Krähen-Lager; und als es dunkel war, schlichen sie an den Ort, wo die Pferde der Krähen grasten, töteten die Wache, die nicht an Feinde dachte, da sie glaubte, alle Lakotas seien fortgezogen, und trieben an die hundert Pferde davon. Es war ein gewaltiger Aufbruch, denn alle Krähen-Pferde rasten in wilder Eile dahin, und wahrscheinlich war es schon Morgen, bevor die Krähen-Krieger sich ein paar Reittiere zu verschaffen vermochten. Rothirsch und Hohes Pferd flohen mit ihrer Herde drei Tage und drei Nächte, bis sie das Dorf ihres Stammes erreichten. Dann trieben sie die ganze Schar dort mitten auf den Platz und vor des Mädchens Tipi.

Der alte Mann war dort. Hohes Pferd rief ihn heraus und fragte ihn, ob er glaube, diese Pferde könnten für sein Mädchen genügen? Der alte Mann winkte ihm diesmal nicht ab. Es waren aber nicht die Pferde, die er wünschte. Was er sich wünschte, das war ein Sohn, der ein wirklicher Mann wäre und etwas taugte.

Also gewann Hohes Pferd schließlich sein Mädchen, und ich denke, er hatte es verdient.

UASCHITSCHUN IN DEN HÜGELN

ES WAR im darauffolgenden Sommer, da ich vierzehn Jahre alt geworden [1874], als das erste Anzeichen neuer Beunruhigungen sich für uns bemerkbar machte. Unsere Schar hatte am Split-Toe Creek in den Black Hills gelagert, und von da zogen wir zum Spring Creek, dann zum Rapid Creek, dort wo er in die Prärie hinaustritt. An diesem Abend, gerade vor Sonnenuntergang, kam eine große Gewitterwolke von Westen herauf, und kurz bevor der Sturm losbrach, flogen über uns Wolken kreisender spaltschwänziger Schwalben. Es war wie ein Stück aus meinem Traumgesicht und weckte in mir jenes seltsame Gefühl. Die Jungen versuchten die Schwalben mit Steinen zu treffen, und es schmerzte mich, dies zu sehen, aber ich konnte nichts dagegen sagen. Ich ergriff einen Stein und benahm mich, als wolle ich werfen, doch ich tat es nicht. Die Schwalben schienen mir heilig. Niemand traf eine von ihnen, und als ich darüber nachdachte, wußte ich, daß man dies in der Tat nicht konnte.

Am nächsten Tag errichteten einige Leute ein Schwitzzelt für einen Medizinmann namens Splitter; der wollte einen Ritus verrichten und mußte sich deshalb einer Reinigung unterziehen. Man sagt, er sei der erste Mann, der für unsern großen Häuptling Tolles Pferd ein heiliges Schmuckstück gemacht habe. Während sie die Steine für das Schwitzzelt erhitzten, kamen mich einige Knaben holen, damit ich mit ihnen Eichhörnchen erlegte. Wir gingen an den betreffenden Ort, und als ich auf eines der Tiere schießen wollte, überkam mich plötzlich ein großes Unbehagen. So setzte ich mich nieder, hatte eine seltsame Empfindung und war darüber erstaunt. Und wie ich saß, hörte ich eine Stimme sagen: »Geh fort! Geh heim!« Ich sagte den Jungen, wir müßten sogleich nach Hause, und wir gingen alle in großer Eile. Als wir zurückkamen, fanden wir alle in großer Aufregung: das Lager wurde abgebrochen, die Ponies eingefangen und die Wagen beladen. Ich vernahm, es habe, als Splitter sich im Schwitzzelt befunden, ihm eine Stimme gesagt, unser Zug müsse sogleich flüchten, denn es sei an diesem Ort etwas Mißliches zu erwarten.

Es war kurz vor Sonnenuntergang, als wir abzogen und wir flohen diese ganze Nacht hindurch im Nachtrab gegen den Spring Creek, dann hinab zu jenem Fluß, der den südlichen Arm des Good River bildet. Ich fuhr die meiste Zeit in einem Pony-Wagen, da ich zu schläfrig war, mich auf einem Pferd zu halten. Wir rasteten am Morgen am Good River, doch blieben wir nur so lange, bis wir gegessen hatten. Dann flohen wir weiter, bis wir die Mündung des Horse Creek erreichten. Wir wollten hier bleiben, doch Kundschafter kamen an und berichteten, viele Soldaten seien in die Black Hills gekommen. Das war es, was Splitter gesehen, als er im Schwitzzelt gesessen. Also flüchteten wir weiter durch die Nacht gegen den weißen Smoky Earth River, und als wir dort ankamen, erwachte ich, und der Tag brach an. Wir machten einen kurzen Halt, um zu essen und zogen dann in zwei Lagern den Smoky Earth River hinauf nach Robinson, denn wir fürchteten uns vor den Soldaten dort oben.

Später vernahm ich, daß es Pahuska[30] war, der in diesem Sommer seine Soldaten in die Black Hills geführt habe, um zu sehen, was dort für ihn zu holen sei. Er hatte kein Recht, dort einzudringen, denn alles Land gehörte uns.

Unsere Leute wußten, daß es dort oben gelbes Metall in kleinen Klumpen gab; doch sie bemühten sich nicht darum, denn es taugte zu nichts.

Wir blieben den ganzen Winter über bei der Soldatenstadt, und das Übel wurde immer schlimmer. Im Herbst hörten wir, es sei eine Anzahl Uaschitschun vom Missouri River hergekommen, um in den Black Hills nach dem gelben Metall zu graben, weil Pahuska davon geredet habe, so daß es überall bekanntgeworden. Später wurde er ausgelöscht, weil er das getan.

Während dieses ganzen Winters redeten die Leute davon. Tolles Pferd war in der Gegend des Powder River, und Sitzender Stier [Sitting Bull] war irgendwo nördlich von den

Hügeln. Unsere Leute bei der Soldatenstadt dachten, wir sollten zusammenstehn und etwas unternehmen. Die Leute von Rote Wolke sagten, die Soldaten seien dorthin gegangen, um die Goldgräber wegzutreiben, aber wir, die wir nur zum Besuch dort waren, glaubten das nicht. Wir nannten die Leute von Rote Wolke »Die-um-das-Fort-herumhängen«, und die Unsrigen sagten, sie stünden auf der Seite der Uaschitschun[31], und wenn wir nichts unternähmen, dann würden wir die Black Hills verlieren.

In dem Frühjahr, als ich zwölf Jahre alt war [1875], kamen mehr Soldaten mit vielen Wagen von der Soldatenstadt an der Mündung des Laramie River[32] und gingen in die Hügel hinauf.

Davon wurde während des ganzen Sommers viel geredet, und in dem Monat, der fett macht [Juni], wurde dort bei der Soldatenstadt ein Sonnentanz aufgeführt, um den Leuten Kraft zu verleihen, doch nahmen nicht viele daran teil; vielleicht weil jedermann sich beim Gespräch über die Black Hills so ereiferte. Ich erinnere mich an zwei Männer, die zusammen tanzten. Der eine hatte in der Schlacht der Hundert Erschlagenen ein Bein verloren, der andere beim Angriff auf die Wagen ein Auge; so hatten sie zum Tanzen bloß drei Augen und drei Beine. Wir Jungen liefen zum Bach hinab und pflückten Ulmenblätter, die wir zerkauten und auf die Tänzer warfen; die hatten sich herausgeputzt und gaben sich alle Mühe, gut auszusehen. Wir bedachten damit auch einige ältere Leute, und niemand erboste sich deshalb, weil jeder bei guter Laune erscheinen und zeigen wollte, was alles er zu ertragen vermöge; also mußten sie auch den Spott erleiden. Ich werde später, am rechten Ort, von einem großen Sonnentanz erzählen.

In dem Monat, wenn den Kälbern Haare wachsen [September], fand eine große Beratung mit den Uaschitschun am Smoky Earth River an der Mündung des White Clay Creek statt. Ich erinnere mich daran, doch verstand ich damals nicht viel davon. Viele von den Lakotas waren dort dabei, auch Shyelas und Blaue Wolken[33]; doch Tolles Pferd und Sitzender Stier hielten sich fern. In der Mitte des Kreises stand ein Schutzdach aus Segeltuch. Unter diesem saßen die Beratenden und redeten, und rings um sie herum war eine Menge Volkes zu Fuß und zu Pferd. Sie redeten und ratschlagten tagelang, aber es war schließlich alles nur wie wenn der Wind weht. Ich fragte meinen Vater, worüber sie denn sprächen, und er antwortete mir: der Großvater in Washington wolle die Black Hills pachten, damit die Uaschitschun dort nach dem gelben Metall graben könnten, und der Anführer der Soldaten habe gesagt, wenn wir nicht einwilligten, dann würden die Black Hills für uns sein wie schmelzender Schnee in unserer Hand, weil die Uaschitschun dieses Land gleichwohl in Besitz nehmen würden.

Ich wurde traurig, als ich das hörte. Es war ein so guter Spielplatz, und die Leute in dieser Gegend sind immer so glücklich gewesen. Auch dachte ich an mein Gesicht, und wie die Geister mich dort in die Mitte der Welt gebracht hatten.

Nach dem Schluß der Beratung hörten wir, daß Bäche von Uaschitschun, die zu Strömen würden, in die Hügel flössen, und daß sie dort bereits Städte bauten. Es sah aus, als sei Schlimmes zu erwarten; so brach unsere Schar das Lager ab und zog weiter, um sich am Powder River mit Tollem Pferd zu vereinen. Wir lagerten am Horsehead Creek, dann am War Bonnet, nachdem wir die alte Uaschitschun-Straße gekreuzt hatten [34], die damals, als die Hundert aufgerieben wurden, der Anlaß des Kampfes gewesen; Gras wuchs auf ihr. Dann lagerten wir am Sarge Creek, dann am Beaver, hernach am Driftwood Creek und kamen wiederum zu der Ebene von Pine Trees an der Ecke der Hügel.

Die Nächte waren nun kalt, doch die Tage klar und still; und während wir dort das Lager hatten, ging ich allein in die Hügel hinauf und saß lange Zeit unter einem Baum. Ich hoffte vielleicht, mein Gesicht werde zurückkommen und mir kund tun, wie ich dieses Land für mein Volk retten könnte, doch ich vermochte nichts Deutliches zu erkennen. Das machte mich traurig; aber wenige Tage später geschah etwas, das machte mich froh. Wir waren am Taking-The-Cross-Horses Creek, wo wir viele Büffel fanden und reichlich Fleisch aufbrachten und für den Winter viele Häute gerbten. In unserer Schar war ein Mann mit Namen Fett, der beständig davon redete, wie rasch sein Pferd laufen könne. Eines Tages, als wir dort lagerten, sagte ich zu Fett, mein Pony könne viel geschwinder laufen als das seine. Er lachte mich aus und behauptete, nur Krähen und Präriewölfe könnten glauben, daß mein Pferd etwas tauge. Ich fragte ihn, was er mir geben wolle, wenn mein Pony das seine besiege, und er sagte, er wolle mir etwas schwarze Medizin [Kaffee] geben. Also rannten wir, und ich gewann die schwarze Medizin. Während der ganzen Dauer des Rennens dachte ich an die weiße Schwinge des Windes, die der zweite Großvater meines Gesichtes mir gegeben; es mag sein, daß diese Kraft sich den Beinen meines Ponys mitteilte.

Am Kills-Himself Creek erbeuteten wir noch mehr Fleisch

und Felle und waren bereit, Tollen Pferds Lager am Powder River aufzusuchen. Mit uns waren ein paar »Hängen-um-das-Fort-herum«, und als sie erkannten, daß wir mit Tollem Pferd zusammengehen wollten, verließen sie uns und kehrten nach der Soldatenstadt zurück. Sie befürchteten einen Kampf, und sie wußten, daß Tolles Pferd ihn aufnehmen würde; so wollten sie bei den Uaschitschun in Sicherheit sein. Wir mochten sie nicht besonders.

Wir hatten keinen Ratgeber, da wir nur eine geringe Anzahl waren; und waren wir unterwegs, dann konnten die Jungen reiten, wo sie wollten. Eines Tages, als wir in der Richtung auf den Powder River hinzogen, ritt ich mit Stiehlt-Pferde [Steals Horses], einem andern Jungen meines Alters, voraus, und da erblickten wir Fußstapfen, die seitwärts führten. Wir folgten diesen Spuren, und da war ein kleiner Hügel bei einem Bach, wo ein Lakota lag. Wir stiegen ab, um nach ihm zu sehen; er war tot. Sein Name war Schwanzwurzel [Root-of-the-Tail], und er war auf dem Weg nach Tongue River gewesen, um seine Verwandtschaft zu besuchen, als er starb. Er war sehr alt und zu sterben bereit; so legte er sich einfach dorthin und starb, ohne seine Verwandten nochmals gesehen zu haben.

Später langten wir in dem Dorf am Powder River an und lagerten uns dort an seinem untern Ende. Ich war begierig, meinen Vetter Tolles Pferd wiederzusehen, denn nun hatte alles mehr und mehr den Anschein, daß großes Unheil herannahe; jedermann redete mehr als je über ihn, und er schien noch größer als zuvor. Auch wurde ich älter.

Ich hatte ihn wohl, soweit ich mich zurück erinnern kann, von Zeit zu Zeit immer wieder gesehen und von seinen mutigen Taten gehört. So gedenke ich der Geschichte, wie er und sein Bruder allein ausgeritten waren und von einer großen Bande Krähen angegriffen wurden, so daß sie fliehen mußten. Und während ihres heftigen Reitens mit all den Krähen hinter ihnen, hörte Tolles Pferd seinen Bruder rufen; sich umwendend gewahrte er, daß seines Bruders Pferd auf der Erde lag, von den Krähen bereits umdrängt. Und sie erzählen, wie Tolles Pferd zurück in den Haufen geschossen und sie vertrieben habe, allein mit Bogen und Pfeilen, dann seinen Bruder vor sich aufs Pferd gesetzt und mit ihm davongeritten sei. Es war seine heilige Kraft, die den Krähen Furcht einjagte, als er schoß. Und die Leute erzählen Geschichten aus der Zeit, da er ein Knabe war und ständig mit dem älteren Buckel [Hump][35] herumzuziehen pflegte. Buckel war kein junger Mann mehr, sondern bereits ein großer Krieger, der größte vielleicht, den wir bis dahin gehabt hatten. Man sagt, die Leute hätten sich gewundert, den Jungen und den alten Mann stets beisammen zu sehen; aber ich denke, Buckel wußte, daß Tolles Pferd ein großer Mann werden würde, und also wünschte, ihm alles beizubringen, was er ihm lehren konnte.

Tollen Pferds Vater war meines Vaters Vetter, und vor Tollem Pferd hatte es in unserer Familie keine Häuptlinge gegeben. Doch waren da heilige Männer; und er wurde ein Häuptling dank der Kraft, die er in einem Gesicht erhalten, als er ein Knabe war. Als ich ein Mann geworden, erzählte mir mein Vater etwas über dieses Gesicht. Freilich wußte er davon nicht alles; aber er sagte, daß Tolles Pferd in einem Traum in die Welt gelangt sei, wo nichts ist als die Geister aller Dinge. Das ist die wirkliche Welt, die hinter dieser liegt, und alles, was wir sehen, ist nur so etwas wie ein Schatten von jener Welt. Er war auf seinem Pferd in jener Welt, und das Pferd und er auf ihm und die Bäume und das Gras und die Steine und alle Dinge waren aus Geist gemacht, und nichts war hart, und alles schien zu fließen. Sein Pferd stand da, und doch tanzte es umher wie ein aus Schatten gebildetes Pferd, und daher hat er seinen Namen erhalten, der nicht besagen will, daß sein Pferd verrückt oder wild gewesen, sondern daß es in seinem Gesicht auf diese seltsame Art herumtanzte.

Dieses Gesicht war es, das ihm seine große Macht verlieh, denn wenn er vor einem Kampfe stand, so brauchte er sich nur in jene Welt zurückzudenken, und er vermochte durch alle Gefahr unverletzt hindurchzugehen. Bis er von den Uaschitschun bei der Soldatenstadt ermordet wurde, war er nur zweimal verwundet worden: einmal durch einen Unfall und beide Male durch Leute aus seinem eigenen Volke, als er keinerlei Unheil erwartete und an nichts Schlimmes dachte; nie aber durch einen Feind. Er war fünfzehnjährig, als er durch einen Unfall verletzt wurde; und das zweitemal war er ein Jüngling, und ein anderer Mann war auf ihn eifersüchtig, weil dieses Mannes Weib Tolles Pferd liebte. Erzählt wurde auch, daß er einen heiligen Stein auf sich getragen habe, gleich einem, den er in seinem Gesicht erblickt hatte, und wenn er in Gefahr gewesen, dann sei der Stein immer sehr schwer geworden und habe ihn irgendwie beschützt. Dies, pflegten sie zu sagen, sei die Ursache dafür, daß kein Pferd es lange aushielt, von ihm geritten zu werden. Ich weiß darüber nichts Genaues; vielleicht dachten sich die Leute solches nur. Doch ist es Tatsache, daß er dasselbe Pferd nie lange behielt; sie waren bald verbraucht. Ich glaube, es war einzig die Kraft seines großen Gesichts, die ihn stark machte.

Hin und wieder schenkte er mir Beachtung und unterhielt sich mit mir; und manchmal ließ er mich durch den Ausrufer holen, damit ich mit ihm in seinem Tipi äße. Dann sagte er allerlei Dinge, um mich zu necken, doch erwiderte ich ihm nicht darauf, denn ich fürchtete mich ein wenig vor ihm. Zwar fürchtete ich nicht, daß er mir etwas antun werde; ich war einfach in Furcht. Jedermann empfand so in seiner Nähe, denn er war ein seltsamer Mensch und ging im Dorfe herum, ohne einen anzusehen oder zu sprechen. In seinem eigenen Tipi trieb er Späße, und wenn er mit einer Anzahl Leute auf dem Kriegspfad war, scherzte er, um seine Krieger in eine gute Verfassung zu bringen. Doch im Dorf herum achtete er kaum auf jemanden, außer auf kleine Kinder. Alle Lakotas lieben Tanz und Gesang; doch er nahm nie an einem Tanze teil, und man sagt, nie habe ihn jemand singen hören. Aber jedermann liebte ihn, und sie taten alles, was er wünschte, und gingen hin, wohin er sie gehen hieß. Er war unter den Lakotas ein Mann von kleiner Gestalt; er war schlank und hatte ein schmales Gesicht, und seine Augen schauten durch die Dinge hindurch. Stets machte er den Eindruck, als ob er über etwas angestrengt nachdächte.

Auch wünschte er nicht, vielen Besitz zu haben, und er hatte nicht wie andere Häuptlinge viele Ponies. Man sagt, wenn das Wild spärlich gewesen und die Leute hungerten, dann habe er überhaupt nicht essen wollen. Er war merkwürdig. Mag sein, daß er sich immer halb in jener Welt seines Gesichts befand. Er war ein sehr großer Mann, und ich glaube, wenn die Uaschitschun ihn dort unten nicht ermordet hätten, dann besäßen wir die Black Hills noch und wären glücklich. Sie hätten ihn in der Schlacht nicht töten können, sie mußten ihn überlisten und ermorden. Und er war nur etwa dreißig Jahre alt, als er starb.

Eines Tages, nachdem wir dort am Powder River gelagert hatten, ging ich stromaufwärts, um ihn wiederzusehen; doch sein Tipi war leer, und er war fortgegangen, vielleicht mit einer Abteilung Krieger gegen die Krähen, denn wir waren nun ganz in ihrer Nähe und mußten ihrer stets gewärtig sein. Später traf ich ihn. Er legte mir den Arm um die Schulter und zog mich in sein Tipi, und wir setzten uns zusammen nieder. Ich erinnere mich dessen nicht, was er sagte, aber ich weiß, er sprach nicht viel, und er foppte mich nicht. Vielleicht dachte er an die kommenden schweren Zeiten.

Wir blieben nicht lange dort, sondern zerstreuten uns bald und lagerten an verschiedenen Orten, und Menschen und Ponies fanden ihr volles Genügen. Tolles Pferd hatte sein Dorf von etwa hundert Tipis am Powder River, und unsere Schar lagerte am Tongue. Wir errichteten einen Zaun für die Pferde bei Nacht und hüteten sie den ganzen Tag, denn die Krähen waren große Pferdediebe, und wir mußten vorsichtig sein. Die Frauen schälten und hackten unterwegs von den Baumwollbäumen Rinde, die sie nachts den Pferden zu fressen gaben. Die Pferde nahmen sie gern, und dieses Futter machte sie glänzend und fett.

Neben dem Eingang der Umzäunung stand ein Tipi für den Pferdehüter; dort stand Krähen-Nase [Crow Nose], und seine Frau war bei ihm. Es gab eine Öffnung in seinem Tipi, so daß er hinaussehen konnte. Nach einiger Zeit wurde er sehr schläfrig; also weckte er seine Frau und hieß sie aufstehen und wachen, während er ein wenig ruhen wolle. Ganz langsam sah sie dort über den Schnee etwas näher kommen; sie weckte darum ihren Mann und raunte ihm zu: »Alter Mann, du tätest gut daran, aufzustehen, denn ich glaube, ich sehe dort etwas.« Krähen-Nase erhob sich und guckte hinaus und sah einen Mann sich in der Umzäunung im Sternlicht herumbewegen und nach dem besten Pferd ausschauen. Krähen-Nase sagte seiner Frau, sie möge ihre Augen an die Öffnung halten und ihm ein Zeichen geben, wenn der Mann mit einem Pferd herauskäme; er selbst legte sich unter der Öffnung des Tipi nieder, und der Lauf seiner Flinte ragte aus der Zeltwand hervor. Man hörte, wie die Stange am Eingang der Umzäunung sachte zurückgeschoben wurde. Als seine Frau ihn berührte, steckte Krähen-Nase den Kopf hinaus. Er sah, wie der Mann eben ein Pferd bestieg, um davonzureiten. Der hob sich schwarz vom Himmel ab, und so schoß ihn Krähen-Nase vom Pferd. Der Schuß weckte das ganze Lager auf, und viele kamen mit Gewehren und Stöcken herbeigelaufen. Gelbes Hemd war der erste, der einen Schlag[36] auf die tote Krähe[37] abgab, doch viele folgten ihm darin nach. Ein Mann, der einen Feind getötet hat, soll ihn nicht berühren, denn er hat sich die Ehre des Tötens bereits erworben. Er muß einen andern den Schlag führen lassen. Als ich hinging, um mir das anzusehen, lag ein ganzer Haufen von Stöcken neben der Krähe, und die Weiber hatten den Toten mit Äxten zerhackt und die Stücke herumgestreut. Es war scheußlich. Darauf zündeten die Leute rechts neben der Krähe ein Feuer an, und wir tanzten einen Siegestanz. Männer, Frauen und Kinder tanzten in der Mitte der Nacht und sangen Lieder auf Krähen-Nase, der getötet, und auf Gelbes Hemd, der den ersten Schlag getan.

Dann begann es zu tagen, und der Ausrufer sagte uns, das

Lager werde an die Stelle ziehen, wo Schwanzwurzel gestorben sei. Krähen-Nase legte seinen Kriegsschmuck an, bemalte das Gesicht schwarz und ritt das Pferd, das der Feind zu stehlen versucht hatte. Wenn die Männer ihr Gesicht schwarz bemalen, dann geraten die Frauen in Entzücken und erheben ihr Getriller, weil sie nun wissen, daß ihre Männer Feinde töten werden.

Als wir wiederum lagerten, kam einer von den Spähern von Rote Wolke, die nach der Soldatenstadt zurückgegangen waren, weil sie befürchteten, dort seien Kämpfe ausgebrochen, und berichtete: die Krähen hätten alle von seiner Schar getötet, als sie schliefen; er sei nur entkommen, weil er auf Kundschaft gewesen sei.

Während des Winters trafen Eilboten von den Uaschitschun ein und baten uns, zu der Soldatenstadt zu kommen, ohne Verzug, sonst würden schlimme Unruhen entstehen. Doch es war töricht, so zu reden, denn es herrschte grimme Kälte, und viele von unseren Leuten und Ponies waren im Schnee umgekommen. Auch befanden wir uns in unserem eigenen Land und taten keinen Schaden.

Spät im Monat der Dunkelroten Kälber [Februar] war starkes Tauwetter, und unsere kleine Schar brach nach der Soldatenstadt auf. Wieder wurde es sehr kalt, noch ehe wir sie erreichten. Tolles Pferd blieb mit ungefähr hundert Tipis am Powder River, und in der Zeit des Monats des Schneeblinden [März] ereignete sich dort etwas Schlimmes. Es war gerade Tagesanbruch; ein Schneesturm tobte, und es herrschte große Kälte; die Leute schliefen. Plötzlich knallten viele Schüsse, und Pferde galoppierten durch das Dorf. Es war die Reiterei der Uaschitschun, und sie schrien und schossen und trieben ihre Pferde gegen die Tipis. Alle unsere Leute taumelten hervor und begannen zu laufen, denn sie waren noch nicht ganz wach, und großer Schreck erfüllte sie. Die Soldaten töteten so viele Frauen und Kinder und Männer, wie sie konnten, während die Leute gegen ein Steilufer rannten. Dann legten sie Feuer an einige Tipis und schlugen die andern zusammen. Doch als die Leute auf der Seite jener Landschroffe standen, sprach Tolles Pferd zu ihnen, und alle Krieger begannen ihr Totenlied zu singen und auf die Soldaten zurückzuschießen; die Soldaten flohen und trieben viele von den Ponies unseres Volkes vor sich her. Diesen ganzen Tag jagte Tolles Pferd mit einer Anzahl Krieger hinter ihnen her, in der Nacht nahm er ihnen alle gestohlenen Ponies wieder ab und noch ein paar von ihren eigenen Pferden dazu und brachte die ganze Beute ins Dorf zurück[38].

Diese Leute lebten in ihrem eigenen Land, taten niemandem etwas zuleide und wünschten nur, in Ruhe gelassen zu werden. Wir hörten von diesen Dingen erst eine ziemliche Weile, nachdem sie geschehen waren; bei der Soldatenstadt jedoch hörten wir so viel davon, daß wir uns die Gesichter schwarz bemalten.

DER KAMPF MIT DREI STERNE

WIR BLIEBEN diesmal bei der Soldatenstadt, bis das Gras in dem Monat, wenn die Ponies werfen [Mai], gut geworden. Dann sagte mir mein Vater, wir würden zu Tollem Pferd zurückgehen, und von nun an würden wir zu kämpfen haben, denn es gäbe kein anderes Mittel, um unser Land zu behalten. Er erklärte, Rote Wolke sei ein käuflicher Mann und wünsche, die Black Hills an die Uaschitschun zu verkaufen; Gefleckter Schwanz [Spotted Tail] und noch andere Häuptlinge seien ebenso käuflich und stellten sich auf die Seite der Uaschitschun. Meine Tante, die in der Soldatenstadt wohnte, mußte geahnt haben, was wir vorhatten, denn als wir das Lager abbrachen, gab sie mir einen Sechslader, wie ihn die Soldaten trugen, und sagte mir, ich sei jetzt ein Mann. Ich zählte vierzehn Jahre und war nicht besonders groß für mein Alter, aber ich sagte mir, ich müsse gleichwohl ein Mann sein. Wir Jungen hatten uns im Ertragen von vielem geübt; wir waren alle gute Reiter, und ich schoß gleich sicher mit einem Bogen wie mit einer Büchse.

Es bildete sich nur ein kleiner Zug, und wir brachen in der Nacht auf und ritten schnell. Ehe wir am War Bonnet Creek anlangten, stießen einige Shyelas [Cheyennen] zu uns, weil sie unsere Gesinnung teilten und nach demselben Ort hin wollten. Später vernahm ich, daß viele kleine Banden das gleiche taten und von allen Seiten zusammentrafen.

Eben als wir am War Bonnet unser Lager aufgeschlagen, sahen unsere Späher einen Wagenzug der Uaschitschun auf der alten Straße herankommen, die früher den Streit verursacht hatte[39]. Sie hatten Ochsen vor ihre Wagen gespannt und sie bildeten einen Teil jenes Uaschitschun-Stromes, der sich in die Black Hills ergoß. Sie schossen auf unsere Kundschafter, und wir beschlossen, sie anzugreifen. Als unsere Krieger sich zum Kampf bereiteten, sprach ich zu mir: so klein ich sei, ich könne so gut wie die andern dort sterben, und täte ich's, so würde ich vielleicht berühmt. Ich sagte zu Hüpfendem Pferd [Jumping Horse], einem Knaben etwa meines Alters, daß ich in den Tod gehen wolle, und er erwiderte, er wolle das auch. So zogen wir mit, und auch Krabbe und einige andere Jungen.

Als die Uaschitschun uns kommen sahen, stellten sie ihre Wagen im Kreis auf und sich selbst mit ihren Ochsen in die Runde. Wir umritten sie unaufhörlich in einem Kreis, der sich verengte. Das ist die beste Kampfart, weil es schwer ist, rasch im Kreis laufende Ponies zu treffen. Und zuweilen waren es zwei Kreise, einer innerhalb des andern, und die mit großer Schnelligkeit in entgegengesetzter Richtung liefen, was es noch schwieriger machte, uns zu treffen. Die Reiter der Uaschitschun verstanden nicht, richtig zu kämpfen. Sie hielten dicht zusammen und wenn sie vorrückten, konnte man sie kaum verfehlen. Wir bewegten uns gesondert im Kreis. Während wir die Wagen umritten, hingen wir tief auf der Außenseite der Ponies und schossen unter ihrem Hals hindurch. Das war nicht leicht, auch wenn man lange Beine hatte, und meine Beine waren noch nicht sehr lang. Doch ich hielt fest und schoß mit dem Sechslader, den meine Tante mir gegeben. Bevor wir zum Angriff gingen, hatte ich Angst, doch Großer Mann [Big Man] lobte uns, wir seien tapfere Jungen, und bald hatte ich die Furcht überwunden. Die Uaschitschun feuerten heftig hinter ihren Wagen hervor auf uns, und ich konnte die Kugeln pfeifen hören, aber sie trafen keinen von uns. Ich dachte andauernd an mein Gesicht, und vielleicht hat das geholfen. Ich weiß nicht, ob wir irgendwelche Uaschitschun getötet haben oder nicht. Wir ritten mehrere Male im Kreise herum und kamen einmal den Wagen ganz nahe, doch waren wir nicht viele, und an die Uaschitschun hinter den Wagen konnten wir nicht gelangen; also zogen wir ab. So verlief mein erstes

Gefecht. Als wir wieder im Lager waren, nannten uns einige Shyela-Krieger sehr tapfere Knaben und sie sagten, wir würden noch oft Gelegenheit zum Kämpfen haben.
Wir ritten jetzt in großer Eile, denn wir waren in Gefahr und wünschten zu Tollem Pferd zurückzukehren. Er war an den Rosebud River gezogen, wo sich die Leute versammelten. Unterwegs trafen wir auf andere kleine Gruppen, die alle nach jenem Ort hinlenkten, bis wir, noch bevor wir unser Ziel erreichten, zu einer großen gemischten Schar angewachsen waren. Der Sohn von Roter Wolke war bei uns, doch Rote Wolke blieb in der Soldatenstadt.
Als wir an der diesseitigen Uferhöhe des Rosebud River angekommen, sahen wir das ganze Tal mit Tipis gefüllt, und die Ponies waren nicht zu zählen. Viele, viele Stämme befanden sich da – Ogalallas, Hunkpapas, Minneconjous, Sans Arcs, Schwarzfüße, Brûlés, Santis und Yanktonais[40]; auch viele Shyelas und Blaue Wolken waren gekommen, um uns im Kampfe beizustehen. Das Tal zog sich lang hin, und es war nicht möglich, alle Lager mit einem Blick zu umfassen. Die Kundschafter traten heraus, uns zu empfangen und uns hineinzubringen, und jedermann freute sich, daß wir zurückgekehrt. Große Männer waren dort: Tolles Pferd und Großer Weg [Big Road] von den Ogalallas; Sitzender Stier und Gall und Schwarzer Mond [Black Moon] und Krähen-König [Crow King] von den Hunkpapas; Gefleckter Adler [Spotted Eagle] von den Sans Arcs; der jüngere Buckel [Hump] und Schneller Stier [Fast Bull] von den Minneconjous; Stumpfes Messer [Dull Knife] und Eisbär [Ice Bear] von den Shyelas; Inkpaduta mit den Santis und Yanktonais. Große Männer fanden sich dort mit allen diesen Leuten und Pferden ein. Hetschetu ueloh!

In der Mitte des Monats, der fett macht [Juni], begab sich das ganze Dorf eine Strecke flußaufwärts nach einem Platz, der für einen Sonnentanz wie geschaffen war. Das Tal war hier weit und flach; wir lagerten in einem großen Langrund, das ein Fluß durchzog, und in der Mitte errichteten sie in Kreisform aus Zweigen die Laube für die Tänzer, mit der Öffnung gegen Osten, von wo das Licht kommt. Wächter wurden auf allen Seiten aufgestellt, um den heiligen Ort zu bewachen. Sitzender Stier, zu jener Zeit der größte Medizinmann unseres Volkes, hatte diesen Tanz durchzuführen, der das Volk reinigen und ihm Kraft und Ausdauer verleihen sollte. Er wurde im Monat des Gedeihens abgehalten, weil das die Zeit ist, da die Sonne am höchsten steht und die Gewalt des Wachstums in der Welt am stärksten ist. Ich will erzählen, wie er vollzogen wurde.

Zuerst wurde ein heiliger Mann ganz allein ausgeschickt, um den Uagatschun[11] zu suchen, der in der Mitte des Tanzplatzes stehen sollte. Niemand wagte es, ihm zu folgen, um zu sehen, was er tat, oder die heiligen Worte anzuhören, die er sprechen würde. Und wenn er den richtigen Baum gefunden hatte, dann teilte er dies den Leuten mit, und sie kamen singend und ganz mit Blumen bedeckt. Waren sie um den heiligen Baum versammelt, dann umtanzten ihn einige Frauen, die guter Hoffnung waren, weil der Geist der Sonne alle Fruchtbarkeit liebt. Hierauf kam ein Krieger, der in diesem selben Sommer eine mutige Tat getan, um den Baum zu fällen, wobei er jeden Schlag zählte; war das geschehen, dann hatte er an diejenigen Leute, die am wenigsten besaßen, Gaben zu verteilen, und je tapferer er war, um so mehr gab er hin.

Danach kamen junge Mädchen unter Gesang heran, mit

scharfen Äxten in den Händen; und sie mußten so trefflich und unbescholten sein, daß niemand etwas gegen sie sagen konnte, und kein Mann durfte sie gekannt haben; und jeder, der über eine von ihnen etwas Schlechtes wußte, hatte die Pflicht, dies dort offen und vor allen Leuten zu berichten und zu beweisen. Doch wenn einer etwa log, so war das für ihn sehr schlimm.

Die Mädchen schälten des Baumes Rinde ab und schnitten seine Äste weg. Die Häuptlinge, die Söhne von Häuptlingen waren, führten den heiligen Baum an unseren Ort, wobei sie unterwegs viermal anhielten, für jede Jahreszeit einmal; und für jede Jahreszeit sagten sie Dank.

Wenn dann der heilige Baum nach Hause gebracht worden, doch noch nicht in der Mitte aufgerichtet stand, versammelten sich Krieger zu Pferd um die Mitte des Dorfes, und auf ein Zeichen jagten sie alle auf die Stelle los, wo der Baum stehen würde, und jeder versuchte, den Flecken als erster zu berühren; und wer der erste war, der konnte in diesem Jahr im Krieg nicht umkommen. Als sie alle zusammen in die Mitte stürmten, war es wie das Getümmel einer Schlacht, mit den in einem dicken Staub sich bäumenden und schreienden Ponies, und den rufenden, ringenden Männern, die einander von den Pferden zu werfen suchten.

Später gab es eine große Mahlzeit und für jedermann tüchtig zu essen, und einen ausgiebigen Tanz, ganz so als hätten sie einen Sieg errungen.

Am folgenden Tage wurde der Baum von heiligen Männern, welche heilige Lieder sangen und dem Geist heilige Gelöbnisse hersagten, in die Mitte eingepflanzt. Am nächsten Morgen brachten stillende Mütter ihre heiligen Kleinen, um sie zu Füßen des Baumes niederzulegen, auf daß die Söhne tapfere Männer und die Töchter die Mütter tapferer Männer würden. Die heiligen Männer durchbohrten den Kleinen die Ohren, und für jede Durchbohrung schenkten die Eltern ein Pony an einen, der in Not war.

Am nächsten Tage begann das Tanzen, und diejenigen, welche daran teilnehmen sollten, waren gebührend vorbereitet, denn sie hatten gefastet, sich in den Schwitzhäusern gereinigt und dann gebetet. Zuerst wurden sie am Körper von den heiligen Männern bemalt. Darauf legte sich jeder einzeln unter dem heiligen Baum nieder, als sei er tot, und der heilige Mann kam und schnitt von dem Fleisch seiner Brust oder seines Rückens einen Streifen los, derart, daß ein Riemen aus ungegerbter Haut, der am obern Ende des Baumes befestigt war, durch das Fleisch gezogen und festgeknüpft werden konnte[42]. Dann erhob sich der Mann zum Schall der Trommel und zog solange an den Riemen, wie er den Schmerz aushalten konnte oder bis das Fleisch riß.

Wir kleineren Jungen hatten während der zwei Tage des Tanzes eine gute Zeit, denn es war uns erlaubt, die großen Leute auf fast jede Art zu necken, und sie mußten das ertragen. Wir pflückten scharfes Spießgras, und kam ein Mann des Wegs, der kein Hemd trug, dann stachen wir ihn, um zu sehen, ob wir ihn zum Schreien bringen könnten, denn allgemein war die Annahme, daß jedermann alles ertragen könne. Auch machten wir Knallbüchsen aus jungen Eschenzweigen und schossen damit auf Männer und Frauen, um zu sehen, ob wir sie hüpfen machen könnten, und taten sie das, dann wurden sie von allen ausgelacht. Die Mütter trugen ihren heiligen Kleinen Wasser in Blasenbeuteln zu, und wir machten uns kleine Bogen und Pfeile, die wir unter unsern Röcken verbergen konnten, derart, daß wir dicht an die Frauen heranschleichen und Löcher in ihre Wasserbeutel schießen konnten. Man erwartete, daß sie das alles ertragen und uns nicht schelten würden, wenn das Wasser herausspritzte. Damals hatten wir eine gute Zeit.

Eben als der Sonnentanz beendet war, kamen einige von unsern Kundschaftern aus dem Süden an, und der Ausrufer schritt den Kreis ab und sagte: »Die Kundschafter sind zurück und berichten uns, daß oben am Fluß Soldaten ihr Lager haben. Darum, junge Krieger, faßt Mut und seid bereit, ihnen zu begegnen.«

Während alle sich bereitmachten, stellte auch ich mich bereit, weil Tolles Pferd die Krieger anführen sollte und ich ihn zu begleiten wünschte; aber mein Onkel, der mich ganz besonders schätzte, sagte: »Junger Neffe, du darfst nicht gehen. Sieh du nach den Hilflosen. Bleib zu Hause, und vielleicht wird es gerade hier richtig zu kämpfen geben.« So zogen die Krieger ohne mich aus. Vielleicht dachte mein Onkel, ich sei zu klein, um viel zu leisten, und ich könnte leicht umkommen.

Nachdem unsere Krieger gegangen waren, hieß der Ausrufer uns das Lager abbrechen, und wir bewegten uns vorwärts gegen Greasy Grass[43] und lagerten oben am Spring Creek. Wir hörten später, daß um diesen Zeitpunkt Drei Sterne [Three Stars][44] mit unseren Leuten am Rosebud im Kampfe lag[45]. Er hatte eine Menge Fußvolk und etwas Reiterei, und viele Krähen und Schoshonen standen auf seiner Seite. Sie waren alle gekommen, uns während des Sonnentanzes anzugreifen, doch Tolles Pferd schlug sie,

und sie zogen sich nach Goose Creek zurück, wo sie ihre Wagen beisammen hatten. Mein Freund, Eiserner Falke [Iron Hawk], war an jenem Tag dabei, und er kann euch erzählen, wie es war. *Eiserner Falke spricht:*
Ich bin ein Hunkpapa. Ich war vierzehn Jahre alt in jenem Sommer, und ich war ein großer Junge. Zwei Krieger-Abteilungen zogen aus, eine sehr große aus dem südlichen und eine kleine aus dem nördlichen Ende des Lagers. Ich ging mit, und wir waren bloß unser vierzig. Die große Abteilung langte in der Morgenfrühe dort an, und als wir ankamen, hatte sie bereits eine lange Zeit gekämpft. Es gibt dort an der Flußbiegung ein weites Tal, von Böschungen und Hügeln umgeben, und es sah aus, als ziehe der Kampf sich über diese ganze Fläche hin. Es waren Krähen bei den Soldaten, wir begannen mit einigen von ihnen den Kampf, und es sah aus, als sollten wir die Oberhand gewinnen. Da begannen die Soldaten auf der andern Seite gegen uns vorzustoßen, und wir hatten keine Möglichkeit des Rückzugs mehr. Wir strebten der großen Abteilung zu, mit der wir uns vereinen wollten, aber die Soldaten waren hinter uns, und die Krähen waren kühner geworden und kämpften mutiger, unterstützt von den Soldaten. Als wir die Flußbiegung erreichten, hatten wir rechts die Krähen mitten unter uns, und das war ein einziges kämpfendes Durcheinander. Ich weiß nicht, ob ich irgendwelche getötet habe, aber ich glaube, ich tat es; denn ich war tief erschrocken und schlug wild um mich, und so wie es zuging, konnte man nicht lebend davonkommen, ohne einen andern zu töten, und ich bin noch am Leben. Da war ein Lakota neben mir mit dem Namen Ohne-ein-Tipi [Without-a-Tepee], und eine mächtige Krähe stieß ihn von seinem Pferd, und er war

verschwunden. Ich freilich – ich rannte für mein Leben, weil wir nicht gegen alle diese Krähen samt den Soldaten kämpfen konnten, und ich war in großer Angst. Aber ich rannte nicht allein davon. Wir alle rannten, hinter uns die Krähen. Dann sahen wir auf einmal eine Truppe Reiter von rechts her auf uns zukommen – ungefähr dreißig Mann. Ich weiß nicht, wie sie dort hingekommen. Vielleicht waren sie auf Kundschaft gewesen und jetzt zurückgekehrt. Es sah schlimm aus für uns. Dann hörte ich Stimmen in unserer Sprache rufen: »Faßt Mut! Das ist ein guter Tag zum Sterben! Denkt an die Kinder und an die Hilflosen daheim!« So schrien wir alle: »Hoka hey!« und stießen gegen die Reiter vor und begannen sie von ihren Pferden zu schießen, denn sie hatten sich gewandt und flohen. Sie rannten zu ihrer Hauptmacht, und ich konnte dort drüben viele Leute kämpfen sehen, doch alles war ein solches Getümmel, und man hätte nicht sagen können, was geschah. Es war eine jammervolle, ausgedehnte Schlacht. Sie kämpften den ganzen Tag. Dann fielen uns die Krähen im Rücken an; wir machten kehrt und warfen uns ihnen entgegen. Doch viele Soldaten, die hinter ihnen waren, zeigten sich jetzt. So mußten wir alle fliehen und rufen »yea-hey«, weil unserer nicht genügend waren. Aber jetzt ergriff mich große Furcht, und ich rannte, um mich in Sicherheit zu bringen. Ich kam in felsiges Gebiet, mein Pony verfing sich zwischen zwei Steinen und hätte sich fast den Huf abgerissen. Da war ein sehr tapferer Shyela mit Namen Sitzender Adler [Sitting Eagle], einer meiner Freunde, der mit mir in der Schlacht gewesen. Als ich von meinem Pony stieg, um dessen Huf zu untersuchen, trat eine einzelne Krähe hinter mich, und ich sah meinen Freund, den Shyela, auf die Krä-

he zugehen. Sie kämpften Mann gegen Mann, und die Krähe unterlag. Ich wollte, ich wäre bei Sitzendem Adler geblieben, dann hätte ich den ersten Schlag tun können. Doch nun tat dies ein anderer Mann.
Nun schritt ich neben meinem Pferd, das auf drei Beinen hopste. Plötzlich sah ich aus einer tiefen Schlucht, darin ein Bach lief, Rauch aufsteigen, und ich ging zu der rauchenden Stelle hinüber. Es saßen da drei Lakotas, die einen Büffel getötet hatten, und eine richtige Mahlzeit hielten, indessen alle diese Kämpfe über dem Hügel tobten. Sie luden mich ein. So setzte ich mich zu ihnen hin und aß, denn ich war gegen vierzehn Jahre alt und immer hungrig. Wir mußten aber wachsam sein, während wir aßen. Einer von den Männern nahm von dem geronnenen Büffelblut, strich es auf ein Stück Büffelhaut und befestigte es um meines Ponys Huf, damit ich wieder reiten könne.
Nachdem wir dort lange Zeit gegessen, kam auf seinem Pferd ein Lakota heran, dessen Gesicht ganz mit Blut und Schmutz bedeckt war, und er ärgerte sich und sagte: »Was tut ihr hier? Wir kämpfen! Ihr aber denkt nur ans Essen! Warum denkt ihr nicht an die Hilflosen daheim? Kommt, beeilt euch! Wir müssen unsern Grund und Boden behaupten!«
Ich fühlte mich beschämt, und so saß ich auf mein Pferd, und wir ritten fort. Mit seinem verbundenen Huf konnte mein Tier nun besser gehen. Wir gelangten auf einen Hügelkamm, wo ich das ganze Tal des Rosebud überblicken konnte; dort war der Kampf im Gang. Man vermochte nicht zu erkennen, wer geschlagen wurde. Es war ein großes Durcheinander. Einige Krähen griffen uns dort an, und ich konnte die große Kriegerschar, die schwere Kämpfe

durchfocht, nie erreichen; doch war es da, wo ich gestanden, auch schlimm genug gewesen, ausgenommen als ich aß. Ich muß viel gegessen haben, denn nun wurde es schon Abend. Und als wir dort oben anlangten, hatte der Kampf schon lange gedauert.

Wir machten uns alle davon, als es dunkelte, um die Frauen und Kinder zu schützen; doch der Feind verfolgte uns nicht. In der Tat glaubte ich, die Uaschitschun hätten uns geschlagen; aber ich erfuhr, daß dem nicht so war. Die Schlacht war nicht beendet, die Nacht hatte sie abgebrochen, aber die Uaschitschun sahen sich gleichwohl geschlagen, und sie griffen unser Dorf nicht an. Sie kehrten zu ihren Wagen am Goose Creek zurück und blieben dort.

Stehender Bär spricht:

Ich war nicht in diesem Treffen. Es gab viele, die nicht dabei gewesen. Die Krieger kamen im Dunkel zurück, und jedermann war so erregt, daß keiner die ganze Nacht durchschlief.

Am andern Morgen zogen etwa zwanzig von uns jungen Burschen aus, um den Ort anzusehen, wo die Schlacht stattgehabt. Zuerst erblickten wir ein totes Pferd ohne Hufe, dann ein totes Pferd mit Hufen, und in dessen Nähe lag ein Krieger mit Pfeilen vollbespickt. Wir gingen hierauf an den Ort, wo die Soldaten nach dem Kampf gelagert hatten, und an dieser Stelle war der Grund frisch, denn ein großes Feuer hatte darauf gebrannt. Wir machten uns daran, zu graben, um zu sehen, was dort verborgen sei. So ließen wir uns auf Hände und Knie nieder und wühlten in dem losen Grund. Nach einiger Zeit stießen wir auf eine Decke, darin lag ein toter Soldat, um Beine, Hüften und Hals zusammengebunden. Wir zogen ihn heraus, und da sagte einer

von den Männern: »Das ist meine Decke. Ich habe nach ihr gesucht. Ich will sie wieder haben.« Also nahm er sie.
Unter diesem lag ein anderer toter Soldat in eine Decke eingeschnürt, und dann ein anderer und noch ein anderer unter diesem. Der vierte war ein schwarzer Uaschitschun [ein Neger]. Und jedesmal sagte jemand: »Das ist meine Decke«, und nahm sie. Ich bemächtigte mich der fünften. Der Mann, den sie umhüllte, war jung, und er trug einen Ring an seinem Finger mit einem weißen funkelnden Stein. Ich schnitt den Finger ab und trug den Ring lange Zeit. Einer von unsern Leuten skalpierte einen Soldaten und machte sich, den Skalp auf einem Stock, auf den Heimweg. Als wir auf der Höhe des Hügelzuges standen, sahen wir Drei Sternes Soldaten in weiter Ferne auf dem Rückzug gegen Goose Creek. Eine große Staubwolke stieg dort auf. Wir aber zogen heim.
Das Dorf stand während mehreren Tagen dort oben am Spring Creek. Dann brachen wir alle das Lager ab und zogen hinüber nach dem Greasy Grass.

LANGES HAAR WIRD AUSGELÖSCHT

SCHWARZER *Hirsch fährt fort:*
Tolles Pferd schlug Drei Sterne an diesem Tag am Rosebud, und ich glaube, er hätte dort alle Soldaten aufreiben können, wenn er aus den Dörfern viel mehr Krieger zusammengerufen und bei Tagesanbruch den Soldaten dort den Garaus gemacht hätte, wo sie nach dem Kampf im Dunkeln gelagert hatten.
Er schlug Drei Sternes Reiter, als sie an jenem kalten Mor-

gen im Monat des Schneeblinden [März] sein Dorf am Powder-River angriffen. Dann rückte er weiter westwärts nach dem Rosebud vor; als die Soldaten dorthin kamen, um uns zu töten, schlug er sie und zwang sie zum Rückzug. Hierauf zog er noch weiter gegen Westen, in das Tal des Greasy Grass. Wir lebten die ganze Zeit in unserem eigenen Land und wollten bloß in Ruhe gelassen werden. Aber die Soldaten kamen her, um uns umzubringen, und viele von uns wurden ausgeplündert. Es war unser Land, und wir wünschten keine Störung.

Wir lagerten in jenem Tal, längs der Südseite des Greasy Grass, bevor die Sonne hoch stand; und das war, glaube ich, zwei Tage vor der Schlacht, in einem sehr großen Dorf mit schier unzählbaren Tipis. Am weitesten stromaufwärts, gegen Süden, lagen die Hunkpapa, ihnen zunächst die Ogalalla. Dann folgten die Minneconjou, die Sans Arcs, die Schwarzfüße, die Cheyennen; und schließlich, am weitesten gegen Norden, die Santi und Yanktonwanna. Seitlich, gegen Osten, zog der Greasy Grass, von einigen Bäumen gesäumt; er strömte voll vom geschmolzenen Schnee der Big Horn Mountains. Stand man auf einem Hügel, dann konnte man dort im Süden und Westen die Berge sehen; auf der andern Seite des Flusses gab es Schroffen und jenseits Hügel; einige Gießbäche ergossen sich zwischen den Steilufern herab. Westlich von uns dehnten sich niedrigere Hügel, und dort ließen wir unsere Ponies grasen und hüteten sie. Es gab ihrer so viele, daß sie kaum zu zählen waren.

Hier befand sich auch ein Mann mit Namen Rasselnder Falke [Rattling Hawk], dem in der Schlacht am Rosebud die Hüfte durchschossen worden, so daß die Leute glaub-

ten, er werde nie wieder gesunden. Aber ein Medizinmann mit Namen Behaartes Kinn [Hairy Chin] heilte ihn.
Am Tage vor der Schlacht hatte ich mich eingefettet und wollte mit einigen Knaben schwimmen gehen, als Behaartes Kinn mich zu Rasselnden Falkes Tipi herüberrief und mir sagte, er brauche meine Hilfe. Es waren noch fünf andere Jungen da, denen er ebenfalls erklärte, er habe uns als Bären für den Heilungsritus nötig, denn er verdanke seine Kraft dem Traum von einem Bären. Er bemalte meinen Körper gelb und so auch mein Gesicht, dann zog er auf jeder Seite meiner Nase von den Augen abwärts einen schwarzen Strich. Darauf band er mein Haar auf, damit es aussehe wie die Ohren eines Bären, und steckte ein paar Adlerfedern auf meinen Kopf.
Während er dieses tat, dachte ich an mein Gesicht, und plötzlich war mir, als werde ich vom Boden hochgehoben. In diesem Zustand wußte ich mehr Dinge, als ich sagen könnte, und ich fühlte mit aller Gewißheit, daß sich über kurzem Schreckliches ereignen werde. Ich fürchtete mich sehr.
Die andern Knaben waren alle ganz rot bemalt und trugen wirkliche Bärenohren an ihren Köpfen.
Behaartes Kinn, der eine richtige Bärenhaut mit Kopf über sich gezogen hatte, begann zu singen, ein Lied mit diesen Worten:
»Am Türeingang freuen sich die heiligen Kräuter ...«
Und wie er sang, traten zwei Mädchen ein und stellten sich zu beiden Seiten des verwundeten Mannes auf; eines trug eine Schale voll Wasser und das andere ein bestimmtes Kraut. Ich versuchte zu erkennen, ob die Schale den ganzen Himmel in sich enthalte, wie das in meinem Gesicht zu

sehen gewesen, aber ich sah nichts. Sie übergaben Rasselndem Falken die Schale und das Kraut, während Behaartes Kinn immerzu sang; darauf gaben sie ihm einen roten Stock, und sogleich erhob er sich damit. Die Mädchen gingen aus dem Tipi hinaus, und der verwundete Mann folgte ihnen, auf den heiligen roten Stock gestützt. Wir Jungen, die kleine Bären darstellten, mußten ihn umhüpfen und ihm zubrummen; und als wir dies taten, konnte man etwas wie bunte Federn aus unserm Munde hervorkommen sehen. Dann kroch Behaartes Kinn auf allen vieren heraus, so daß er mir nun ganz einfach wie ein wahrhafter Bär erschien. Jetzt fing Rasselnder Falke an, besser zu gehen. Am folgenden Tag war er zwar noch nicht imstande mitzukämpfen, doch bald danach war er ganz gesund[46].

Nach dem Ritus gingen wir Jungen schwimmen, um die Farbe von uns wegzuwaschen. Als wir zurückkehrten, tanzten die Leute und unterhielten sich im ganzen Dorf mit Mordgeschichten, im Gedenken der tapfern Taten, die im Gefecht mit Drei Sterne am Rosebud vollbracht worden waren.

Bei Sonnenuntergang hatten wir Jungen die Ponies in die Umzäunung zu bringen. Nachdem dies geschehen, war es dunkel, und noch immer tanzten die Leute im ganzen Dorf um die Feuer. Wir Jungen gingen herum, von einem Tanzplatz zum andern, bis wir zu schläfrig waren, um noch länger aufzubleiben.

Mein Vater weckte mich bei Tagesanbruch und hieß mich mit ihm gehen, um unsere Pferde zum Grasen zu führen. Als wir dort draußen waren, sagte er: »Wir müssen eins von ihnen an einem langen Seil festhalten; dann werden wir die andern leicht einfangen können. Wenn irgend et-

was geschieht, mußt du die Pferde zurückbringen, so schnell du es vermagst. Das Lager sollst du im Auge behalten.«
Mehrere von uns Knaben hüteten miteinander die Pferde, bis die Sonne hoch am Himmel stand und es sehr heiß zu werden begann. Da dachten wir ans Schwimmen, und mein Vetter versprach, bei unsern Pferden zu bleiben, bis wir zurückkehrten. Als ich mich einfettete, fühlte ich mich nicht wohl; es war mir seltsam zumute. Etwas Schreckliches schien sich vorzubereiten. Doch ging ich gleichwohl mit den Knaben. Viele Leute waren jetzt im Wasser, und manche von den Frauen befanden sich im Westen draußen vor dem Dorf, um nach Rüben zu graben. Wir hatten uns schon geraume Zeit im Wasser aufgehalten, als mein Vetter mit den Pferden herunterkam, um sie zu tränken, denn es war sehr heiß.
In dem Augenblick hörten wir den Ausrufer im Hunkpapa-Lager schreien: »Die Schlachtrosse kommen! Sie greifen an! Die Kampfrosse kommen!« Darauf schrie der Ausrufer der Ogalalla dieselben Worte; und wir hörten den Ruf von Lager zu Lager erschallen, deutlich nordwärts hinauf zu den Santi und Yanktowanna.
Jedermann rannte nun zu den Pferden. Wir waren glücklich, die unsrigen in diesem Augenblick schon bereit zu haben. Mein älterer Bruder hatte einen Fuchs, und er ritt damit stracks zu den Hunkpapa. Ich besaß einen Rehbraunen. Mein Vater eilte herzu und rief: »Dein Bruder ist ohne Flinte zu den Hunkpapa gegangen! Hole ihn ein und gib sie ihm! Dann komme zu mir zurück!« Er hatte auch meinen Sechslader bei sich, jenen, den mir meine Tante gegeben. Ich nahm die Gewehre, sprang auf mein Pony und erreichte meinen Bruder. Drüben bei den Hunkpapa sah ich

dichten Staub aufsteigen. Alle Hunkpapa rannten umher und schrien, und viele kamen noch naß vom Fluß hergelaufen. Dann sprengten aus der Staubwolke die Soldaten auf ihren großen Gäulen hervor. Sie sahen groß aus und mächtig und stark, und alle schossen[47]. Mein Bruder nahm das Gewehr und schrie mir zu, ich solle zurückkehren. Gerade auf der andern Seite von den Hunkpapa stand ein buschiges Gehölz, und eine Anzahl Krieger versammelte sich dort. Er hielt auf diesen Ort zu, und ich folgte ihm. Nun liefen Frauen und Kinder in Scharen stromabwärts. Ich schaute zurück und sah sie überall rennen und sich unten, eine Hügelseite hinan, zerstreuen.

Als wir in das Gehölz eindrangen, fanden wir dort bereits eine Menge Hunkpapa. Die Soldaten schossen auf uns, so daß die Blätter von den Bäumen fielen, wo die Kugeln sie getroffen hatten. Jetzt konnte ich nicht sehen, was unten im Dorf geschah. Alles war Staub und Geschrei und Gedröhn; denn die Frauen und Kinder rannten, und die Krieger ritten auf ihren Ponies heran.

Aus unserer Schar im Gebüsch und draußen im Hunkpapalager erhob sich der Ruf: »Seid mutig! Seid keine Weiber! Die Hilflosen sind außer Atem!« Ich glaube, das geschah dann, als Häuptling Gall[48] die Hunkpapa, die wegrannten, aufhielt und zur Umkehr zwang.

Ich stand dort kurze Zeit im Wald und dachte an mein Gesicht. Da fühlte ich mich stärker, und es schien mir, meine Leute seien alle Donnerwesen und die Soldaten würden vernichtet werden.

Jetzt erscholl aus einer Staubwolke heraus ein anderer lauter Ruf: »Tolles Pferd kommt! Tolles Pferd kommt!« Und gegen Westen und Norden schrien sie »Hoka hey!« Es war wie ein starker Wind, als sie ihr Getriller erhoben; man hörte Adlerknochen-Pfeifen kreischen.

Das Tal verdunkelte sich noch mehr von Staub und Rauch, und da waren nur Schatten und ein großes Getöse von vielen Schreien und Hufen und Gewehren. Rechts von dem Ort, wo ich stand, konnte ich den Tritt der beschlagenen Hufe der Soldatenpferde, die in den Wald zurückrannten, vernehmen, und überall fielen Schüsse. Darauf stampften die Hufe wieder aus dem Gehölz heraus. Auch ich kam heraus und befand mich mitten unter Männern und Rossen, die hin und her sprengten und stromaufwärts eilten. Jedermann schrie:

»Schnell! Schnell!« Die Soldaten rannten flußaufwärts, und wir alle waren im Zwielicht und dem großen Lärm durcheinander gemischt. Ich konnte nicht viel unterscheiden; doch einmal sah ich einen Lakota einen Soldaten angreifen, der im Hintergrund stand und sehr tapfer kämpfte[49]. Der Lakota faßte des Soldaten Pferd am Zügel, doch der Soldat tötete ihn mit seinem Sechslader. Ich war klein und konnte mich nicht hindurchdrängen bis dorthin, wo sich die Soldaten befanden; so habe ich niemanden getötet. Viele kämpften vor mir, und es war jetzt alles dunkel und verworren.

Bald waren die Soldaten in den Fluß gedrängt worden, dazu auch manche Lakota; eine Zeitlang stand ich im Wasser. Menschen und Pferde in wildem Gemenge kämpften im Wasser; es schien, als fiele Hagel in den Fluß. Die Leute zogen tote Soldaten aus und legten deren Kleider selber an. Da lag ein Soldat auf dem Boden, der schlug noch mit den Füßen um sich. Ein Lakota ritt heran und befahl mir: »Junge, steig ab und skalpiere ihn!« Ich stieg ab und machte mich ans Werk. Er hatte kurzes Haar, und mein Messer war nicht sehr scharf; er knirschte mit den Zähnen. Da schoß ich ihn durch die Stirne und nahm seinen Skalp. Viele von unsern Kriegern verfolgten die Soldaten einen Hügel hinauf, auf der andern Seite des Flusses. Jedermann sonst wandte sich nun flußabwärts, und auf einem Hügel dort weit unten über dem Santilager lag dichter Staub. Unsere Krieger schwärmten wie Schwalben in ihn hinein und wieder heraus, und viele Schüsse wurden abgegeben[50]. Ich wollte meinen Skalp meiner Mutter zeigen, also ritt ich zu dem Hügel hinüber, wo eine Menge Frauen und Kinder beisammen waren. Auf dem Weg dorthin erblickte ich eine sehr schöne junge Frau, umgeben von einem Zug Krieger, die im Begriff waren, zur Schlacht auf den Hügel hinaufzuziehen, und sie sang also:

»Brüder, nun sind eure Freunde gekommen!
Seid tapfer! Seid tapfer!
Wolltet ihr mich gefangen sehn?«

Als ich durch das Ogalalla-Lager ritt, sah ich Rasselnden Falken aufrecht, eine Flinte in den Händen, in seinem Tipi sitzen. Er war dort ganz allein und sang ein Lied des Bedauerns, und das lautete so:

»Brüder, was geht ihr tun, was ich nicht tun kann?«

Als ich bei den Frauen auf dem Hügel ankam, sangen sie alle und erhoben das Getriller, um ihre kämpfenden Männer jenseits des Flusses im Staub auf dem Hügel zu ermuntern. Meine Mutter stimmte eigens für mich ein Getriller an, als sie mich mit meinem ersten Skalp erblickte.
Ich blieb dort einige Zeit bei meiner Mutter und betrach-

tete den gewaltigen Staub, der auf dem Hügel über dem Fluß wogte. Pferde mit leeren Sätteln kamen aus den Wolken hervor.

Stehender Bär [Standing Bear] *spricht:*

Ich bin ein Minneconjou, und unser Lager war das dritte vom Süden her. Wir standen spät auf am Morgen der Schlacht. Die Frauen gingen nach Rüben zu graben, und zwei meiner Onkel zogen auf die Jagd. Meine Großmutter, die sehr alt und schwach war, und einer meiner Onkel und ich blieben im Tipi. Als die Sonne hoch stand, ging ich im Fluß unten baden und als ich zurück kam, war ich nur mit einem Hemd bekleidet. Meine Großmutter briet in der Asche ein wenig Fleisch und gab es uns. Während des Essens sagte mein Onkel: »Wenn du gegessen hast, mußt du sogleich nach den Pferden sehen. Es dürfte sich etwas ereignen.« Ein älterer Bruder und ein anderer Mann hüteten die Pferde in zwei Herden, unten am Muskrat Creek, flußabwärts vom Santi-Lager.

Noch bevor ich mit essen fertig war, gab es draußen eine Aufregung. Darauf hörte ich unsern Ausrufer brüllen, die Angreifer seien im Anzug. Als wir dies hörten, erklärte mein Onkel: »Ich habe dir vorhin gesagt, daß sich etwas ereignen dürfte. Geh nun lieber auf der Stelle und hilf die Pferde hereinbringen.«

Ich überquerte den Greasy Grass, der mir bis zur Brust reichte und kletterte auf die Höhe des Black Butte hinauf, um dort Ausschau zu halten. Auf der andern Seite von den Hunkpapa, gegen Süden, sah ich Soldaten zu Pferd sich ausbreiten, als sie über einen Hang zum Fluß gelangten. Sie setzten über und kamen im Trab heran[51]. Ich wollte den Hügel hinabeilen, aber ich war barfuß, und da lag ein weites Kakteenfeld, so mußte ich langsam gehen, mit vorsichtigen Schritten. Dort unten stieg eine Staubwolke auf; dann erkannte ich, wie die Hunkpapa liefen, und als ich nach Süden und Osten zu den Hügeln hinüberblickte, sah ich dort andere Soldaten zu Pferd heranreiten[52]. Ich ging nicht zu den Pferden und eilte, so rasch ich konnte, durch das Kaktusland hinab ins Dorf. Überall hörte ich dort laute Stimmen, jedermann schrie etwas und rannte herum. Nach einiger Zeit kam mein älterer Bruder mit den Pferden, die er hereingetrieben, und mein Onkel sagte: »Macht schnell! Wir ziehen fort!« Ich nahm mein graues Pferd und meinen Sechslader und hing Bogen und Pfeile über meine Schulter. Vor ein paar Tagen hatte ich einen roten Vogel geschossen, und ich befestigte diesen nun in meinem Haar. Ich hatte gelobt, ein Opfer zu bringen, wenn mich das in der nächsten Schlacht vor Verwundung bewahren sollte; und ich wurde tatsächlich bewahrt.

Wir brachen nun auf und zogen flußabwärts bis zur Mündung des Muskrat Creek, jenseits des Santi Lagers. Dort wollten wir mit der zweiten Abteilung der Soldaten ins Treffen kommen[53]. Während wir uns dorthin bewegten, mußte der Kampf auf dem Hügel bereits begonnen haben, denn als wir in östlicher Richtung von Muskrat Creek hinaufritten, begegneten wir einem Lakota, dem das Blut aus dem Mund und über seines Pferdes Schultern hinabrann; sein Name war Langer Hisch. Vor uns ritten Krieger, die Vorkämpfer; sie sind die tapfersten und haben die meiste Kriegserfahrung. Ich war sechzehn Jahre alt und befand mich im Nachtrab bei den weniger Tapfern, und wir hatten schon eine ganze Weile auf unseren Pferden gewartet. Ein Stück Weges weiter begegneten wir einem andern Lakota; er ging zu Fuß und blutete und war schwindlig. Bald stand er auf, bald fiel er wieder hin. Als wir weiter oben auf dem Hügel standen, konnte ich die Soldaten sehen; sie waren abgestiegen und führten ihre Pferde am Zügel. Sie waren zum Kampf gegen uns bereit und schossen. Unsere Mannschaften waren jetzt auf allen Seiten des Hügels verteilt; ich hörte ein paar von unsern Leuten rufen: »Sie sind gegangen!« Und ich sah, daß manche von den Rossen der Soldaten sich frei gemacht hatten und davonrannten. Überall fingen unsere Krieger an zu rufen «Hoka hey! Eilt! Eilt!« Dann saßen wir alle auf, und es wurde finster vor Staub und Rauch. Rings um mich sah ich Krieger hinlaufen, wie Schatten, und der Lärm aller Hufe und Schüsse und des Geschreis, so laut er war, schien dort innen lautlos, und die Stimmen schienen von der Höhe der Wolke zu kommen. Es war wie ein böser Traum. Plötzlich sah ich rechts neben mir einen Soldaten, ich beugte mich hinüber und schlug ihn mit dem Kolben meines Sechsladers nieder. Ich glaube, ich hatte ihn bereits leer geschossen, doch erinnere ich mich nicht, wann. Der Reiter fiel zu Boden und geriet unter die Hufe. Wir waren unserer so viele, daß ich glaube, wir hätten keiner Gewehre bedurft. Die Hufe allein hätten genügt.

Hierauf zogen wir in geschlossener Gruppe die Hügelseite hinab gegen das Dorf; auch dort lagen überall tote Menschen und Pferde.

Wir waren ganz wahnsinnig, und um euch zu zeigen, wie toll wir uns fühlten, will ich euch etwas davon erzählen. Da lag ein toter Indianer auf seinem Gesicht, und jemand sagte: »Skalpiert diesen Ri!«[54] Und ein Mann stieg ab und skalpierte ihn; doch als wir darauf den Toten umdrehten, war es ein Cheyenne – einer von unsern Freunden! Wir waren alle wahnsinnig, als wir jetzt die Frauen in einem Schwarm herankommen sahen, die alle das Getriller erhoben. Wir warteten eine Weile dort, und dann sahen wir Soldaten südwärts und ostwärts auf einen Hügel rennen [55]. Jedermann schrie nun »Eilt!« Und wir stießen gegen die Soldaten vor; sie flüchteten dorthin zurück, von wo sie gekommen. Einer wurde getötet, und viele von uns liefen hin, ihn zu berühren [56]. Sodann jagten wir alle Soldaten auf den Hügel zurück, auf dem sie zuvor gewesen.

Sie hatten einen Kreis gebildet und ihre Maultiere und Pferde im Innern geborgen; vor sich hatten sie Sättel und andere Gegenstände aufgetürmt, um sich vor den Kugeln zu schützen, doch wir umstellten sie; der Hügel, auf dem wir uns befanden, war höher, und wir konnten sie überblicken. Wir bargen unsere Pferde unterhalb der Hügel, so daß sie in Sicherheit waren; dann begannen wir alle, die Soldaten und ihre Pferde zu beschießen. Es war sehr heiß, und eine Anzahl Soldaten machten sich auf und stiegen mit Kesseln den Hügel hinab, um unten im Fluß Wasser zu holen. Sie kamen nicht weit, und was von ihnen übrig blieb, das rannte den Hügel wieder hinauf. Ich hörte, daß einige Soldaten später doch noch Wasser holten, aber ich habe sie nicht gesehen. Einmal rückte ein Lakota, um seinen Mut zu zeigen, ganz allein gegen die Soldaten vor; aber sie töteten ihn, und wir konnten seine Leiche nicht bergen.

Es war nun beinah die Zeit des Sonnenuntergangs. Ich hatte keinen Hunger verspürt, wegen des überall verbreiteten Blutgeruchs; doch jetzt begann ich mich gleichwohl hungrig zu fühlen. Die Tapfersten der Tapfern traten zusammen und berieten, was wir in dieser Nacht tun sollten. Sie

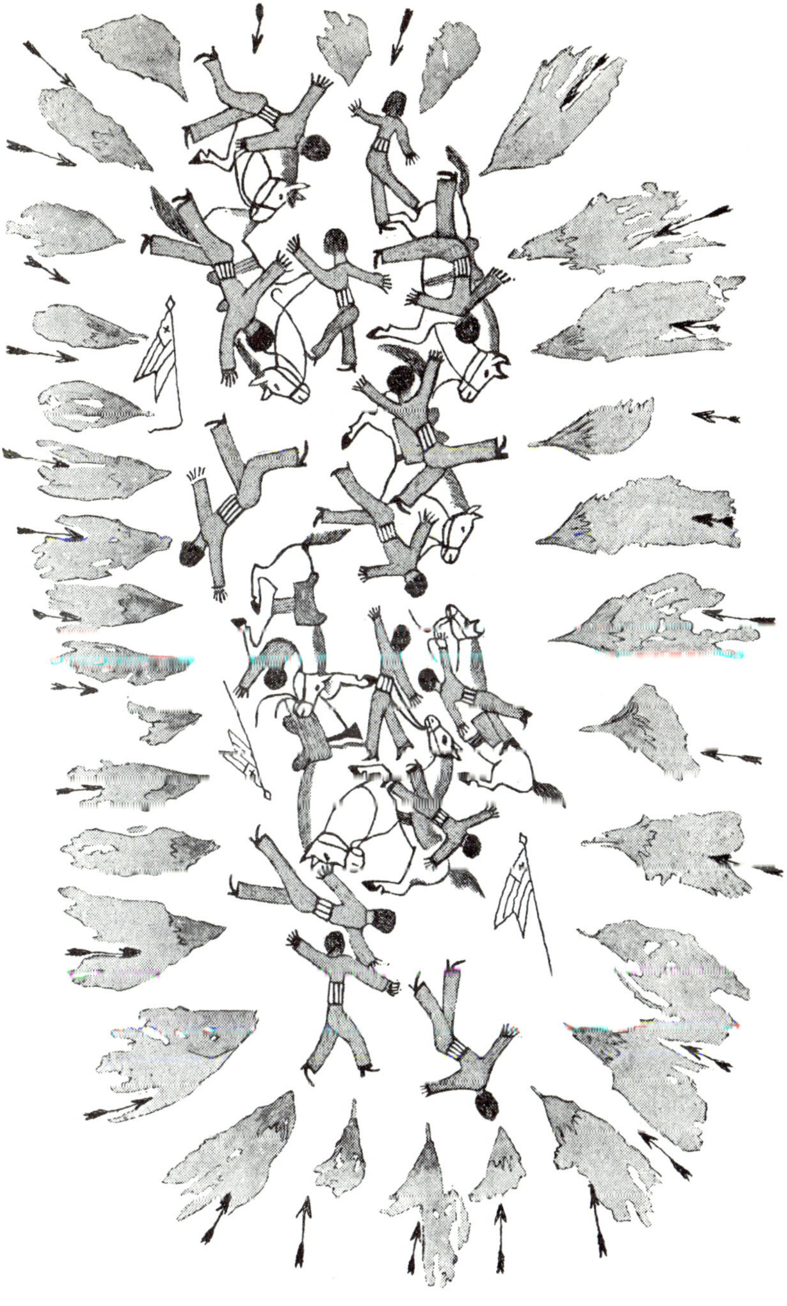

beschlossen: einige von uns sollten nach Hause gehen und dort essen und dann etwas für die zurückbringen, welche die Soldaten überwachten. Wir konnten an die Soldaten nicht herankommen, also wollten wir sie durch Hunger und Durst bezwingen.

Ich zog mit den andern zurück, und jetzt ging die Sonne unter. Zuerst glaubte ich, sie hätten das Lager abgebrochen, aber dem war nicht so; sie hatten bloß alle Lager zu einem einzigen starken Dorf zusammengebracht.

In dieser Nacht ging ich nicht mit den andern auf den Hügel zurück. Wir unterhielten Feuer über das ganze Lager zerstreut. Es herrschte allgemeine Erregtheit. Ich konnte nicht schlafen; sobald ich die Augen schloß, sah ich wieder alle die schrecklichen Dinge; ich glaube, niemand schlief.

Am nächsten Morgen ging der Ausrufer herum und verkündete: »Der Rest der Soldaten wird heute sterben!« So machten wir uns nach dem Essen alle bereit. Diesmal war ich angezogen, in Beinkleidern[57] und Mokassins; am Tag vorher hatte ich nur ein Hemd getragen. Diesmal hatte ich auch meinen Sattel. Ich war zum Kampf bereit.

Wir ritten alle dort hinüber, und die Abteilung, die gewacht hatte, ging heim. Wir waren rings um die Soldaten herum zerstreut, mit unsern Pferden unter dem Hügel; doch nun war es schwieriger, den Soldaten beizukommen, denn sie hatten während der Nacht Gräben aufgeworfen. Der Tag war sehr heiß, und dann und wann schlichen sich ein paar Soldaten zum Fluß hinab, um zu trinken. Von diesen töteten wir einige; die andern rannten zurück. Einmal hörte ich jemanden schreien »Hey-hey!« Ich kroch nach jener Stelle; ein Lakota war über der Augenbraue getroffen worden, er war tot.

Nach langer Zeit hörten wir, daß noch mehr Soldaten im Anzug waren[58]. Da kehrte jedermann nach Hause zurück, und dort sagten die Leute: »Wir wollen es aufgeben!«

Dann brachen wir das Lager ab und zogen nach den Big Horn Mountains.

Wären diese Soldaten nicht gekommen, wir hätten die auf dem Hügel alle ausgelöscht. –

Eiserner Falke spricht:

Ich bin ein Hunkpapa; wie ich euch vorhin gesagt, war ich damals vierzehn Jahre alt. Die Sonne stand schon ganz hoch, als ich an jenem Tag meine erste Mahlzeit aß, weil ich geschlafen hatte. Während ich aß, hörte ich den Ausrufer verkünden: »Die Angreifer kommen!« Ich sprang auf und lief zu unsern Pferden; sie weideten in der Nähe des Lagers. Eines seilte ich an, und die andern flohen, aber mein älterer Bruder hatte sein Tier bereits erwischt und führte die andern hinweg. Als ich mein Pferd an dem Strick, den ich um seine Nase befestigt hatte, zu mir heranzog, schossen dort oben die Soldaten; Leute liefen, und Männer und Knaben fingen ihre Pferde ein, die wegen des Schießens und Schreiens erschreckt worden waren. Ich sah kleine Kinder aus dem Fluß laufen, wo sie gebadet hatten; und alle Frauen und Kinder rannten das Tal hinab.

Unsere Pferde flohen nun in der Richtung der Minneconjou, doch wir trieben sie zusammen und brachten sie zurück. Jetzt stürmten Krieger gegen die Soldaten an und warfen sich auf die Ponies; aber viele von den Hunkpapa fanden sich im Gehölz und Gebüsch zusammen, in der Nähe des Ortes, wo die Soldaten angehalten hatten und von ihren Pferden gestiegen waren. Ich ritt an einem sehr alten Mann vorüber, der rief: »Knaben, seid mutig! Möchtet ihr sehen, daß man diese kleinen Kinder von mir wegnimmt wie Hunde?«

Ich ging in unser Tipi und zog mich so kriegerisch an, wie ich nur konnte; aber ich hörte draußen die Kugeln sausen, und ich war so zittrig, daß ich lange Zeit brauchte, um eine Adlerfeder in meinem Haar zu befestigen. Auch mußte ich beständig den Strick meines Ponys halten, denn es zerrte an mir und versuchte loszukommen. Ich war damit beschäftigt, als Gruppen von Kriegern schreiend vorbeiritten und flußaufwärts riefen: »Hoka hey!« Da rieb ich mir rote Farbe über das ganze Gesicht, nahm Bogen und Pfeile und schwang mich auf mein Pferd. Ich hatte kein Gewehr, nur Bogen und Pfeile.

Als ich auf meinem Pferd saß, schien der Kampf oben am Fluß vorüber zu sein, da nun jedermann flußabwärts eilte und schrie: »Das ist ein guter Tag zum Sterben!« Soldaten kamen am andern Ende des Dorfes an, und niemand wußte, wie viele dort unten standen.

Ein Mann namens Kleiner Bär [Little Bear] kam auf mich zugeritten, und er hatte eine sehr hübsche Satteldecke. Er sagte: »Mutig, Junge! Die Erde ist das einzige, was dauert!« So ritt ich mit ihm und den andern in großer Eile flußabwärts, und viele von uns Hunkpapa trafen an der Ostseite des Flusses zusammen, am Rande einer tiefen Schlucht, die nach dem Hügel zurückführte, wo sich die zweite Soldatenabteilung[59] aufhielt. Da war mit uns ein sehr tapferer Cheyenne; er hatte einen gefleckten Federschmuck und einen gefleckten, aus Fell gefertigten Rock, und dieser wurde von einem gefleckten Gürtel zusammengehalten[60]. Er ritt allein den Hügel hinauf, und wir alle folgten ihm in einiger Entfernung. Längs des Hügelkamms standen Soldaten, die ihre Pferde am Zügel hielten. Der Cheyenne ritt ganz nahe an sie heran und mehrmals vor ihnen im Kreis. Alle Soldaten schossen auf ihn. Da kehrte er zurück, dorthin wo wir auf der Höhe der Schlucht angehalten hatten. Er rief: »Ah, ah!« Einer fragte: »Cheyennen-Freund, was ist los?« Da begann er seinen gefleckten Gürtel zu lösen, und als er ihn schüttelte, fielen Kugeln heraus. Er war ein sehr heiliger Mann, so daß die Soldaten ihn nicht zu verwunden vermochten. Und er sah sehr schön aus.

Wir standen eine Zeitlang dort und erwarteten irgend etwas. Überall wurde geschossen. Dann hörte ich eine Stimme schreien: »Jetzt gehen sie, sie ziehen ab!« Wir blickten auf und sahen die Pferde der Reiterei davonjagen; es waren lauter graue Pferde.

Ich sah Kleinen Bärs Pferd sich bäumen und hügelan gegen die Soldaten rennen. Als er diesen nahe war, wurde sein Pferd unter ihm zusammengeschossen, und er erhob sich und hinkte, weil die Kugel ihm durchs Bein gegangen; doch hinkend kehrte er zu uns zurück, während die Soldaten ihm nachschossen. Sein nächster Freund, Hirsch-Volk [Elk Nation] stieg auf sein Pferd, nahm Kleinen Bär hinter sich und ritt heil mit ihm zurück, indessen ihn die Kugeln umpfiffen. Es war seine Pflicht, seinem Freund beizustehen, selbst wenn er wußte, daß er umkommen werde.

Jetzt gab es bei den Soldaten oben ein lautes Geschrei, und von allen Seiten eilten die Krieger heran, und Staub und Rauch verfinsterten alles.

Wir sahen Soldaten den Hügel herab gerade auf uns zustürzen. Fast alle waren zu Fuß, und ich glaube, sie hatten solche Angst, daß sie nicht wußten, was sie taten. Sie schwangen ihre Arme so, als ob sie heftig liefen, aber sie schritten bloß. Einige von ihnen schossen mit ihren Flinten in die Luft. Wir alle schrien »Hoka hey!«, brachen gegen sie vor und umritten sie im Zwielicht, das sich auf uns niedergesenkt hatte.

Ich traf auf einen reitenden Soldaten, und ich gab es ihm! Der Pfeil fuhr unter seinen Rippen hinein, drang durch und ragte auf beiden Seiten heraus. Er schrie laut, suchte Halt an seinem Sattelknopf und schwankte. Sein Kopf hing hinab. Ich drängte mich an seine Seite, und mit meinem schweren Bogen schlug ich ihm ins Genick. Er fiel vom Pferd, und ich stieg ab und schlug ihn mit dem Bogen tot. Und als er tot war, schlug ich noch eine Zeitlang weiter auf ihn ein, und bei jedem Hieb schrie ich »Howuh!« Ich war rasend, denn ich dachte an unsere Frauen und kleinen Kinder, die dort unten in großer Angst und außer Atem um ihr Leben liefen. Diese Uaschitschun verdienten es; und sie kamen, um es zu bekommen, und wir gaben es ihnen! Viel anderes habe ich nicht gesehen. Ich sah Bringt-Überfluß [Brings Plenty] einen Soldaten mit einem Tomahawk töten und Rothorn-Büffel [Red Horn Buffalo] fallen. Ein Lakota ritt dem Rand eines Abgrunds entlang; er rief uns zu, wir sollten aufpassen, ein Soldat verberge sich dort. Ich gewahrte, wie er den Soldaten angriff, erwürgte und mit einem Messer aufzuschlitzen begann.

Dann zogen wir gegen den Fluß hinab, und der Staub löste sich auf, also daß wir Frauen und Kinder vom Fluß herüber auf uns zukommen sahen. Die Soldaten waren dort aufgerieben worden und lagen überall zerstreut.

Die Frauen schwärmten den Hügel hinauf und fingen an, die Soldaten zu plündern und auszuziehen. Jetzt schrien und lachten und sangen sie. Da bemerkte ich etwas Ergötzliches: zwei dicke alte Frauen zogen einem Soldaten die Kleider aus, der verwundet war und sich tot stellte; als er nackt war, wollten sie etwas von dem, was er hatte, wegschneiden. Er sprang auf und setzte sich gegen die beiden dicken Weiber zur Wehr. Er wirbelte die eine herum, während die andere ihn mit ihrem Messer zu stechen versuchte. Nach einiger Zeit kam eine andere Frau herbeigelaufen und stieß ihm ihr Messer in den Leib, und jetzt starb er wirklich. Es war ergötzlich, den nackten Uaschitschun mit den dicken Frauen kämpfen zu sehen.

Jetzt sahen wir alle unsere Krieger auf eine Anzahl Soldaten losgehen, die vom Hügel am obern Flußufer gekommen waren, um die zweite Abteilung, die wir angegriffen hatten, zu unterstützen. Sie flohen, und wir verfolgten sie und jagten sie auf ihren Hügel zurück, von dem sie hergekommen und wo sie ihre Maultiere stehen hatten. Wir konnten ihnen nicht viel anhaben, weil sie dort zu ihrem Schutz Gräben aufgeworfen hatten und hinter Sätteln und andern Gegenständen lagen. Ich war unten am Fluß und erblickte ein paar Soldaten mit Eimern. Sie trugen keine Gewehre, nur Eimer. Einige Jungen waren dort unten; diese traten aus dem Gebüsch heraus und warfen den Soldaten Schmutz und Steine ins Gesicht und jagten sie in den Fluß. Ich denke, sie bekamen genug zu trinken. Wir töteten sie im Wasser.

Bald darauf war die Sonne nahe am Untergehen, und ich ging mit manchen andern heim zum Essen, während andere blieben, um die Soldaten auf dem Hügel zu überwachen. Ich hatte den ganzen Tag noch nichts gegessen, weil das Unheil begann, als ich meine erste Mahlzeit zu mir nehmen wollte. –

Schwarzer Hirsch fährt fort:
Nachdem ich meiner Mutter meinen ersten Skalp gezeigt hatte, blieb ich eine Zeitlang bei den Frauen, und sie alle sangen und vollführten das Getriller. Wegen des dichten Staubes vermochten wir von der Schlacht nicht viel zu sehen, aber wir wußten, daß dort keine Soldaten übrigbleiben würden. Hier oben waren viele andere Jungen meines Alters und auch jüngere, mit ihren Müttern und Schwestern, und sie baten mich, sie zur Schlacht hinüberzubringen. Also setzten wir uns auf unsere Ponies und brachen auf. Während wir nun hügelab und dem Flusse zuritten, sahen wir graue Pferde mit leeren Sätteln gegen das Wasser hin fliehen. Wir ritten über den Greasy Grass zur Mündung einer Schlucht, die zu dem Ort hinaufführte, wo gekämpft wurde.

Noch ehe wir dort anlangten, waren alle Uaschitschun geschlagen; die meisten von ihnen waren tot, einige aber lebten noch und schlugen um sich. Mittlerweile waren noch eine Menge andere Jungen nachgekommen, und wir umritten die Uaschitschun und beschossen sie mit Pfeilen. Da war einer, der steckte voller Pfeile und krümmte sich auf der Erde, und ich ging auf ihn zu, um seinen Rock zu nehmen, doch ein Mann stieß mich beiseite und nahm den Rock für sich selbst. Darauf sah ich etwas Glänzendes an des Soldaten Gürtel hängen, und ich machte es los. Es war rund und glänzend und gelb und sehr schön, da legte ich es mir als Halsschmuck an. Zuerst tickte es im Innern, später nicht mehr. Ich trug es lange Zeit an meinem Hals, ehe ich herausfand, was es war und wie man es wieder zum Ticken brachte.

Dann kamen die Frauen alle herbei, und wir zogen auf den

Gipfel des Hügels. Graue tote Pferde lagen da herum; einige bedeckten tote Uaschitschun, oder tote Uaschitschun hingen auf ihnen. Von unsern eigenen Toten sah man nicht viele, da sie bereits weggebracht worden waren; aber doch waren viele von unsern Kriegern verwundet oder tot. Im Staubnebel schossen sie gegenseitig aufeinander. Pahuska[61] konnte ich nirgends sehen, und ich glaube, es wußte keiner, wo er war. Da lag ein Soldat, der hob seine Arme hoch und stöhnte; ich schoß ihm einen Pfeil durch die Stirne, und seine Arme und Beine zitterten. Einen Lakota sah ich, der hob einen andern Lakota auf; dorthin ging ich, und es war der Bruder von Jage-an-den-Morgen [Chase-in-the-Mornings], genannt Schwarzer Geist[62]; er war durch die rechte Schulter abwärts geschossen worden, und die Kugel blieb in seiner linken Hüfte stecken, weil er, als er getroffen wurde, auf der rechten Seite seines Pferdes hing. Sie versuchten, ihm Medizin zu geben. Er war mein Vetter. Sein Vater und mein Vater waren dermaßen erbost, daß sie hingingen und einen Uaschitschun niedermetzelten und aufschlitzten. Der Uaschitschun war fett, und sein Fleisch schien gut zum Essen, doch aßen wir nicht davon[63].

Ein kleiner Knabe, jünger als ich, bat mich, für ihn einen Soldaten zu skalpieren; ich tat es, und er lief, um den Skalp seiner Mutter zu zeigen. Während wir hier verweilten, jagten die meisten Krieger die übrigen Soldaten auf den Hügel zurück, wo sie ihre Maultiere stehen hatten. Nach einiger Zeit war ich des Umhersehens müde; ich roch nichts mehr als Blut, und mir wurde übel davon. So ging ich mit ein paar andern zusammen heim; ich war ein glücklicher Junge. Die Uaschitschun waren gekommen, um unsere Mütter und Väter und uns zu töten, aber das Land gehörte uns. Als ich dort oben im Wald bei den Hunkpapa stand und die ersten Soldaten zu schießen anhoben, da wußte ich, daß solches geschehen werde. Ich dachte, meine Leute seien verwandt mit den Donnerwesen in meiner Vision, und es sei närrisch von den Soldaten, dies zu beginnen. Jedermann im Dorf blieb die ganze Nacht auf. Am Morgen ging eine andere Abteilung nach dem Hügel, wo die übrigen Soldaten waren, und die Männer, welche die ganze Nacht dort gewacht hatten, kamen heim. Meine Mutter und ich, wir machten uns auf den Weg. Sie ritt eine Stute, und ein kleines, an diese festgebundenes Füllen trottete nebenher.

Oben sahen wir die Pferde und die Maultiere, doch die Soldaten waren eingegraben. Unterhalb des Hügels auf der Westseite des Greasy Grass standen ein paar Maulbeerbäume, und ein großer Junge mit Namen Runder Narr [Round Fool] rannte um diese Bäume herum. Wir Jungen fragten ihn, warum er dies tue, und er antwortete: »Da drinnen hat sich ein Uaschitschun versteckt.« Und so war es: er hatte sich dort verborgen, als die andern Soldaten auf die Anhöhe hinaufrannten, und war die ganze Nacht dort geblieben. Wir Jungen begannen mit Pfeilen auf ihn zu schießen, es ließ sich an wie die Jagd auf ein Kaninchen. Er kroch von einer Seite des Gehölzes zur andern, während wir dieses umritten und unsere Pfeile auf ihn abschossen. Einmal schrie er laut: »Au!« Nach einer Weile setzten wir das Gras um das Gehölz herum in Brand, und er kam herausgerannt. Schließlich töteten ihn einige von unsern Kriegern.

Einmal stiegen wir auf den Rücken des Hügels hinauf, wo ein paar von unsern Leuten wachten und spähten. Wir konnten die Uaschitschun, die in ihren Gräben lagen, nicht sehen, aber wir gewahrten die Pferde und Maultiere; viele von ihnen waren tot. Wir eilten hinunter und durchquerten wieder den Fluß; ein paar Soldaten schossen auf uns, trafen aber nur ins Wasser. Meine Mutter und ich galoppierten ins Lager zurück; es war zur Zeit des Sonnenuntergangs. Aber inzwischen hatten unsere Kundschafter die Nachricht gebracht, daß noch mehr Soldaten flußaufwärts nahten; so brachen wir alle das Lager ab. Noch vor der Dunkelheit waren wir bereit und zogen in der Richtung Greasy Grass aufwärts gegen Wood Louse Creek in den Big Horn Mountains. Die ganze Nacht durch flohen wir längs dem Greasy Grass. Meine beiden jüngeren Brüder und ich fuhren in einem Pony-Wagen[64], und meine Mutter legte ein paar junge Hunde zu uns hinein. Sie versuchten beständig, aus dem Wagen hinauszuschlüpfen, und ich mußte sie fortwährend zurückhalten; so schlief ich nur wenig. Am Morgen erreichten wir ein kleines ausgetrocknetes Bachbett, lagerten dort und hatten eine tüchtige Mahlzeit. Das Fleisch war mit Fett durchzogen, und ich möchte jetzt wohl solches haben[65].

Als es wieder Tag war, zogen wir weiter und kamen zum Wood Louse Creek am Fuß der Berge, wo wir lagerten. Ein schwerverletzter Mann namens Drei Bären [Three Bears] hatte dort seine Anfälle und rief: »Dschenneni, dschenneni...« Ich weiß nicht, was er damit meinte. Er starb, und wir pflegten von diesem Lagerplatz als vom Orte, wo Dschenneni starb, zu reden.

An diesem Abend gerieten plötzlich alle in Aufregung und riefen: »Die Soldaten kommen!« Ich sah nach jener Richtung, und da waren sie und ritten Seite an Seite gerade auf uns zu. Aber es waren einige von unsern eigenen Leuten, die in Soldatenkleidern steckten. Sie hatten dies zum Spaß getan.

Die Kundschafter berichteten, die Soldaten hätten uns nicht verfolgt, und alles sei nun sicher. Im ganzen Lager blieben große Feuer in Brand, und die ganze Nacht wurden Kriegstänze getanzt.

Ich will euch von den Kriegsgesängen vorsingen, die unsere Leute in jener Nacht erdachten und sangen. Einige lauteten so:

»Langhaar [Pahuska] kehrte niemals heim;
Seine Frau weint und weint;
Hier herüber schaut sie und weint.«

»Langhaar, ich hatte kein Gewehr;
Du brachtest mir viele. Ich danke dir!
Du machst mich lachen!«

»Langhaar, ich hatte kein Pferd;
Du brachtest mir viele. Ich danke dir!
Du machst mich lachen!«

»Langhaar, niemand weiß, wo er liegt.
Dort drüben liegt er!«

»Legt nieder eure Zauber-Eisen [Gewehre],
Ihr seid eurer nicht genug, um Schaden zu tun!
Legt nieder eure Zauber-Eisen!«

Nach einiger Zeit war ich vom Tanzen so müde, daß ich mich gerade da, wo ich war, auf den Boden legte und einschlief.

In jener Nacht starb mein Vetter, Schwarzer Geist.

WIR BLIEBEN in dieser Gegend in der Nähe der Big Horn Mountains ungefähr einen Monat, vielleicht etwas länger. Mein Vater sagte mir, all diese Kämpfe hätten zu nichts geführt, da die Hängen-um-das-Fort-herum-Leute bereit wären, die Black Hills unter allen Umständen an die Uaschitschun zu verkaufen, und noch mehr Soldaten würden zum Kampf gegen uns kommen. Er erklärte, Three Stars sei am Goose Creek, und viele andere Soldaten stünden oben am Yellowstone; diese alle würden sich zusammenfinden und uns von zwei Seiten angreifen. Einige von unsern Leuten hatten uns verlassen, nur wenige auf einmal, um in den Agenturen zu leben, welche die Uaschitschun eingerichtet hatten. Doch viele von uns waren geblieben, und so brachen wir mit allen unsern Ponies auf, um aus der Nähe der Uaschitschun wegzukommen. In einem sehr langen Zug bewegten wir uns den Rosebud hinab und lagerten dort, wo der Fluß zwischen hohen Felsen hinfließt. Darauf zogen wir weiter flußabwärts bis an den Ort, wo wir vor Langhaars Vernichtung den großen Sonnentanz getanzt hatten. Die Soldaten waren auf ihrem Weg hier vorbeigekommen, und der heilige Ort war von beschlagenen Hufen aufgeweicht und von Pferdemist beschmutzt. Danach zogen wir weiter hinab nach einem heiligen Ort, wo rechts neben dem Wasser ein großer Felsklotz aufragt. Hoch oben auf diesem Fels pflegten Bilder zu erscheinen, welche uns wichtige Dinge voraussagten, die bald geschehen würden. Jetzt war das Bild vieler mit dem Kopf nach unten hängender Soldaten zu sehen; die Leute erzählten, es sei dort kurz vor Langhaars Niederlage erschienen. Ich weiß es nicht; aber jetzt war es da, und es schien nicht möglich, daß jemand in diese Höhe hinauf gelangen könne, um dort ein Bild anzubringen[66].

Wir zogen weiter zum Tongue River und lagerten dort eine kurze Zeit. An jenem Orte besuchten uns Kundschafter und berichteten, ein großes Feuerboot[67] mit Mais für die Soldatenpferde sei den Yellowstone heraufgefahren und sei dort an der andern Uferseite verpfählt. Ein paar unserer jungen Männer gingen hin, um sich das anzusehen, und einer von ihnen, Gelbes Hemd, wurde von den Schiffssoldaten getötet. Aber die andern kamen zurück und brachten Mais mit; und sie gaben uns davon. Wir rösteten ihn, und er war gut.

Um diese Zeit, im Monat der Schwarzen Kirschen [August], begannen sich unsere Leute zu zerstreuen, weil sie nun wußten, daß die Soldaten wiederkehren würden. Stumpfes Messer und die Cheyennen gingen nach Willow Creek in den Big Horn Mountains; manche von den Lakotas stahlen sich in kleinen Gruppen davon und zogen zu den Agenturen. Der Rest von uns, immer noch eine große Menge, machte sich nach dem Osten auf, und die Soldaten von Drei Sterne folgten uns. Unsere Leute zündeten das Gras hinter uns an, während wir weiterritten, und der zurücktreibende Rauch war weit wie der Tag, und das Licht des Feuers weit wie die Nacht. Das sollte die Pferde der Soldaten umbringen.

Darauf begann es zu regnen. Während vier Tagen, da wir ostwärts zogen, hielt der Regen an. Unsere Ponies arbeiteten sich mühsam durch den Schlamm hindurch, und für die Pferde der Soldaten dort hinten, ohne Futter, muß es schlimm gewesen sein.

Sitzender Stier und Gall verließen uns mit einigen Leuten und begaben sich nach Großmutters Land [Canada], doch beständig liefen andere Leute von uns weg; aber Tolles Pferd wollte das Land, das unser war, nicht verlassen.
Im Monat des Schwarzen Kalbs [September] lagerten wir nahe der Quelle des Grand River, als Häuptling Amerikanisches Pferd [American Horse] mit vielen Tipis mit den Soldaten von Drei Sterne bei den Slim Buttes am Rabbit Creek[68] eine Schlacht auskämpfte. Sie fochten dort schwer im Regen, und die Soldaten töteten Amerikanisches Pferd. Sie vertrieben Frauen und Kinder aus ihren Zelten und nahmen alle die Papa [getrocknetes Büffelfleisch], die sie sich für den Winter zubereitet hatten. Da ging Tolles Pferd mit einer Handvoll Krieger dort hinüber und verjagte die Soldaten durch den Regen. Sie flohen südwärts gegen die Black Hills und viele von ihren Pferden gingen im tiefen Schlamm zugrunde. Er verfolgte sie ein gutes Stück und zwang sie zum Kampf, als sie auf der Flucht waren.
Wo wir auch standen, überall tauchten Soldaten auf, um uns zu töten, und es war doch unser Land! Es gehörte bereits uns, als die Uaschitschun den Vertrag mit Roter Wolke abschlossen, in welchem stand: es werde unser sein, solang dort Gras wachse und Wasser fließe. Das war erst acht Winter her, aber sie jagten uns nun, weil wir uns daran erinnerten und sie es vergessen hatten.
Wir zogen hierauf wieder nach Westen, doch fühlten wir uns nicht mehr glücklich, weil so viele von unsern Leuten den Schweif ihrer Pferde losgebunden hatten[69] und zu den Uaschitschun übergegangen waren. Wir flohen tief in unser Land zurück, und der größte Teil des Bodens war vom Feuer schwarz, und die Büffel waren fortgezogen. Wir la-

gerten am Tongue River, wo es Baumwollstauden für die Ponies gab. Früh setzte ein harter Winter ein. Es schneite stark. Wild war wenig zu finden, und es entstand für uns eine Hungerzeit. Ponies verendeten, und wir aßen sie; sie starben, weil der Schnee hart gefroren war und sie nicht an das Gras gelangen konnten, das in den Tälern noch übriggeblieben. Es gab nicht genug Baumwollbäume, um die Tiere zu füttern. Wir waren im Sommer zusammen viele Tausende gewesen, doch jetzt zählten wir unser nicht einmal mehr zweitausend.

Nachricht kam zu uns im Monat der Fallenden Blätter [November], daß die Black Hills an die Uaschitschun verkauft worden seien und ebenso alles Land westlich von den Hügeln – das Land, in dem wir jetzt wohnten[70]. Als ich älter war, erfuhr ich, daß unser Volk das nicht gewollt hatte. Die Uaschitschun unterhandelten bloß mit einigen Häuptlingen und brachten sie dazu, ihre Zeichen auf den Vertrag zu setzen. Mag sein, einige taten dies, nachdem sie durch das Minne Wakan [Zauberwasser, Whisky] toll geworden, das die Uaschitschun ihnen zu trinken gaben. So habe ich es gehört – ich weiß es nicht[71]. Aber nur wahnsinnige oder ganz törichte Menschen werden ihre Mutter Erde verkaufen. Mitunter denke ich, es wäre besser gewesen, wir wären beisammen geblieben und hätten uns alle von ihnen töten lassen.

Stumpfes Messer lagerte mit seinem Zug von Cheyennen am Willow Creek am Rande der Big Horn Mountains, und an einem Morgen, sehr früh, gegen Ende des Monats der fallenden Blätter, kamen die Soldaten, um sie zu töten[72]. Die Leute lagen alle im Schlaf. Der Schnee lag tief, und es war sehr kalt. Als die Soldaten anfingen, in die Tipis zu schießen, rannten die Leute in den Schnee hinaus, und die meisten von ihnen hatten ihr Schlafgewand abgeworfen und waren nackt. Männer, die nichts als ihre Patronengürtel anhatten, kämpften in Schnee und Kälte, und es war ein grimmiger Kampf, weil die Krieger an ihre erfrierenden Frauen und Kinder dachten. Jedoch gelang es ihnen nicht, die Soldaten zu besiegen. Schließlich aber machten sich diejenigen, welche nicht getötet worden oder durch die Kälte umgekommen waren, auf und kamen in unser Lager am Tongue.

Ich kann mich erinnern, wie Stumpfes Messer mit dem, was von seinem hungernden und frierenden Volke übriggeblieben, bei uns ankam. Sie besaßen fast nichts mehr, und einige waren unterwegs erfroren. Viele Säuglinge starben. Wir konnten ihnen ein paar Kleidungsstücke geben, aber zu essen hatten wir nicht viel für sie, denn wir aßen das Fleisch der Ponies, wenn diese starben. Und nach einiger Zeit verließen sie uns und zogen nach der Soldatenstadt am White River, um sich den Uaschitschun zu ergeben; und so blieben wir nun ganz allein dort, in diesem Land, das uns gehörte und uns gestohlen worden war.

Nach diesen Geschehnissen bemerkten die Leute, daß Tolles Pferd seltsamer war als je zuvor. Er blieb kaum einmal im Lager. Die Leute sahen ihn draußen allein in der Kälte stehen, und sie baten ihn, mit ihnen heimzukommen. Er kam nicht, doch zuweilen riet er den Leuten, was sie tun sollten. Die Leute fragten sich, ob er überhaupt noch etwas esse. So traf ihn mein Vater eines Tages allein im Freien, und er sagte zu meinem Vater: »Onkel, du hast gesehen, wie ich's treibe. Aber sei deswegen nicht bekümmert; es gibt für mich Gruben und Höhlen, um darin zu wohnen, und draußen mögen mir die Geister beistehen. Ich mache Pläne zum Besten meines Volkes.«

Er war immer ein merkwürdiger Mann gewesen, doch in diesem Winter war er seltsamer als je. Vielleicht war ihm offenbar, daß er bald tot sein werde, und er sann darüber nach, wie er uns helfen könne, wenn er nicht mehr unter uns weile.

Es begann für uns ein sehr schlimmer Winter, und wir waren alle traurig. Dann kam neues Unheil. Wir hatten unsere Kundschafter ausgeschickt, um zu erforschen, wo die Soldaten jetzt lägen, und sie lagerten an der Mündung des Tongue. Früh im Monat des Frosts im Tipi [Januar] kamen einige von unsern Spähern, uns zu sagen, die Soldaten zögen den Tongue herauf, um uns zu bekämpfen, und sie führten zwei Wagen-Gewehre [Kanonen] mit sich.

Wir konnten uns an keinen besser schützenden Ort begeben, darum machten wir uns zum Kampfe bereit; ich war in Furcht, weil mein Vater mir gesagt hatte, daß uns nicht viel Schießbedarf geblieben sei. Wir verlegten das Dorf ein wenig weiter den Fluß hinauf, und unsere Krieger standen auf einem hohen Felsgrat bereit, als das Fußvolk der Soldaten und ihre Wagen anrückten. Die Soldaten aßen dort im Tal ihr Frühstück, während unsere Leute auf sie herabsahen und hungrig waren. Dann begann das Schießen mit den Kanonen, die zweimal knallten, weil die eisernen Kugeln, wenn sie aufschlugen, auseinandersprangen. Einige von ihnen platzten nicht, und wir Jungen gingen hin und holten sie uns.

Darauf zogen die Soldaten zu dem Felskamm herauf; es fing stark zu schneien an, und sie kämpften in einem Schneesturm. Wir konnten die Soldaten am Anstieg nicht hindern, denn wir hatten nur wenig Schießbedarf. Die Soldaten besaßen alles. Unsere Leute aber gebrauchten Speere und Flinten als Keulen, als die Soldaten oben anlangten, und eine Zeitlang kämpften sie Mann gegen Mann und hielten die Soldaten zurück, bis die Frauen das Lager abgebrochen hatten und mit Kindern und Ponies weggezogen waren. Im Schneesturm flohen wir südwärts den Tongue hinauf und über den Kleinen Pulver-Fluß. Die Soldaten verfolgten uns einige Zeit, und in unserm Nachtrab wurde gekämpft. Wir entkamen, doch wir verloren viele nötige Dinge, und als wir am Kleinen Pulver-Fluß lagerten, waren wir fast so arm wie Stumpfen Messers Leute an jenem Tage, als sie zu uns kamen. Es war so kalt, daß selbst die Sonne zu kommen zögerte, und wir verzehrten unsere verhungerten Ponys.

Spät im Monat des Dunkelroten Kalbes [Februar] oder früh im Monat des Schneeblinden [März] zog Gefleckter Schweif [Spotted Tail], der Brûlé, mit ein paar andern zu uns. Seine Schwester war Tollen Pferds Mutter. Er war ein großer Häuptling und ein großer Krieger, bevor er zu den Uaschitschun überging[73]. Ich sah ihn und ich mochte ihn nicht. Er glänzte fett von der guten Nahrung der Uaschitschun, und wir waren dürr vor Hunger. Mein Vater sagte mir, er sei gekommen, um seinen Neffen zur Übergabe an die Soldaten zu bewegen, da unser eigenes Volk sich gegen uns gekehrt habe, und im Frühling, wenn das Gras für die Pferde hoch genug wäre, würden viele Soldaten kommen, um gegen uns zu kämpfen, und viele Schoschonen und Krähen und sogar Lakotas und unsere alten Freunde, die Cheyennen, würden mit den Uaschitschun gegen uns streiten. Ich konnte das nicht verstehen und machte mir darüber meine Gedanken. Wie konnten Menschen, indem sie Böses taten, fett werden, und andere, die gut waren, darben? Ich dachte und dachte an mein Gesicht und wurde darüber sehr traurig; denn ich fragte mich, ob es nach allem vielleicht doch nur ein seltsamer Traum gewesen.

Und dann vernahm ich, daß wir, wenn das Gras keime, alle in die Soldatenstadt gehen würden, und daß Tolles Pferd den Schweif seines Ponys gelöst habe, weil er nicht mehr kämpfen wolle.

Im Monat des Erscheinenden Grases [April] brach unsere kleine Schar, an der Spitze der andern, nach der Soldatenstadt auf; und es war zu Beginn des Monats, wenn die Ponys werfen [Mai], als Tolles Pferd mit dem Rest unserer Leute und den Ponys, die nurmehr Haut und Knochen waren, dort anlangte. Soldaten und Lakota-Polizisten umringten ihn, als er sich dort in der Soldatenstadt ergab. Ich sah ihn seinen Federschmuck abnehmen, aber ich stand nicht nahe genug bei ihm, um zu hören, was er sagte. Er sprach nicht laut und auch nur einige Worte. Dann setzte er sich nieder.

Ich war vierzehn Jahre alt. Wir hatten nun genug zu essen, und wir Knaben konnten spielen und brauchten uns vor nichts zu fürchten. Soldaten bewachten uns, und zuweilen sprachen mein Vater und meine Mutter über unsere Leute, die mit Sitzendem Stier und Gall in Großmutters Land gegangen waren; und sie wünschten, sie wären dort.

Man hatte uns einen Lagerplatz angewiesen in der Nähe von Roter Wolkes Agentur; der lag dicht bei der Soldatenstadt. Was nun in diesem Sommer geschah, das ist kein Märchen.

IN EINER Nacht, am Anfang des Monats, wenn dem Kalb Haare wachsen [September], brachen wir das Lager dort bei der Agentur von Roter Wolke geräuschlos ab und zogen fort. Mein Vater sagte mir, wir gingen nach Gefleckten Schweifs Lager, aber wie, das sagte er mir erst später. Wir reisten während des größten Teils der Nacht; dann lagerten wir.

Doch als wir uns am folgenden Tag wieder in Bewegung setzten, wurden wir von einem Trupp von Leuten der Roten Wolke eingeholt. Sie sagten, es würde sich ein schwerer Verdruß daraus ergeben, wenn wir nicht augenblicklich zurückkehrten. Einige von uns kehrten um und zogen zurück; die andern wurden ein wenig später von Soldaten zurückgetrieben; doch Tolles Pferd setzte den Weg nach seines Onkels Lager fort.

Nach diesen Begebnissen erklärte mir mein Vater, warum Tolles Pferd so gehandelt habe. Er befürchtete, daß dort unten, wo alle die Soldaten waren, jemand einen Aufruhr entfesseln könnte, und die Uaschitschun hatten uns alle Gewehre abgenommen, so daß wir bei einem Aufstand nichts würden unternehmen können. Die Uaschitschun hatten Gefleckten Schweif zum Häuptling aller Lakotas gemacht, weil er ihnen gefügig war[74], und Tolles Pferd dachte, daß wir dort bei seinem Onkel sicherer wären. Später behaupteten die Hängen-um-das-Fort-herum-Leute, er sei bereit gewesen, den Schweif seines Pferdes wieder hinaufzubinden und gegen die Uaschitschun zu ziehen. Wie konnte er denn das, da er keine Gewehre besaß und sich keine zu verschaffen vermochte? Das war eine Geschichte, die von den Uaschitschun verbreitet wurde, und sie waren doppelzüngig, als sie davon sprachen. Unsere Leute glauben, daß sie dies taten, weil Tolles Pferd ein großer Mann war, und sie ihn in der Schlacht nicht töten konnten, und weil er sich nicht zu einem Uaschitschun machen wollte, wozu Gefleckter Schweif und die übrigen sich verstanden. In diesem Sommer, so sagte mir mein Vater, wollten die Uaschitschun von ihm, daß er mit Roter Wolke und Geflecktem Schweif und andern zusammen nach Washington ziehe, um den Großen Vater zu besuchen; aber das wollte er nicht. Er sagte zu ihnen, er brauche nirgends hinzugehen, um seinen Großen Vater zu sehen, denn: »Mein Vater ist bei mir, und es gibt keinen Großen Vater zwischen mir und dem Großen Geist.«

Am Abend des Tages vor dem Tag unserer Rückkehr zu Roter Wolkes Agentur, kamen ein paar Soldaten, welche Tolles Pferd mit sich brachten. Er ritt allein, ihnen ein wenig voraus. Sie blieben nicht lange, sondern ritten zur Soldatenstadt hinüber. Mein Vater und ich mit vielen andern gingen dorthin, um zu sehen, was sie vorhatten.

Als wir dort angekommen, konnten wir Tolles Pferd nicht sehen, denn er war von Soldaten und Lakota-Polizisten umringt, und außen staute sich die Menge.

Nach einiger Zeit hatte ich das Gefühl, daß dort innen etwas sehr Schlimmes geschehe. Alle waren in großer Erregung, und überall vernahm man Stimmengewirr. Dann hörte ich einen lauten Aufschrei in unserer Sprache: »Rührt mich nicht an, ich bin Tolles Pferd!« Und plötzlich ging etwas durch das gesamte Volk, so wie wenn ein starker Wind gleichzeitig alle Bäume streift. Jemand dort innen schrie etwas anderes, doch jedermann in meiner Nähe fragte oder unterrichtete jedermann über das, was geschehen war: ich hörte, Tolles Pferd sei getötet worden, sei krank, sei verwundet; und ich war erschrocken, denn einem jeden war zumut wie an jenem Tage, da wir uns zum tödlichen Kampf am Greasy Grass aufmachten; es sah aus, als sollten wir alle sogleich wieder einen Kampf beginnen.

Darauf blieb alles wieder still, und jedermann schien etwas zu erwarten. Dann begannen die Leute auseinanderzugehen und herumzulaufen; nun hörte ich, Tolles Pferd sei unwohl gewesen, werde aber vielleicht bald wieder hergestellt sein. Doch dauerte es nicht lange, so wußten wir, was dort innen geschehen war, denn einige Leute hatten es mit eigenen Augen gesehen, und ich will euch erzählen, wie es zuging. Sie hatten zu Tollem Pferd gesagt, sie würden ihm nichts antun, wenn er zur Soldatenstadt gehen und dort mit dem Uaschitschun-Häuptling eine Unterredung haben wolle; doch sie hatten gelogen. Sie fuhrten ihn nicht zu einer Unterredung mit ihrem Häuptling, sondern brachten ihn in das kleine Gefängnis mit Eisenstäben vor den Fenstern, denn sie hatten die Absicht, ihn loszuwerden. Und als er gewahrte, was sie taten, kehrte er sich um, zog ein Messer aus seinem Kleid und kämpfte gegen alle diese Soldaten. Da faßte Kleiner Groß-Mann [Little Big Man], der sein Freund gewesen – derselbe, der vor meiner ersten Schlacht, als wir die Wagen am War Bonnet Creek angriffen, uns gelobt hatte, wir seien tapfere Jungen –, Tolles Pferd von hinten und versuchte, ihm das Messer zu entwinden[75]. Und während sie so rangen, rannte ein Soldat Tollem Pferd von der einen Rückenseite das Bajonett in den Leib, so daß er sterben mußte. Dann hoben sie ihn auf und trugen ihn in des Soldaten-Häuptlings Kontor. Die Soldaten standen

alle dort und ließen niemanden hinein. Sie schickten die Leute fort. Mein Vater und ich gingen zurück in unser Lager bei der Agentur der Roten Wolke.
In der Nacht hörte ich zuerst irgendwo eine Stimme klagen, und dann vermehrte sich das Klagen, bis das ganze Lager davon ergriffen war.
Tolles Pferd war tot. Er war tapfer und gut und weise. Nie begehrte er etwas anderes als die Rettung seines Volkes, und er bekämpfte die Uaschitschun nur, wenn sie kamen, uns in unserem eigenen Lande zu töten. Er war erst dreißig Jahre alt. In der Schlacht konnten sie ihn nicht töten. Sie mußten ihn belügen und auf diese Art umbringen.
Ich weinte die ganze Nacht, und so auch mein Vater.
Als es Tag war, brachten Tolles Pferds Vater und Mutter ihn in einem Wagen zu uns ins Lager herüber. Darauf legten sie ihn in eine Kiste, und ich hörte, daß sie ihn entzwei schneiden mußten, weil die Kiste zu kurz war. Sie banden die Kiste auf einem Pony-Wagen fest und zogen allein damit nach Norden und Osten. Ich sah die beiden Alten allein mit dem Körper ihres Sohnes davonreiten. Niemand folgte ihnen. Sie zogen ganz allein, und ich sehe sie noch vor mir, wie sie wegzogen. Das Pferd vor dem Karren war rehbraun. Tollen Pferds Vater ritt einen im Gesicht weißen Fuchs mit weißen Hinterbeinen; seine Mutter hatte eine braune Stute mit einem rehbraunen Füllen.
Die alten Leute berichteten nie, wo sie den Körper ihres Sohnes hingebracht hatten. Niemand weiß heute, wo er liegt, denn die alten Leute sind nun auch tot. Viel wurde über den Ort geredet, und einige haben gesagt, sie wüßten wo er sei, wollten es aber nicht sagen, und manche glauben, er sei irgendwo am Bear Creek in den Badlands. Eines weiß

ich, und es ist dies: die alten Leute führten den Toten geradewegs den Pepper Creek hinab, der eine kleine Strecke südlich jenseits des Hügels liegt, von dem wir kommen[76]. Zwei Jäger jagten dort dem Fluß entlang, und sie sahen zwei alte Leute mit einem Pony-Wagen heranfahren, und als sie meinem Vater davon erzählten, sagten sie, ein Rehbrauner habe den Wagen, darauf eine Kiste lag, gezogen; der alte Mann habe einen Fuchs mit weißem Gesicht und weißen Hinterbeinen geritten und die alte Frau eine braune Stute mit einem rehbraunen Füllen. Diese Jäger sahen die alten Leute den Pepper Creek herabkommen, und später gewahrten sie sie wieder am White Horse Creek, wo sie zuvor gewesen waren. Und die Jäger sagen, die Kiste sei nicht mehr auf dem Wagen gewesen. So denke ich, sie haben den Körper vielleicht irgendwo dort drüben am Pepper Creek verborgen, da die Jäger sie gesehen hatten, und es mag sein, daß sie in der Nacht zurückkehrten und die Kiste holten und in die Badlands brachten. Aber Tolles Pferd könnte auch dort drüben liegen, gerade nur eine kleine Strecke von uns entfernt am Pepper Creek auf der andern Seite jenes Hügels.

Es ist gleichgültig, wo sein Körper liegt, denn er ist Gras; wo aber sein Geist ist, da ist gut sein.

GROSSMUTTERS LAND

Am Ende des Monats der fallenden Blätter [Oktober], nachdem sie Tolles Pferd getötet, sagten uns die Uaschitschun, wir müßten von dem Ort, wo wir waren, zum Missouri River hinüberziehen und dort in ver-

schiedenen Agenturen leben, die sie für uns eingerichtet hätten. Eine große Abteilung zog mit Roter Wolke ab, und wir brachen mit einer andern großen Schar auf unter Geflecktem Schweif. Die beiden Abteilungen waren ungefähr eine Tagreise voneinander entfernt.
Unsere Leute lebten alle in Trauer über Tollen Pferds Tod, und jetzt gingen sie [die Weißen] daran, uns in kleinen Gruppen einzupferchen und uns den Uaschitschun gleichzumachen. Darum, bevor wir noch sehr weit gekommen, rissen einige von uns aus und flohen nach dem Land, wo wir glücklich gewesen waren. Wir ritten in großer Eile, und die Soldaten verfolgten uns nicht. Doch als unsere kleine Schar in die Gegend des Pulver-Flusses kam, war es nicht, wie es sonst zu sein pflegte, und wir waren nicht vorbereitet für den Winter. Darum zogen wir weiter gegen Norden und ritten schnell, denn wir wünschten bald unter Sitzendem Stier und Gall in Großmutters Land[77] zu sein.
Es wurde sehr kalt, ehe wir Clay Creek, wo unsere Verwandten lebten, erreicht hatten; doch die freuten sich, uns zu sehen, und trugen Sorge für uns. Sie hatten reichlich Fleisch zusammengebracht, denn es gab viele Büffel in dieser Gegend; und es war ein guter Winter. Die Soldaten konnten nicht hierherkommen, uns zu töten.
Ich wurde in diesem Winter fünfzehn Jahre alt, dachte viel an mein Gesicht und fragte mich, wann sich mir eine Aufgabe stellen werde; denn die Großväter hatten mir mein Volk auf dem schwarzen Wege wandernd gezeigt, und wie der Ring des Volkes zerbrochen werde und der blühende Baum verwelke, bevor ich mit der Kraft, die mir gegeben ward, den Ring wieder zusammenschließe, und den heiligen Baum in der Mitte blühen mache und den roten

Weg wieder finde. Ein Teil davon war bereits geschehen; ich fragte mich, wann sich meine Kraft so mehren werde, daß auch das übrige sich vollziehe, so wie ich es in meinem Gesicht geschaut hatte. Doch ich konnte zu niemandem etwas davon sagen, da ich doch bloß ein Junge war. Die Leute hätten gedacht, ich sei närrisch, und mir geantwortet: »Was kannst du tun, wo sogar Sitzender Stier nichts tun kann?«

Als das Gras wieder sproßte, gingen wir Büffel jagen; ich war jetzt groß genug, um mit den Männern auf die Jagd zu gehen. Mein Onkel, Rennendes Roß [Running Horse], und ich waren eines Tages zusammen draußen allein. Ich ritt einen Rehbraunen und führte meinen Apfelschimmel; mein Onkel ritt einen Apfelschimmel und führte einen braunen Hengst. Wir kamen an den Little River Creek und überquerten ihn, und gerade da hatte ich die seltsame Empfindung, und ich wußte, daß etwas geschehen werde. So sagte ich zu meinem Onkel: »Ich werde wachen, während du einen Büffel tötest, und wir werden unser Geschäft schnell besorgen und dann gehen.« Er sah mich eine Weile merkwürdig an; dann sagte er: »Wie du meinst«, und machte sich nach einem Büffel auf. Ihrer mehrere grasten dort im Tal. Ich hielt meine Pferde und schaute zu. Als er eine fette Büffelkuh erlegt hatte, half ich ihm beim Zerlegen, doch währenddessen hielt ich immer meine Pferde fest, denn noch immer empfand ich das seltsame Gefühl. Dann vernahm ich eine Stimme, die sprach: »Geh sogleich hin und sieh!« Ich sagte Rennendem Roß, ich wolle auf den Hügelkopf hinauf und sehen, was sich begebe. Also ritt ich dorthin und erblickte zwei Lakota-Jäger, die ein paar Felsschroffen zu hinter einem Büffel her galoppierten. Eben als sie hinter einem Felsen verschwunden waren, spitzte mein Pferd die Ohren, blickte um sich und schnupperte in die Luft. Dann hörte ich dort drüben etwas heranjagen und das Getrappel vieler Pferdehufe. Darauf sah ich eine Schar von etwa vierzehn Reitern hinter den Felsschroffen hervorbrechen, wo die beiden Jäger verschwunden waren. Es waren Krähen, und wir hörten später, daß sie die beiden Jäger getötet hatten.

Also beluden mein Onkel und ich uns mit so viel Fleisch, als wir tragen konnten. Wir ritten rasch in unser Dorf zurück und erstatteten den andern Bericht.

Dies war ein Anzeichen, daß meine Kraft im Wachsen war, und ich wurde dessen froh.

In dem Monat, der fett macht [Juni], veranstalteten Sitzender Stier und Gall an der Forest Butte einen Sonnentanz, und danach gingen wir wieder jagen. Ein Mann namens Eisenschwanz [Iron Tail] begleitete mich dieses Mal, und wir waren allein. Ich tötete eine große fette Büffelkuh. Eben hatten wir begonnen, sie zu zerlegen, als ein Gewitter über uns hereinbrach. Darauf strömte der Regen, und eine Stimme aus den Wolken sagte: »Beeile dich, denn ehe der Tag zu Ende geht, wird etwas geschehen!«

Als ich dies vernahm, wurde ich natürlich aufgeregt und sagte zu Eisenschwanz, ich hätte eine Stimme aus den Wolken gehört, und wir müßten uns beeilen, heimzukommen. Wir ließen, außer dem Fett der Kuh, alles liegen, und rasten davon. Als wir das Lager unserer kleinen Schar erreicht hatten, verkündeten wir den Leuten, und waren dabei sehr erregt, daß wir fliehen müßten. So brachen sie das Lager ab und machten sich auf den Weg. Wir gelangten an den Muddy Creek. Es regnete noch immer stark, und das Übersetzen machte uns große Mühe, weil die Pferde im Schlamm einsanken. Ein Teil von uns erreichte das Ufer, doch war da ein alter Mann mit einer alten Frau und einer schönen Tochter, deren Pony-Wagen mitten im Fluß steckenblieb. Und eben jetzt begann eine große Schar Krähen auf uns den Angriff; es waren ihrer so viele, daß wir ihnen nicht standzuhalten vermochten; wir mußten fliehen, und da sie uns verfolgten, schossen wir auf sie zurück. Da war ein Mann, Tapferer Wolf, der an diesem Tage, dort an der Furt, eine große Tat verrichtete. Er befand sich in der Nähe des Pony-Wagens der beiden alten Leute und des schönen Mädchens, als das Gefährt im Schlamm steckenblieb. Da stieg er von seinem Pferd, das ein vollkräftiger Büffeljäger war, und hieß das schöne Mädchen aufsitzen. Dann stellte er sich neben die beiden Leute und kämpfte für sie, bis sie alle drei getötet wurden. Das Mädchen auf seinem tüchtigen Gaul entkam. Auch mein Vetter Schwer-zu-treffen vollbrachte eine kühne Tat und kam um. Er schoß allein auf eine Krähe zurück, die eben auf einen Lakota in einem Busch feuerte, und wurde getötet.

Die Stimme in den Wolken hatte die Wahrheit gesagt, und es schien, daß meine Kraft fortan ständig zunahm.

Als mein Vetter Schwer-zu-treffen umgekommen, war es meine Pflicht, seine Frau zu beschützen. Das tat ich; und in der Dunkelheit verloren wir die kleine Schar. Es regnete die ganze Nacht, und meines Vetters Frau weinte so laut, daß ich sie beschwichtigen mußte, denn ich befürchtete, es könnte sie ein Feind hören und uns hier entdecken.

Als wir am Morgen das große Lager erreichten, stimmten meine Verwandten die Klage um meinen Vetter Schwer-zu treffen an. Sie legten einander gegenseitig die Arme über die Schultern und wehklagten laut während des ganzen Tages, und ich mußte es ebenso tun. Ich ging umher und rief »howuh, howuh«, und wiederholte in einem fort: »Mein Vetter – er dachte so viel an mich, und ich dachte so viel an ihn, und jetzt ist er tot. Howuh, howuh!« Zwar hatte ich meinen Vetter recht gern gehabt, doch war mir nicht so zumute, daß ich den ganzen Tag hätte weinen mögen; aber das mußte ich nun, und es war eine anstrengende Aufgabe.

Wir blieben am Clay Creek in Großmutters Land diesen ganzen Sommer und während des ganzen Winters, in dem ich sechzehn Jahre alt wurde. Das war ein sehr kalter Winter: viele Schneestürme, wenig Wild zu finden; und nach einiger Zeit war das Papa [getrocknetes Fleisch], das wir im Sommer zubereitet hatten, aufgegessen. Es machte den Anschein, als müßten wir alle Hungers sterben, wenn wir nicht bald Wild fänden, und jedermann war sehr niedergeschlagen. Kleine Gruppen von Jägern zogen nach verschiedenen Richtungen aus, aber im Schneesturm ist nicht gut jagen. Mein Vater und ich gingen allein hinaus, und wir führten unsere Pferde durch den tiefen Schnee. Als wir am Little River Creek angekommen waren, machten wir aus unseren Büffelmänteln eine Schutzwand gegen den Fluß und zündeten ein Feuer an. An diesem Abend erblickte ich in einem hohlen Baum ein Kaninchen, und als ich vom Baum ein Stück weghackte, waren vier Kaninchen darin. Ich tötete sie alle, denn der Schnee war so tief, daß sie nicht flüchten konnten. Mein Vater und ich brieten sie, dann aßen wir alle vier, bevor wir schlafen gingen; denn es war schwer vorwärtszukommen im Schnee, und unsere Mägen waren lange leer geblieben.

Der Wind legte sich in der Nacht, und es war noch sehr kalt. Als ich dort in einem Büffelmantel lag, begann nicht weit von uns ein Präriewolf zu heulen, da wußte ich plötzlich, daß er etwas sagte. Es war nicht mit Worten, aber deutlicher und einfacher als mit Worten: »Zweibeiner«, meldete er, »auf dem Hügelkamm westlich von dir sind Büffel; aber zuerst wirst du dort noch zwei andere Zweibeiner sehen.«

Mein Vater war eingeschlummert, so weckte ich ihn und sagte: »Vater, ich habe einen Präriewolf rufen hören, daß dort auf dem Hügelkamm westlich von uns Büffel sind und daß wir zuerst noch zwei Leute da oben erblicken werden. Wir wollen früh dort hinauf gehen.«

Um diese Zeit war mein Vater gewahr geworden, daß ich eine besondere Kraft besaß, so glaubte er mir. Mit Tagesanbruch hob der Wind wieder an, und wir konnten nur eine kurze Strecke vor uns hinsehen, als wir am Morgen nach Westen ausrückten. Bevor wir auf dem Felskamm angelangt waren, sahen wir zwei Pferde, die aneinandergedrängt, den Schweif dem Wind zugekehrt, nur trübe sichtbar waren in dem wehenden Schnee. Mit gesenkten Köpfen standen sie am Waldrand. Als wir näher kamen, war da ein Zelt aus Büffelhäuten im Gebüsch errichtet, und darin fanden wir einen alten Mann und einen Knaben, die froren und hungrig und mutlos waren. Sie gehörten zu den Lakotas und waren froh, daß wir sie aufgefunden hatten; aber sie fühlten sich schwach, nachdem sie zwei Tage draußen gewesen und nichts gesehen hatten als Schnee. Wir lagerten mit ihnen dort im Gebüsch und stiegen alsdann zu Fuß auf den Felskamm hinauf; hier gab es viel Gehölz. Hinter einer Erhebung an einem geschützten Ort warteten wir, aber wir konnten nichts sehen; während des Wartens sprachen wir von den Leuten, die daheim verhungerten, und wir alle wurden traurig. Von Zeit zu Zeit ließ das Schneetreiben ein wenig nach, und es gab eine Lücke, durch die wir etwas weiter sehen konnten; dann war wieder alles verhängt. Während wir von unseren verhungernden Leuten sprachen, öffnete sich plötzlich der Schneedunst ein wenig, und wir sahen einen zottigen Bullenkopf aus dem Schneewirbel heraustauchen, oberhalb des Wechsels, der unter uns vorbei führte. Bald erschienen noch sieben andere mehr; darauf setzte der Schneesturm wieder ein und umhüllte uns dort. Sie sahen uns nicht und zogen mit dem Wind, so konnten sie uns auch nicht wittern.

Wir vier standen auf und sprachen Gelöbnisse nach den vier Teilen der Erde, indem wir sagten: »Haho! haho!« Dann holten wir unsere Pferde aus dem Wald, an der andern Seite des Hügelkamms, herbei und stellten uns am obern Ende der Spur auf, wo die mit dem Winde wandernden Büffel vorbeiziehen würden.

Die erwachsenen Männer wollten zuerst schießen, dann sollten wir Jungen den andern Büffeln folgen; doch die Männer waren vom Frost so erstarrt oder vielleicht auch aufgeregt, daß sie nur einen einzigen Büffel erlegten. Sie riefen »Hoka!«, und wir Jungen stießen gegen den zweiten Büffel vor; doch der Schnee wurde nun heftig vom Wind herangeweht, so daß der Wechsel verschwand. Als wir den Büffeln näher kamen, wurden sie darüber so erregt, daß sie umkehrten und brüllend gerade unter uns vorbeirannten. Damit bahnten sie einen guten Weg für unsere Pferde, und es war leichter, an sie heranzugelangen. Auf einmal sah ich den Büffel, den ich jagte, in einem dichten Schneewirbel verschwinden. Da wußte ich, daß alle in eine schneegefüllte Schlucht gefallen waren; doch zum Anhalten war es zu spät, und mein Pferd plumpste ihnen sogleich nach. So waren wir wieder beisammen – vier Büffel, mein Pferd und ich, alle strampelnd und um sich schlagend; doch gelang es mir, ein wenig auf die Seite zu kriechen. Ich hatte ein Repetiergewehr, das sie mir im Lager zurückgegeben hatten, damit tötete ich die vier Büffel der Reihe nach. Aber ich hatte meine Fausthandschuhe abgeworfen, und während des Schießens fror mir der Gewehrlauf an der Hand fest, derart, daß ein Stück Haut zurückblieb, als ich sie loszureißen versuchte.

Als ich zurückkehrte, hatte der andere Junge drei Büffel getötet, so daß acht Bisons um uns herum lagen. Es war noch Morgen, doch dauerte es fast den ganzen Tag, bis mein Vater und der andere alte Mann die Tiere zerlegt hatten. Ich konnte ihnen nicht helfen, meine Hände waren klamm. Wir häuften endlich alle Fleischstücke an einem Platz zusammen; darauf richteten wir im guten Schutz eines großen Felsens ein Lager, das Gebüsch und Gehölz umgaben, ein. Wir machten ein mächtiges Feuer und banden den Pferden unsere gegerbten Röcke um und gaben ihnen reichlich von der Rinde der Baumwollbäume am Fluß zu fressen. Die Fellröcke brauchten wir zu unserem eigenen Schutz. Hierauf hatten wir eine tüchtige Mahlzeit, und wir sangen und waren zufrieden.

Der Wind fiel, es wurde sehr kalt, weshalb wir das Feuer die ganze Nacht unterhalten mußten. In der Nacht hörte ich außerhalb unseres Schutzortes ein Winseln, und als ich nachsah, war es eine Anzahl Stachelschweine, die, zusammengedrängt, so nah herangekommen waren, als sie sich getrauten. Sie schrien vor Kälte. Wir verjagten sie nicht, denn sie taten uns leid.

Am nächsten Tage brachen wir zu Fuß vom Lager auf. Die Pferde waren mit so viel Fleisch beladen, wie sie tragen konnten. Die Reste bargen wir bei einem großen Baum, wo wir sie leicht wieder finden konnten. Wir rückten während des ganzen Tages nur langsam vor, denn der Schnee war tief, und es schien immerfort kälter zu werden. Gegen Sonnenuntergang des zweiten Tages erreichten wir das Lager, und die Leute waren froh, uns und all das Fleisch zu sehen. Einige andere Männer gingen später das von uns verborgene Fleisch holen.

Am Morgen nach unserer Heimkehr ging ich nach unsern Pferden sehen, die dort auf die Suche nach Baumwollbäumen gegangen waren. Fünf von ihnen waren erfroren. Eine schlimme Kälte herrschte, nachdem der Wind aufgehört hatte zu blasen.

Wir fühlten Heimweh nach unserem eigenen Land, wo wir so glücklich gewesen waren. Die alten Leute sprachen viel davon und von den guten Tagen, bevor die Unruhen gekommen. Zuweilen, wenn sie so sprachen, war es mir fast ums Weinen.

DIE ZWINGENDE FURCHT

ALS DIE Gewächse wiederum ihr zartes Antlitz zeigten, brachen zwei von unseren Familien auf nach unserem Land, wo wir einst glücklich zu sein pflegten. Wir hatten nur fünf Pferde bei uns, die andern waren alle vor Kälte umgekommen, und wir reisten zu Fuß; es war eine sehr regnerische Zeit. Nach einer Weile kamen wir an den All-Gone-Tree Creek. Wir gelangten am Nachmittag dorthin und lagerten daselbst, und ich dachte, nun das Gras gut sei, wolle ich die Pferde zur Weide führen. Als ich aber erst ein kleines Stück Weges gegangen, überkam mich plötzlich die seltsame Empfindung, und ich vernahm eine Stimme, die sagte: »Sei vorsichtig und merke auf! Du wirst etwas schauen!« Die Worte waren so deutlich, daß ich mich umblickte, um zu sehen, wer da sei; doch niemand war da. So band ich die Pferde gerade dort an, nicht weit vom Lager, und setzte mich nieder, um darüber nachzudenken. In einiger Entfernung vom Lager ragte eine große Hügelschroffe auf, die zwei Zacken hatte; ich ging dort hinüber und erkletterte eine der Höhen, da fand ich oben mehrere große Felsen verstreut. Zwischen diesen Felsen legte ich mich nieder und spähte überall in die Runde, konnte aber nichts entdecken. So fing ich an, mich zu fragen, ob ich bloß in seltsamen Gedanken war, als ich eine Stimme zu hören meinte.

Dann blickte ich zu der andern Zacke des Hügels, die in der Nähe lag, und dort waren zwei Männer im Begriffe, bäuchlings gegen den Gipfel hinaufzukriechen. Ich wußte, es waren Feinde, aber ich dachte, es seien Krähen; doch später erfuhr ich, daß es Schwarzfüße[78] waren. Ich legte mich so flach auf den Boden, wie ich nur konnte, und spähte um eine Felskante herum nach den zwei Männern. Sie kamen so nah, daß ich einen Felsstein hätte dort hinüberwerfen können, und ich sagte mir, hätte ich nur meine Flinte, ich könnte sie beide abtun. In der Nähe des Gipfels hielten sie an und krochen ein wenig weiter, um hinüber auf unsere Tipis im Tal zu schauen, wo die Frauen solche Mühe hatten, Feuer anzumachen mit dem feuchten Holz. Dann rutschte der erste zu dem zweiten hinüber, und beide sahen hinab. Ich konnte sie nun reden hören, da wußte ich, daß sie über einen Angriff berieten. Nach einiger Zeit krochen sie auf eine Abkürzung zurück, dort standen sie auf, rannten den Hügel hinab und waren verschwunden. Alsdann kroch auch ich auf die andere Seite der Schroffe und ging hinab. Unten angelangt, saß ich nieder und dachte an mein Gesicht. Ich begann zu den Geistern zu beten und sagte: »Großväter, es mag mir etwas geschehen. Aber ich will mich verlassen auf die Macht, die ihr mir gegeben. Hört mich und helft mir!« Hierauf rannte ich zu unseren Tipis hinüber und sagte den Leuten, daß wir sogleich fliehen müßten, denn ich hätte Feinde gesehen, die einen Angriff planten.

Wir waren in so kleiner Zahl, daß wir nicht erst unsere Tipis herunterzunehmen wagten, so rasch und in solcher Eile brachen wir auf. Wir mußten über den All-Gone-Tree Creek, und er war voll und rauschend von den großen Regenfluten. Darum schwammen zwei von uns Jungen hinüber mit Rohhaut-Stricken, welche die alten Frauen unter den Armen durch an sich befestigten, und wir zogen sie durch das tiefe Wasser; sie ertranken beinah, ehe wir sie herausziehen konnten, denn das Wasser war reißend. Unsere Pferde schwammen hinüber, und wir beeilten uns sehr mit den alten Leuten auf den Pferden.

Als wir nach Osten flohen, nahte von Westen hinter uns eine Donnerwolke, und ich wußte, daß sie zu unserem Schutze gekommen. Ich hörte, wie die Donnerwesen mir »Hey hey!« zuriefen. Die Wolke stand über uns und gab nicht viel Regen, doch war sie voller Blitze und Stimmen.

Wir waren noch nicht sehr weit gelangt, als es dunkelte und wir hinter uns in der Richtung unseres verlassenen Lagers Schüsse vernahmen. Wir dachten, die Feinde schössen in die Tipis, weil sie glaubten, wir schliefen darin. Es wurde sehr dunkel, denn die Donnerwolke mit den vielen Stimmen hing über uns, und wir zogen in Eile durch die Nacht hin. Nach einiger Zeit löste sich die Wolke auf und da war Tagesanbruch. Nun lagerten wir, um zu essen und zu schlafen.

Ich wußte nun besser als je, daß ich wirklich Kraft besaß, denn ich hatte zu den Großvätern um Hilfe gebetet, und sie hatten mich erhört und mir die Donnerwesen geschickt, um uns zu behüten und über uns zu wachen während unserer Flucht.

Nachdem wir gegessen und geschlafen, machten wir uns wieder auf den Weg und kamen zu einem Lager von Minneconjou-Leuten; mit diesen unseren Verwandten zogen wir zur Mündung des Poplar-River und überquerten den Missouri auf einem Feuerboot, das eben da war. Als wir hierauf eine Weile gejagt hatten, gingen wir zur Soldatenstadt am Ausfluß des Tongue River und lagerten dort mit andern unseres Volkes, die von den Reservationen weg in unser altes Land gewandert waren.

Die Soldaten nahmen uns unsere Gewehre ab und fast alle unsere Pferde; sie ließen uns bloß zwei Pferde für jedes Tipi.

Dort tanzten wir in dem Monat, der fett macht, einen Sonnentanz, und danach schien es mir, ich könne an nichts anderes mehr denken als an mein Gesicht. Ich war sechzehn Jahre alt und ein wenig darüber, aber ich hatte noch nichts von dem getan, was die Großväter von mir getan haben

wollten, jedoch hatten sie mir geholfen. Ich wußte nicht, wie ich tun sollte, was zu tun sie von mir verlangten.
Eine schreckliche Zeit begann jetzt für mich, und ich konnte niemandem, nicht einmal Vater und Mutter etwas sagen. Ich fürchtete mich, wenn ich eine Wolke aufsteigen sah; und wenn immer dies geschah, hörte ich die Donnerwesen, die mir zuriefen: »Siehe deine Großväter! Spute dich!« Ich konnte die Vögel verstehen, wenn sie sangen, und immer sagten sie: »Es ist Zeit! Es ist Zeit!« Die Raben am Tag und die Präriewölfe in der Nacht, alle riefen und riefen mir zu: »Es ist Zeit! Es ist Zeit!«
Zeit wozu? Ich wußte es nicht. Wann immer ich vor Tagesanbruch erwachte und das Tipi verließ, weil ich mich vor der Stille, wenn alles schlief, fürchtete, dann sprachen im Osten viele leise Stimmen, und der Morgenstern sang in die Stille dieses Lied:

»In heiliger Weise sollst du gehn!
Dein Volk soll auf dich schauen!«

Ich konnte mich jetzt nicht mit Menschen abgeben; so nahm ich mein Pferd und ritt allein weit vom Lager hinweg. Jedes Ding brachte ich auf Erden und im Himmel in Vergleich zu meinem Gesicht. Raben sahen mich, und einer rief dem andern zu, wie wenn sie sich über mich lustig machten: »Seht ihn! Seht ihn!«
Als die Fröste begannen, war ich froh, denn nun würde es lange Zeit keine Gewitter mehr geben, und vor diesen hatte ich mich immer mehr gefürchtet, denn beständig hörte ich, wie sie mir zuriefen: »U-uhey! Es ist Zeit! Es ist Zeit!« Während der Winterzeit brauchte ich mich viel weniger zu fürchten, aber mitunter war es doch schlimm genug.

Zuweilen füllte mich das Schreien der Präriewölfe mit Entsetzen, und dann rannte ich von einem Tipi in das andere, und tat dies solange, bis ich vor Erschöpfung hinfiel und in Schlaf sank. Ich fragte mich, ob ich vielleicht bloß wahnsinnig sei; und Vater und Mutter waren sehr bekümmert meinethalben. Sie sagten: »Es ist die merkwürdige Krankheit, die er seit jener Zeit hat, da wir Wirbelwind-Jäger für seine Behandlung das Pferd gegeben; und er ist nicht geheilt.« Ich konnte ihnen nicht sagen, was der Grund war; sie hätten mich für verdrehter gehalten als je.

In diesem Winter war ich siebzehn Jahre alt.

Als die Gewächse wiederum begannen, ihr zartes Gesicht zu zeigen, ließen Vater und Mutter einen alten Medizinmann namens Schwarzer Weg [Black Road] kommen, damit er sehe, was er für mich tun könne. Schwarzer Weg saß mit mir allein in einem Tipi, und er sagte mir, ich möge ihm berichten, ob ich irgend etwas gesehen habe, das mich verwirrte. Aber jetzt hatte ich so sehr Angst, mich vor allem fürchten zu müssen, daß ich ihm alles von meinem Gesicht erzählte, und als ich damit fertig war, blickte er mich lange an und sagte dann: »Ah-h-h-h!« womit er andeutete, daß er sehr überrascht sei. Darauf erklärte er: »Neffe, ich weiß, wo die Störung liegt! Du mußt tun, was das rehbraune Pferd in deinem Gesicht wünschte. Du mußt deine Pflicht tun und dieses Gesicht für dein Volk auf Erden verwirklichen. Du mußt zuerst den Pferdetanz ausführen, dem Volke sichtbar. Alsdann wird die Furcht dich verlassen; tust du dies aber nicht, wird dir etwas sehr Schlimmes zustoßen.«

Also begannen wir, uns für den Pferdetanz vorzubereiten.

Da war ein Mann mit Namen Bär singt [Bear sings]; der war sehr alt und weise. Darum bat ihn Schwarzer Weg, ihm zu helfen; und er half.

Zunächst schickte er am Morgen einen Ausrufer herum, der die Leute anwies, sich an einem bestimmten Platz, ein kleines Stück oberhalb des Tongue-River, wo die Soldaten waren, im Kreise zu lagern. Das taten sie, und in der Mitte des Kreises stellten Bär singt und Schwarzer Weg ein heiliges Tipi aus Büffelleder auf. Darauf malten sie Bilder aus meinem Gesicht. Auf der Westseite malten sie einen Bogen und eine Schale mit Wasser; auf der Nordseite weiße Gänse und Gras; auf der Ostseite den Morgenstern und die Pfeife; auf der Südseite den blühenden Stock und den Ring des Volkes. Sie malten dazu auch Pferde, Hirsch und Büffel. Dann malten sie über dem Eingang des heiligen Tipis den flammenden Regenbogen. Sie hatten den ganzen Tag damit zu tun; und es war schön.

Sie sagten mir, ich dürfe nicht essen, bis der Pferdetanz vorüber sei, und ich müsse mich reinigen in einem Schwitzzelt, dessen Boden mit Salbei[79] bestreut sei; doch nachher müsse ich mich mit Salbei trockenreiben. Diese Vorschriften sollten ganz genau beachtet werden.

Am selben Abend hatte ich gemäß der Anweisung von Schwarzem Weg und von Bär singt in das bemalte Tipi zu kommen. Wir waren dort allein und niemand wagte sich als Lauscher in unsere Nähe. Sie fragten mich, ob ich in meinem Gesicht Lieder gehört habe; habe ich solche gehört, dann solle ich ihnen diese beibringen. Während wir singend dort innen saßen, hörten wir draußen leisen Donner über

das Dorf hin rollen, und wir wußten, die Donnerwesen freuten sich und kamen uns zu Hilfe.
Mein Vater und meine Mutter hatten uns gleichfalls geholfen, indem sie alles auftrieben, was wir für den Tanz benötigten. Am Morgen hatten sie die Dinge beisammen. Vier schwarze Pferde, um den Westen darzustellen; vier weiße Pferde für den Norden; vier Rotfüchse für den Osten; vier Rehbraune für den Süden. Für diese alle waren junge Reiter ausgewählt worden. Auch stand da ein rehbraunes Pferd, das ich reiten sollte wie in meinem Gesicht. Vier der schönsten Mädchen des Dorfes waren ihrer Rollen gewärtig und sechs sehr alte Männer hatten die Großväter zu vertreten.
Jetzt war es Zeit, sich zu bemalen und für den Tanz herzurichten. Die vier Mädchen und die sechzehn Pferde stellten sich alle dem heiligen Tipi gegenüber auf. Schwarzer Weg und Bär begannen darauf, ein Lied zu singen, und alle andern sangen mit:

»Vater, male mir Erde an!
Vater, male mir Erde an!
Ein Volk will ich übergeben.
Ein zweibeinig Volk will ich heilig machen.
Vater, male mir Erde an!«

Danach wurde die Bemalung vorgenommen.
Die vier Schwarzpferd-Reiter wurden ganz schwarz angemalt, mit blauen Blitzstreifen auf ihren Armen und Beinen, mit weißen Hageltupfen auf den Hüften; und blaue blitzartige Streifen waren auf den Beinen ihrer Pferde.
Die Weißpferd-Reiter wurden ganz weiß angemalt, mit roten Blitzstreifen auf ihren Armen und Beinen; und auf den Beinen ihrer Pferde waren Streifen von rotem Blitz,

und alle die weißen Reiter trugen Büschel aus weißem Roßhaar auf dem Kopf, damit sie aussähen wie Gänse.
Die Reiter auf den Rotfüchsen aus dem Osten waren ganz rot angemalt mit geraden schwarzen Blitzlinien auf ihren Gliedern und über ihrer Brust; und ein gerader schwarzer Blitz war auch auf den Gliedern und der Brust ihrer Pferde.
Die Reiter auf den Rehbraunen aus dem Süden wurden ganz gelb angemalt und mit schwarzen Blitzen gestreift. Die Pferde waren von den Knien abwärts schwarz, und schwarze Blitzstreifen waren auf dem obern Teil ihrer Beine und auf ihrer Brust.
Mein rehbraunes Pferd hatte rote Blitzstreifen auf seinen Gliedern. Auf seinem Rücken aber, wo ich saß, war ein gefleckter Adler mit ausgespannten Flügeln gemalt. Ich war ganz rot bemalt, mit schwarzen Blitzen auf meinen Gliedern, und trug eine schwarze Maske. Über meiner Stirn hing eine einzige Adler-Feder.
Die Pferde und die Männer sahen in ihrer Bemalung schön aus, aber auch schrecklich.
Die Männer waren nackt bis auf das Gürteltuch, aber die vier Mädchen trugen scharlachgefärbte Wildlederkleider, und auch ihre Gesichter waren scharlachrot bemalt. Ihr Haar war geflochten, und sie trugen um ihre Stirnen Zweige des süßen und reinigenden Salbei. Vom Zweig über der Stirn hing vorn eine Adlerfeder herab; sie waren sehr schön anzuschauen.
Während dieser ganzen Zeit saß ich mit den sechs Großvätern in dem heiligen Tipi, und auch die vier geheiligten Jungfrauen blieben darin. Draußen war niemand, der mich zu sehen begehrte, bis der Tanz begann.
In der Mitte des Tipis zogen die Großväter einen Kreis auf

der Erde, und durch diesen hindurch malten sie zwei Wege: einen roten, nordsüdlich verlaufend, und einen schwarzen von Ost nach Westen. Westlich davon stellten sie eine Schale mit Wasser auf, darüber ein kleiner Bogen mit Pfeil gelegt wurde; auf der Ostseite malten sie den Morgenstern. Hierauf gaben sie dem Mädchen, das den Norden darstellte, das heilende Kraut zu tragen und einen weißen Gänseflügel, den reinigenden Wind. Dem vom Osten gaben sie die heilige Pfeife, dem vom Süden den blühenden Stab; und dasjenige, das den Westen vertrat, erhielt den Reifen des Volkes. Also hielten die vier guten und schönen Mädchen das Leben des Volkes in ihren Händen.

Alles, was ich trug, war ein roter Stock, der den heiligen Bogen darstellte, die Macht der Donnerwesen des Westens. Wir waren zum Tanze bereit. Die sechs Großväter begannen zu singen und kündigten die Reiter der verschiedenen Weltgegenden an. Zuerst sangen sie von den Schwarzpferd-Reitern:

»Sie werden erscheinen — magst du sie schauen!
Sie werden erscheinen — magst du sie schauen!
Ein Pferdevolk erscheint.
Ein Donnerwesen-Volk erscheint.
Sie werden erscheinen, schau!
Sie werden erscheinen, schau!«

Dann bestiegen die schwarzen Reiter ihre Pferde und standen, vier nebeneinander, das Gesicht dem Ort zugekehrt, wo die Sonne niedergeht.

Und weiter sangen die sechs Großväter:

»Sie werden erscheinen — magst du sie schauen!
Ein Pferdevolk wird erscheinen, schau!
Ein Gänsevolk wird erscheinen, schau!«

Dann stiegen die vier weißen Reiter auf und standen nebeneinander, mit dem Gesicht gegen den Ort, wo der Riese wohnt[80].

Und weiter sangen die sechs Großväter:

»Wo die Sonne ständig strahlt, werden sie erscheinen!
Ein Büffelvolk, werden sie erscheinen, schau!
Ein Pferdevolk, werden sie erscheinen, mögest du schauen!«

Dann stiegen die roten Reiter auf und standen, vier nebeneinander, mit dem Gesicht nach Osten.

Und weiter sangen die Großväter:

»Da wo ihr alle hinblickt, wird ein Hirschvolk erscheinen!
Mögt ihr schauen!
Ein Pferdevolk erscheint;
Schaut!«

Die vier gelben Reiter bestiegen ihre Rehbraunen und standen, vier nebeneinander, das Gesicht gegen Süden.

Nun war es für mich an der Zeit, aus dem heiligen Tipi herauszutreten; doch ehe ich dies tat, sang ich zum Trommelschlag der Großväter dieses Lied:

»Er wird erscheinen, magst du ihn schauen!
Ein Adler wird für das Adlervolk erscheinen;
Mögest du schauen!«

Während ich in dem heiligen Tipi dieses sang, hörte ich draußen mein Pferd sich bäumen und schnauben. Die Jungfrauen gingen hinaus, vier nebeneinander, und ich folgte ihnen, stieg auf mein Pferd und stellte mich hinter sie, das Gesicht gegen Westen.

Jetzt kamen auch die sechs Großväter heraus und standen,

Seite an Seite, hinter meinem Rehbraunen, auch sie begannen ein rasches lebhaftes Lied zur Trommel zu singen, das klang so:

»Sie tanzen.
Sie kommen, dich zu schauen.
Das Pferdevolk des Westens tanzt!
Sie kommen um zu schauen!«

Darauf sangen sie das gleiche von den Pferden des Nordens und des Ostens und des Südens. Und wie sie der Reihe nach für jede Gruppe sangen, da gab es eine Schwenkung und die Reiter nahten und stellten sich hinter die Großväter; die Schwarzen, die Weißen, die Rotfüchse und die Rehbraunen standen zu vieren nebeneinander und schauten nach Westen. Sie kamen sich bäumend, stolzierend, zum lebhaften Klang des Großväter-Liedes, und sie bäumten sich noch, als sie in der Reihe standen. Und während dieser ganzen Zeit erhob sich und tänzelte auch mein Rehbrauner zum heiligen Liede.

Jetzt, als wir alle in der Reihe standen und nach Westen blickten, sah ich zu einer dunklen Wolke, die dort heraufzog. Die Menschen wurden alle schweigsam, und die Pferde wurden ruhig. Als dann nichts mehr zu hören war – nur ein leises Donnern dort drüben –, schickte ich eine Stimme zu den Geistern der Wolke; ich streckte dabei meine rechte Hand aus, das Innere nach oben, und rief viermal:

»Hey-a-a-hey! hey-a-a-hey! hey-a-a-hey! hey-a-a-hey!«

Dann sangen die Großväter hinter mir ein anderes heiliges Lied aus meinem Gesicht, jenes, das so lautet:

»In der Mitte der Erde, schau einen Vierbeiner!
Dies haben sie mir gesagt!«

Als sie sangen, geschah etwas Merkwürdiges. Mein Rehbrauner spitzte die Ohren, hob seinen Schweif, stampfte auf die Erde und wieherte lange und laut in der Richtung, wo die Sonne untergeht. Und die vier schwarzen Pferde erhoben ihre Stimmen, wieherten lange und laut, und die weißen und die fuchsroten und die rehbraunen taten dasselbe; und alle andern Pferde im Dorf wieherten, und sogar diejenigen, welche im Tale und auf den Hügelrücken grasten, reckten die Köpfe und wieherten zusammen. Und dann plötzlich, als ich so auf die Wolke schaute, erblickte ich dort wieder mein Gesicht: das aus Wolke gebaute, mit Blitz genähte Tipi, den Eingang aus flammenden Regenbogen. Alle Pferde standen gedrängt in ihren Himmelsgegenden; und da war auch ich selbst auf meinem Rehbraunen vor dem Tipi. Ich konnte erkennen: was wir da taten, das war wie ein Schatten von jenem Gesicht im Himmel auf die Erde geworfen. Ich wußte, die Wirklichkeit war dort und der trübe Traum davon spielte hier.
Wie ich schaute, hielten die sechs Großväter dort oben in der Wolke, auch alle die Reiter, die Rosse und ich selbst dort auf dem Rehbraunen, ihr Handinneres mir zugestreckt, und als sie dies taten, mußte ich beten, und so rief ich:

»Großväter, ihr seht mich!
Geister der Welt, ihr seht!
Was ihr mir gesagt habt, das führe ich nun aus!
Hört mich und helft mir!«

Dann verschwand das Gesicht, und die Donnerwolke kam mit Blitzschein vor sich her mit vielen Stimmen, und die spaltschwänzigen Schwalben schossen in einem Schwarm um uns herum.

Die Leute im Dorf rannten, um ihre Tipis festzubinden, indessen die Schwarzpferd-Reiter zu den Trommeln sangen, die wie Donner rollten; und das ist es, was sie sangen:

»Ich selber machte sie fürchten,
Ich selbst, ich trug ein Adler-Sinnbild,
Ich selber machte sie fürchten,
Ich selbst, eine Blitzgewalt trug ich.
Ich selber machte sie fürchten,
Machte sie fürchten.
Des Hagels Macht trug ich.
Ich selber machte sie fürchten,
Machte sie fürchten.
Seht mich!«

Und als sie sangen, da fielen Hagel und Regen, gerade in einiger Entfernung von uns, und wir konnten es sehen; doch die Wolke stand und leuchtete und donnerte, und uns traf nur ein gelinder Schauer. Die Donnerwesen freuten

sich und waren in großer Schar gekommen, um den Tanz zu sehen.
Jetzt hielten die vier Jungfrauen die heiligen Gegenstände hoch, die sie mit sich führten: das Kraut und die weiße Schwinge, die heilige Pfeife, den blühenden Stab, den Reifen des Volkes; und sie boten diese den Geistern des Westens dar. Darauf kamen kranke oder betrübte Menschen zu den Jungfrauen mit einer Opfergabe: kleinen scharlachroten Beuteln mit Tschanschascha, der Rinde der roten Weide[81]. Und nachdem sie dies vollbracht, fühlten sich alle besser, einige waren sogar von ihrer Krankheit geheilt; und sie begannen, vor Freude zu tanzen.
Jetzt schlugen die Großväter aufs neue ihre Trommeln; und das war des Tanzes Anfang. Die vier schwarzen Reiter, die hinter den Großvätern gestanden, rückten an die Spitze der Jungfrauen, ritten nach der Westseite des umzingelnden Dorfes, und alle die andern folgten in der ihnen gemäßen Ordnung, während die Pferde stolzierten und sich hochbäumten.
Als der schwarze Reitertrupp die Westseite erreicht hatte, machte er eine Schwenkung und ging zurück bis hinter die Rehbraunen, sodaß die weißen Pferde führten; als der Zug die Nordseite des Dorfes erreicht hatte, ging der weiße Reitertrupp zurück ans Ende, hinter die Schwarzen, und die Fuchsroten führten, bis sie den Osten erreicht hatten; dann kehrten sie um und bildeten den Nachtrab hinter den Weißen, so daß die Rehbraunen vorne waren, bis diese den Süden erreichten und hinter den Fuchsroten zurücktraten; und so führten die Schwarzen wieder, wie zuvor bis zum westlichen Weltteil, welcher der ihrige war. Jedesmal erreichte die führende Pferdegruppe ihren Weltteil, und die

sechs Großväter besangen die Kräfte dieses Weltteils[82]. Diesem aber kehrte mein Rehbrauner sich zu, mit gespitzten Ohren und laut wiehernd, bis alle andern Pferde ihre Stimmen wiehernd erhoben.

Als ich so dem Norden zugewandt war, schickte ich eine Stimme und sagte: »Großvater, sieh mich! Was du mir gabst, das habe ich dem Volke gegeben: die Kraft des heilenden Krautes und des reinigenden Windes. So ist mein Volk geweiht. Höre mich und hilf mir!«

Und als wir den Osten erreicht hatten, nachdem die Großväter gesungen, schickte ich diese Stimme: »Großvater, sieh mich! Mein Volk, in Mühsal zieht es dahin. Gib ihm Weisheit und führe es. Höre mich und hilf mir!«

Zwischen jedem Weltteil, während wir schritten und tanzten, sangen wir alle zusammen:

»Ein Pferdevolk hin über die ganze Welt,
Wiehernd, sie kommen!
Sich bäumend, sie kommen!
Mögest du sie sehen!«

Als wir den Süden erreicht hatten und die Großväter die Gewalt des Wachstums besangen, blickte mein Pferd nach jener Richtung und wieherte wiederum, und alle Pferde erhoben ihre Stimmen, wie zuvor. Und dann betete ich mit erhobener Hand: »Großvater, du gabst mir den blühenden Stab, und des Volkes heiligen Ring gab ich meinen Leuten. Höre mich, der du die Macht hast, wachsen zu lassen! Führe das Volk, möge es gleich Blüten sein an deinem heiligen Baume, und laß es gedeihen tief in Mutter Erde, und mach es voller Blätter und singender Vögel!«

Dann einmal mehr führten die Schwarzen, und als wir gegen den westlichen Weltteil schritten und sangen und tanzten, füllte sich die schwarze Hagelwolke, die noch immer betrachtend dort stand, mit Stimmen, die riefen: »Hey-hey; Hey-hey!« Sie jubelten und freuten sich darüber, daß das Werk getan ward. Und alle Leute waren froh und freudig und schickten Stimmen zurück: »Hey-hey!« auch alle Pferde wieherten und freuten sich mit den Geistern und den Leuten.

Viermal schritten und tanzten wir um den Kreis des Dorfes, singend während des Gehens; die Führung wechselte bei den verschiedenen Weltteilen, die sechs Großväter besangen die Macht eines jeden, und zu jedem schickte ich eine Stimme. Und bei einem jeden, wenn wir anhielten, kam jemand, der krank oder traurig war, zu den Jungfrauen mit der Opfergabe, den scharlachroten Beuteln mit Tschanschascha. Und wenn das Opfer dargebracht war, dann fühlte der Spender sich wohler und fing an, vor Freude zu tanzen.

Und bei der zweiten Runde schlossen sich viele Leute mit ihren Pferden dem Tanze an, kreisend und kreisend um die sechs Großväter und die Jungfrauen, während wir den Tanz ausführten. Und immer mehr Leute stiegen auf ihre Pferde und umringten uns, bis wir schließlich von einem Wirbel sich bäumender Pferde umzogen waren, und alle andern tanzten hinter uns zu Fuß, und jedermann sang uns nach, was wir sangen.

Als wir zum viertenmal den Weltteil des Westens erreichten, hielten wir an, um uns in neuer Ordnung aufzustellen, das Gesicht dem heiligen Tipi in der Mitte des Dorfes zugekehrt. Zuvorderst standen die Jungfrauen, dann ich auf dem Rehbraunen; hierauf kamen die sechs Großväter mit acht Reitern auf jeder Seite: die Rotfüchse und die Rehbraunen auf ihrer Rechten, die Schwarzen und die Weißen auf ihrer Linken. Und als wir so aufgestellt waren, rief der älteste von den Großvätern, er, welcher der Geist des Himmels war: »Alles Volk soll bereit sein! Er wird viermal eine Stimme schicken, und bei der letzten Stimme werdet ihr vorrücken und das heilige Tipi berühren, und wer es mit dem ersten Schlag trifft, wird neue Kraft gewinnen![83]«

Alle Reiter waren auf den Vorstoß begierig, und sogar die Pferde schienen zu begreifen und hoben die Beine und versuchten loszukommen. Da erhob ich meine Hand, rief »hey-hey« viermal, und beim vierten Mal schrien alle Reiter »hoka-hey«, und stürmten auf das Tipi los. Mein Pferd war mitten unter all den andern, doch viele stürmten mir voraus, und viele führten vor mir den Schlag auf das Tipi. Darauf wurden alle Pferde mit der heiligen Salbei abgerieben und weggeführt. Dann betraten wir das Tipi, um zu sehen, was sich dort während des Tanzes ereignet haben mochte. Die Großväter hatten den Ring des Volkes, den sie mit roten und schwarzen Wegen durchzogen hatten, mit frischer Erde bestreut, und überall um diesen kleinen Kreis herum sahen wir die Eindrücke von kleinen Pony-Hufen, als hätten hier die Geisterpferde getanzt, während wir tanzten.

Jetzt nahm Schwarzer Weg, der mir bei der Ausführung des Tanzes geholfen, die heilige Pfeife aus den Händen der Jungfrau vom Osten. Nachdem er sie mit Tschanschascha, der Rinde der roten Weide, gefüllt, zündete er sie an, bot sie den Mächten der Welt dar, und schickte diese Stimme:

»Großväter, ihr dort, wo die Sonne niedergeht, ihr und der heilige Wind, wo der weiße Riese wohnt, ihr, wo der Tag heraufkommt und der Morgenstern, ihr, wo die Gewalt des Wachstums wohnt, ihr vom Himmel und ihr von der Erde, Vögel der Luft und Vierbeiner der Erde, seht her! Ich, ich selbst mit meinem Pferdevolk habe vollbracht, was ich auf Erden zu tun gehabt. Euch allen biete ich diese Pfeife dar, auf daß mein Volk lebe!«

Hierauf rauchte er und gab die Pfeife weiter. Sie machte die Runde durch das ganze Dorf, bis ein jeder wenigstens einen Zug getan hatte.

Nachdem der Pferdetanz vorüber war, schien es mir, als sei ich über der Erde und berühre sie beim Gehen nicht. Ich fühlte mich sehr froh, denn ich erkannte, daß alle meine Stammesgenossen glücklicher waren. Viele drängten sich um mich und sagten: sie oder ihre Verwandten, die krank gewesen, fühlten sich wieder wohl, und diese brachten mir viele Geschenke. Selbst die Pferde schienen gesunder und munterer nach diesem Tanz.

Die Furcht, die mich so lange beherrscht, war vergangen, und wenn die Donnerwolken erschienen, fühlte ich mich jedesmal glücklich, sie zu sehen, denn sie nahten nun als Verwandte, mich zu besuchen. Alles schien nun gut und schön und freundlich.

Vordem wollten die Medizinmänner nicht mit mir sprechen, aber jetzt kamen sie zu mir, um etwas über mein Gesicht zu vernehmen.

Von dieser Zeit an stand ich stets sehr früh auf, um den Aufgang des Morgensterns zu sehen. Die Leute wußten dies, und manche von ihnen erhoben sich mit mir, um ihn zu erwarten, und wenn er kam, dann sagten wir: »Sieh den Stern des Verständnisses!«

WIR BLIEBEN dort in der Nähe der Mündung des Tongue-River bis zum Ende des Monats, der fett macht [Juni]. Dann sagte uns der Häuptling der Soldaten, daß wir nicht in diesem Land bleiben könnten, weil wir es verkauft hätten und es nicht mehr uns gehöre. Zwar hatten wir es nicht veräußert; aber die Soldaten nahmen uns alles, was wir an Pferden und Gewehren noch besaßen. Sie verluden uns auf ein großes Feuerboot, das uns den Yellowstone und den Missouri hinab nach Fort Yates brachte. Hier setzten sie uns ab und brachten uns in eine neue Reservation, die sie für die Lakotas eingerichtet hatten. Viele von Sitzenden Stiers und Galls Leuten befanden sich dort, doch Gall und Sitzender Stier selbst waren noch in Großmutters Land. Die Soldaten nahmen allen unsern Leuten die Ponies weg, indem sie sagten, der Große Vater zu Washington werde uns dafür bezahlen; aber wenn er dies je getan, so habe ich doch nie etwas davon gehört. Ich vernahm, daß mein eigener Stamm, die Ogalalla, in das Land zurückgeholt worden waren, wo wir uns jetzt befinden. Da sagte ich mir, ich müsse dorthin gehen und meiner Pflicht genügen. Also machte ich mich in dem Monat, wenn die Pflaumen rot sind [September], mit drei andern auf. Wir mußten zu Fuß gehen und führten als Waffen nur Bogen und Pfeile.

Die Brûlés waren, während ich in Großmutters Land weilte, an den Ort gebracht worden, wo sie jetzt wohnen, am Rosebud Creek. Wir wollten zuerst zu ihnen, und wir lagerten siebenmal unterwegs.

Eines Abends überquerten wir den Smoky Earth River

[den Weißen] und lagerten an seinem Südufer. Wir rasteten bei einem Pflaumendickicht, und die Pflaumen waren reif; das war alles, was wir zu essen hatten. Ein Felshügel befand sich in der Nähe, ich bestieg ihn allein und legte mich dort hin mit dem Gesicht nach Sonnenuntergang. Es war ein klarer, windstiller Abend, und es schien, als ob jedes Ding gespannt auf etwas lausche. Als ich dort hinüber blickte, fühlte ich, daß jemand mit mir sprechen wollte. Also stand ich auf und begann das erste Lied aus meinem Gesicht zu singen, jenes, das die zwei Geister mir vorgesungen hatten:

»Merk auf, dich ruft eine heilige Stimme;
Den ganzen Himmel füllt die heilige Stimme.«

Während dieses Liedes kamen plötzlich die beiden Männer aus meinem Gesicht zu mir, den Kopf voran, schräg aus dem Sonnenuntergang herniedergefahren. Sie zeigten mit ihren Bogen auf mich; dann hielten sie an und standen, erhoben die Bogen über ihren Häuptern und blickten mich an. Sie sprachen nicht, doch fühlte ich, was sie wollten, nämlich: daß ich mit der Kraft, die sie mir in jenem Gesichte verliehen, nun meine Aufgabe unter den Ogalalla erfüllen solle. Ich stand dort und sang ihnen zu, und danach kehrten sie sich ab und fuhren, Kopf voran, wie fliegende Pfeile in den Sonnenuntergang zurück.

Als ich wieder bei unserer kleinen Gruppe am Pflaumendickicht angekommen war, fragten mich die Leute, die von meiner Kraft wußten und meine Stimme auf dem Felsen gehört hatten, was ich dort gesehen. Ich sagte ihnen, daß ich bloß einigen mir in der jenseitigen Welt bekannten Leuten zugesungen habe.

Nur kurze Zeit blieb ich bei den Brûlés am Rosebud Creek, und ging dann dorthin, wo die Uaschitschun für die Ogalalla Pine Ridge Agency erbauten. Unsere Leute nannten es den Sitz der Roten Wolke, oder den Ort-wo-über-alles-gestritten-wird. Dort blieb ich, und in diesem Winter, in dem Monat der Platzenden Bäume, wurde ich achtzehn Jahre alt[84].

Das war ein langer harter Winter, und ganz wie eine endlose Nacht, in der ich lag und wartete und wartete und auf den Tagesanbruch wartete, und nun waren die Donnerwesen für mich wie Verwandte. Als der Frost kam, waren sie gegangen. Sie sollten nicht zurückkehren, bis die Gewächse ihre zarten Gesichter wieder zeigten. Ohne sie fühlte ich mich verloren, und ich war allein dort unter meinem Volk. Sehr wenige von ihnen hatten den Pferdetanz gesehen oder wußten etwas von meinem Gesicht und der Kraft, die es mir gab. Sie schienen schwer, schwer und dunkel; aber sie konnten nicht wissen, daß sie schwer und dunkel waren. Ich fühlte sie wie eine mir aufgelegte große Last; doch wenn ich mein ganzes Gesicht wieder überdachte, dann liebte ich diese Last und fühlte Mitleid mit meinem Volk. Und jetzt, wenn ich um mich mein Volk in Verzweiflung sehe, möchte ich weinen, und ich wünschte, mein Gesicht wäre einem Würdigeren zuteil geworden. Ich frage mich, warum ich es besitze; ich, ein jammervoller alter Mensch, der nichts vermag. Männer und Frauen und Kinder habe ich von Krankheit geheilt, mit der Kraft, die mein Gesicht mir verliehen; meinem Volk aber konnte ich nicht helfen. Wenn ein Mann, eine Frau oder ein Kind stirbt, so hat das nicht lange viel zu bedeuten, denn das Volk lebt weiter. Es war jedoch das Volk, das hinstarb, und das Gesicht war

für das Volk bestimmt, aber ich habe nichts dafür getan. Als ich noch jung war, da fühlte ich mich von der Kraft ganz erfüllt, und es schien mir, mit der Hilfe der ganzen jenseitigen Welt zusammen könnte ich alles tun.
Ich hatte einen guten Anfang gemacht, um meine Pflicht gegen die Großväter zu erfüllen, aber es sollte noch viel mehr getan werden; und so war der Winter wie ein langes Warten auf den Tagesanbruch.
Als die Gewächse wieder ihre Gesichter zeigten, war ich glücklich, denn ich konnte die Donnerwesen auf die Erde kommen hören, und ich vernahm die Stimme: »Es ist Zeit, das Werk deiner Großväter zu vollbringen.«
Nach dem langen Warten dieses Winters war es meine erste Aufgabe, hinzugehen und zu wehklagen[85]. Dazu machte ich mich nach dem ersten Regensturm bereit.
Will man wehklagen gehen, ist es nötig, sich als Helfer einen weisen alten Medizinmann zu suchen, der gelassen und gütig ist. Er muß die Pfeife füllen und sie den sechs Mächten darbieten und den Vierbeinern und den Vögeln in der Luft, und er muß alles überwachen. Da war nun ein solcher weiser und alter Medizinmann mit dem Namen Wenig Schweife (Few Tails). Er hieß mich zuerst vier Tage fasten, auch durfte ich während dieser Zeit nur Wasser zu mir nehmen. Dann, nachdem er die Pfeife dargeboten, mußte ich mich in einer Schwitzhütte reinigen. Wir stellten sie her, indem wir Weidenzweige im Rund in die Erde steckten und nach innen niederbogen, so daß eine gewölbte Kuppe entstand. Über diese banden wir eine Büffelhaut. In die Mitte legten wir heiße Steine; und als ich im Zelte saß, goß Wenig Schweife Wasser auf die Steine. Während ich mich so der Reinigung unterzog, sang ich zu den Gei-

stern. Danach rieb mich der alte Mann mit der heiligen Salbei ein; er flocht sodann mein Haar, und ich war nackt. Nur ein Büffelfell besaß ich, um es mir überzuwerfen, wenn ich in der Nacht zum Großen Geist klagte; denn obschon die Tage warm waren, die Nächte blieben immer noch kalt. Ich hatte sonst nichts bei mir als die heilige Pfeife.

Zum Wehklagen ist es nötig, daß man sich von den Leuten weit entfernt; darum brachen Wenig Schweife und ich von Pine Ridge nach der Gegend auf, wo wir uns jetzt befinden[86].

Wir kamen zu einem Hügel, ganz nahe bei Grass Creek, der etwas westlich von hier liegt. Niemand war da außer dem alten Mann und mir und dem Himmel und der Erde. Dennoch war der Ort dicht bevölkert, denn die Geister wohnten hier.

Die Sonne neigte sich zum Untergang, als wir den Hügel erreichten, und der alte Mann half mir, den Ort zuzubereiten, wo ich mich niederlassen sollte. Wir gingen an die höchste Stelle des Hügels und heiligten dort den Boden, indem wir ihn mit Salbei einrieben. Dann steckte Wenig Schweife einen blühenden Stab in die Mitte des Platzes und westlich, nördlich, östlich und südlich von ihm legte er Opfergaben von roter Weidenborke, in kleine rote Bündel von scharlachenem Leder verpackt, nieder.

Wenig Schweife erklärte mir nun, was zu tun sei, damit die Geister mich erhörten, und auf daß mir meine nächste Aufgabe verständlich werde. Ich mußte in der Mitte stehen, rufend und um Erhörung flehend; danach mußte ich von der Mitte nach dem westlichen Weltteil vorrücken und dort einige Zeit klagen; dann in die Mitte zurückkehren, und von da den nördlichen Weltteil angehen, dort klagen und beten und so fort, im ganzen Kreise. Die ganze Nacht hindurch sollte ich das tun.

Nun war es für mich an der Zeit, mit der Klage zu beginnen, und so zog sich Wenig Schweife zurück und ließ mich allein auf dem Hügel bei den Geistern und dem sterbenden Licht.

In der Mitte des heiligen Ortes stehend und den Sonnenuntergang vor Augen, begann ich zu schreien, und ich hatte zu rufen: »O Großer Geist, nimm meine Gaben an! O mache, daß ich verstehe!«

Als ich so schrie und dieses sagte, kam ein gefleckter Adler aus dem Westen angeflogen, pfiff schrill und setzte sich östlich von mir auf eine Kiefer.

Ich ging zur Mitte zurück und schritt von dort aus gegen Norden und sprach weinend: »O Großer Geist, nimm meine Opfergaben an und mache, daß ich verstehe!« Da kam ein Hühnerfalk herabgeschwebt und setzte sich auf einen Busch im Süden.

Ich ging wieder auf die Mitte zurück und schritt von dort aus gegen Osten, schreiend und bittend, der Große Geist möge mir zum Verständnis helfen; und da kam eine schwarze Schwalbe geflogen, sie umkreiste mich singend und ließ sich dann auf einem Busch, nicht weit von mir, nieder.

In die Mitte zurückgekehrt, ging ich gegen Süden vor. Bis dahin hatte ich bloß zu weinen versucht, aber jetzt weinte ich wirklich, und die Tränen rannen über mein Gesicht; denn als ich dort hinüberschaute, zu dem Ort, woher das Leben der Dinge kommt, der Ring des Volkes und der blühende Baum, dachte ich an die Tage, da meine nun verstorbenen Verwandten jung und lebendig waren, und an Tol-

les Pferd, der unsere Stärke gewesen, und der nun nie mehr zurückkehren würde, um uns zu helfen.
Ich weinte sehr heftig und dachte, es wäre besser, ich stürbe an diesem Weinen; denn dann befände ich mich in der jenseitigen Welt, wo es keine Verzweiflung gibt.
Und wie ich noch weinte, sah ich etwas von Süden herannahen. Aus der Ferne sah es aus wie Staub, doch als es näher kam, erkannte ich es als eine Wolke von schönen Schmetterlingen aller Farben. Sie umflatterten mich in so dichter Menge, daß ich nichts anderes mehr sehen konnte.
Ich ging wieder zu dem blühenden Stab zurück, und der gefleckte Adler auf der Kiefer begann zu sprechen: »Sieh diese an! Sie sind dein Volk. Sie sind in großer Not und du solltest ihnen helfen.« Nun konnte ich all die Schmetterlinge, die mich umschwärmten, hören: sie gaben alle einen kläglichen, wimmernden Laut von sich, so als weinten auch sie.
Darauf erhoben sie sich und flogen alle nach Süden zurück.
Nun sprach der Hühnerfalke von seinem Strauch herab und sagte: »Schau! Deine Großväter werden herankommen, und du wirst sie hören!«
Als ich dies vernahm, blickte ich auf, und da nahte ein großer Sturm aus dem Westen. Es war das Volk der Donnerwesen, und ich hörte das Gewieher von Pferden und große Stimmen.
Es war jetzt sehr dunkel geworden, und der ganze tosende Westen wurde von furchtbarem blinkendem Feuer durchzuckt.
Wie ich so dort stand und schaute, brach aus der vom Feuer zerrissenen Schwärze ein Gesicht hervor, und ich erblickte die beiden Männer, die in meinem ersten großen Gesicht zu

mir gekommen. Sie fuhren Kopf voran schräg herab wie Pfeile auf einem langen Flug; und als sie sich dem Boden näherten, da sah ich dort Staub aufsteigen, und aus dem Staub guckten Hundsköpfe hervor. Dann entdeckte ich, daß der Staub ein Schwarm von vielfarbigen Schmetterlingen war, die sich ringsum und über die Hunde hinbewegten.

Und jetzt ritten die zwei Männer Rotfüchse mit schwarzen Streifen, und sie schossen mit Pfeil und Bogen auf die Hunde herab, während die Donnerwesen sie mit dröhnendem Freudenruf begrüßten.

Dann verwandelten sich die Schmetterlinge plötzlich in sturmgetriebene Schwalben, die in einer großen Wolke hinter den schießenden Reitern wirbelten und kreisten.

Der erste von diesen stürzte sich nun auf einen Hundskopf nieder und fuhr mit dem blutig an seiner Pfeilspitze Aufgespießten empor; der zweite tat dasselbe; und der schwarze Westen blitzte und zollte wiederum Beifall. Als dann die beiden zusammen aufstiegen, sah ich, daß die Hundsköpfe zu Köpfen von Uaschitschun geworden waren; und während ich noch schaute, verschwand das Gesicht, und das Unwetter war ganz nahe über mir, schrecklich zu schauen und gewaltig dröhnend.

Ich schrie lauter als je zuvor, denn ich fürchtete mich sehr. Die Nacht um mich war schwarz und furchtbar, von Feuer durchzuckt und erfüllt von großen Stimmen und dem Geprassel des Hagels. Und schreiend bat ich die Großväter um Erbarmen und Schonung. Ich sagte ihnen, ich wisse nun, was ich nach ihrem Wunsche auf Erden vollbringen sollte, und wenn ich es vermöchte, so würde ich es tun.

Da hatte ich auf einmal keine Furcht mehr, und ich dachte,

wenn ich getötet würde, so wäre ich wohl besser daran in der andern Welt. Ich legte mich dort in der Mitte des heiligen Ortes hin und bot nochmals die Pfeife dar. Hierauf zog ich die Büffelhaut über mich und wartete. Und rings um mich dröhnten und grollten Stimmen, und der Hagel klang so, wie wenn viele Riesen auf Trommeln schlügen, während die Riesen sangen: »Hey-hey[87]!«

Kein Hagel fiel in den heiligen Kreis, in dem ich lag, und auch keine Spur von Regen. Als dann der Sturm vorüber war, nahm ich meinen Büffelrock ab und horchte; und durch die Stille hörte ich die Regenflut in allen Abgründen um mich herum im Dunkel singen, und weit weg im Osten riefen ersterbende Stimmen: »Hey-a-hey!«

Die Nacht war schon vorgerückt, und ich sank bald in Schlaf. Und im Schlaf sah ich mein Volk traurig und verwirrt um ein heiliges Tipi herum sitzen, und viele von ihnen waren krank. Wie ich sie so betrachtete und weinte, stieg aus dem Grund ganz in der Nähe ein merkwürdiges Licht auf – ein vielfarbiges Licht, funkelnd, mit Strahlen, die zum Himmel reichten. Dann war es vergangen, und an der Stelle, der es entsprungen, wuchs eine Pflanze, und ich sah mir ihre Blätter an. Und als ich noch auf die Pflanze schaute, um mir ihre Gestalt zu merken, kam eine Stimme, die mich erweckte und sprach: »Beeile dich! Dein Volk bedarf deiner!«

Als ich aufschaute, wurde der Westen eben weiß. Ich erhob mich und vor dem jungen Licht begann ich wieder zu klagen und zu beten. Langsam erschien darauf der Morgenstern, sehr schön und in großer Stille; und rings herum waren Wolken von Kleinkinder-Gesichtern, die mir zulächelten, die Gesichter noch Ungeborener. Die Sterne über ihnen leuchteten schön und glänzten in vielen Farben. Unter den Sternen aber befanden sich Köpfe von Männern und Frauen, die sich rundum bewegten, und irgendwo dort unten sangen Vögel, und da waren auch Pferde, wiehernd und schnaubend, so wie sie tun, wenn sie glücklich sind; und Rotwild röhrte irgendwo, und man hörte auch Büffel muhen. Was ich von alledem nicht sehen konnte, das hörte ich. Ich glaube, ich schlief dann wieder ein, denn nach einer Weile wurde ich durch eine Stimme aufgeschreckt, die sprach: »Steh auf, ich habe dich gesucht!« Ich erwartete einen Geist zu sehen, aber es war der gute alte Mann Wenig Schweife, der auf mich niederblickte. Und jetzt ging die Sonne auf.

Also brachten wir die heilige Pfeife wieder heim und ich ging in die Schwitzhütte, nachdem ich die Pfeife den sechs Mächten dargeboten. Als ich wiederum gereinigt war, wünschten einige sehr alte Männer, gute und weise, daß ich ihnen berichte, was ich gehört und gesehen. Also, nachdem ich nochmals die heilige Pfeife dargeboten und geraucht hatte, erzählte ich ihnen alles, und sie sagten, ich müsse das Hundegesicht auf Erden darstellen, um dem Volke zu helfen; und da das Volk mutlos und traurig sei, müsse ich solches unter dem Beistand von Heyokas tun, welches heilige Narren sind, die alles unrichtig oder verkehrt tun und so die Leute lachen machen. Sie sagten: sie wüßten nicht, wie, aber ich werde ein großer Mann werden, denn nur wenig Menschen wären berufen, solche Gesichte zu schauen. Ich müsse zwanzig Tage warten, sagten sie, und dann an die Erfüllung meiner Aufgabe gehen. Und also wartete ich.

ZWANZIG Tage vergingen, und nun war es an der Zeit, das Hundegesicht mit Hilfe der Heyokas darzustellen. Bevor ich euch aber erzähle, wie wir dabei vorgingen, will ich euch etwas über die Heyokas und über den Heyoka-Ritus sagen, der als etwas sehr Törichtes erscheinen kann, es aber nicht ist.

Nur solche Leute, die Gesichte von den Donnerwesen des Westens gehabt haben, können die Rolle von Heyokas spielen. Sie besitzen heilige Kraft und lassen in gewissem Sinne das ganze Volk daran teilhaben; aber sie tun es durch spaßhaftes Gebaren. Wenn ein Gesicht von den Donnerwesen ausgeht, dann kommt es wie ein Gewitter; wenn aber der Sturm dieses Gesichtes vorüber ist, dann ist die Welt grüner und glücklicher.

Doch im Heyoka-Ritus geht alles verkehrt zu, und dem liegt die Absicht zugrunde, die Leute zuerst heiter und glücklich zu machen, also daß es für die Kraft leichter ist, sie zu besuchen. Ihr habt bemerkt, daß die Wahrheit mit zwei Gesichtern in diese Welt kommt; eins ist traurig vor Leiden und das andere lacht; doch ist es das gleiche Antlitz, ob es nun lache oder weine. Wenn die Leute bereits am Verzweifeln sind, dann ist für sie vielleicht das lachende Gesicht besser; und wenn es ihnen zu wohl ergeht und sie sich zu sicher fühlen, dann ist es für sie vielleicht besser, ein weinendes Gesicht zu sehen. Und dem, glaube ich, soll der Heyoka-Ritus Rechnung tragen.

Da war ein Mann namens Der Arme, der übernahm es, mich in den Ritus einzuweihen; denn er hatte viele Male als Heyoka dabei mitgewirkt und war mit allem, was damit zusammenhing, vertraut. Zuerst hieß er alle Leute sich im Kreis auf einer Ebene unweit Pine Ridge versammeln, und in ihre Mitte, bei einem heiligen Tipi, das dort errichtet worden, stellte er ein Gefäß mit Wasser auf; dieses wurde dadurch zum Sieden gebracht, daß man durch Feuer erhitzte Steine hineinwarf. Zuerst mußte er dem Westen ein Opfer von Süßgras bringen. Er setzte sich mit solchem Gras in der Hand neben das Feuer und sagte: »Deinem Tag des Großen Geistes, dem alt und weise gewordenen Tag, will ich opfern.« Dann, während er das Gras auf das Feuer streute und der angenehme Duft aufstieg, sang er:

»Dies verbrenne ich als Opfer.
Sieh es an!
Ein heiliges Lob laß ich schallen.
Mein Volk, beschau es in Güte!
Der Tag der Sonne war meine Kraft.
Der Pfad des Mondes sei mir mein Gewand.
Ein heiliges Lob laß ich schallen.
Ein heiliges Lob laß ich schallen.«

Dann mußte ein Hund getötet werden, sehr rasch und ohne daß man ihn verletzte, so wie der Blitz tötet; denn es ist die Kraft des Blitzes, die den Heyokas gegeben ist.

Über den Rauch des süßen Grases wurde ein Riemen von ungegerbtem Leder gehalten, um diesen heilig zu machen. Darauf knüpften zwei Heyokas in diesen Riemen eine Schlinge und legten sie dem Hund um den Hals. Dreimal zogen sie den Riemen sacht zusammen, einer an jedem Ende desselben; das vierte Mal mit einem heftigen Ruck, der dem Tier das Genick brach. Hierauf sengte Der Arme den Hund und wusch ihn gründlich, darauf schnitt er alles von ihm weg bis auf den Kopf, das Rückgrat und den

Schwanz. Jetzt entfernte er sich sechs Schritt von dem Wassergefäß, einen für jede der Mächte; er wandte sich gegen Westen und bot den Donnerwesen Kopf und Rückgrat dar, dann gegen Norden, gegen Osten und Süden, dann an den Geist in der Höhe und an die Mutter Erde.

Danach, dort still stehend, wo er war, sechs Schritt entfernt, betrachtete er das Gefäß und sagte: »Auf heilige Art will ich diesen Hund kochen.« Dreimal schwang er ihn und beim vierten Mal warf er ihn, so daß er mit dem Kopf voran in das kochende Wasser fiel. Dann nahm er das Herz des Hundes und tat damit genau dasselbe, was er mit Kopf und Rückgrat getan.

Während dieser ganzen Zeit trieben dreißig Heyokas – für jeden Tag des Monats einer – zur Erheiterung der Leute ihre Possen, und alle waren auf so närrische Art gekleidet und bemalt, daß jedermann, der sie sah, lachen mußte. Ein Mann namens Eine Seite und ich bildeten ein Narrenpaar; wir hatten unsere Leiber völlig rot bemalt, mit schwarzen Streifen darüber; die rechte Seite unserer Köpfe war kahl geschoren, und das Haar auf der linken Seite hing lang herab. Das sah sehr drollig aus, doch lag darin ein Sinn, denn wenn wir dorthin blickten, wo ihr immer das Gesicht hinkehrt [nach Süden], waren die kahlen Seiten unserer Köpfe dem Westen zugewandt, was bedeutete, daß wir vor den Donnerwesen, die uns Kraft verliehen, demütig blieben. Jeder von uns führte einen sehr langen Bogen mit sich; der war so lang, daß man ihn nicht gebrauchen konnte, und er war auch sehr stark gebogen. Es sah unsinnig aus, einen damit bewaffnet zu sehen. Wir ritten Rotfüchse, die mit schwarzen Streifen überzogen waren, denn wir stellten die zwei Männer aus meinem Hundegesicht dar.

Der Arme ging nun in das heilige Tipi, wo er von den Heyokas sang:

»Diese sind heilig,
Diese sind heilig,
Haben sie gesagt,
Haben sie gesagt.
Diese sind heilig,
Haben sie gesagt.«

Zwölfmal sang er dies, für jeden Monat einmal.

Danach, während das Wasser im Gefäß kochte, kehrten Eine Seite und ich, auf unsern bemalten Rotfüchsen sitzend, uns dem Westen zu und sangen:

»Sie schickten Stimmen auf heilige Weise.
Das halbe Weltall schickte Stimmen.
Auf heilige Weise schickten sie Stimmen zu dir.«

Sogar als wir dies sangen, trieben die Heyokas närrische Dinge und erregten Gelächter. Zum Beispiel: zwei Heyokas mit langen gekrümmten Bogen und Pfeilen und spaßhaft bemalt kamen zu einer seichten kleinen Wasserlache. Sie stellten sich an, als hielten sie diese für einen breiten tiefen Strom, den sie überqueren müßten; und so, mit Gebärden, doch ohne zu sprechen, entschieden sie sich dafür, zu untersuchen, wie tief der Strom sei. Sie nahmen ihre langen krummen Bogen und steckten sie ins Wasser, nicht senkrecht, sondern der Länge nach, gerade unter den Wasserspiegel. Dadurch wurde der ganze Bogen durchnäßt. Indem sie darauf die Bogen neben sich aufstellten, zeigten sie damit, daß die Tiefe des Wassers weit über ihre Köpfe reiche, darum schickten sie sich zum Schwimmen an. Einer tauchte nun, Kopf voran, in die niedrige Pfütze, vergrub sein Gesicht im Schlamm und schlug wild im Wasser um sich, gleich als wäre er am Ertrinken. Dann sprang der zweite nach, um seinen Gefährten zu retten. Weitere drollige Scherze wurden im Wasser ausgeheckt und die Leute zum Lachen gebracht.

Nachdem Eine Seite und ich dem Westen zugesungen, wandten wir uns dem Topf zu, darin wir Herz und Kopf des Hundes gesotten hatten. Mit scharf gespitzten Pfeilen schossen wir zu Pferd nach dem Topf und daran vorbei. Ich mußte den Kopf auf meinen Pfeil spießen, Eine Seite aber das Herz auf seinen Pfeil; denn wir hatten die zwei Männer darzustellen, die ich in meinem Gesicht geschaut hatte. Dann machten alle Heyokas Jagd auf uns und versuchten, ein Stück von dem Fleisch zu ergattern. Die übrigen Leute drängten sich um den Topf und versuchten gleichfalls, etwas von dem heiligen Fleisch zu ergattern. Wäre es noch so wenig, es würde ihnen zum Guten gereichen, denn die Kraft des Westens war nun in ihm. Es schien, als erhielten sie eine Medizin, die sie glücklicher und stärker mache.

Als der Ritus vorbei war, fühlte sich jedermann um vieles wohler, denn es war ein Tag der Lustbarkeit gewesen. Die Leute waren nun wieder fähig, die Grüne der Welt, die Weite des heiligen Tages, die Farben der Erde zu sehen und in ihre Gemüter aufzunehmen.

Die sechs Großväter haben viele Dinge in diese Welt gebracht, von denen ein jedes glücklich sein sollte; jedes kleine Ding ist für etwas Bestimmtes da, und diesem Ding sollte Glück innewohnen oder die Kraft zu beglücken. Gleich wie die Gräser einander ihre zarten Gesichter zuwenden, so sollten auch wir tun: das nämlich war der Wunsch der Großväter der Welt.

DIE ERSTE HEILUNG

NACH DEM Heyoka-Ritus schlug ich meinen Wohnsitz da auf, wo wir jetzt sind, zwischen Wounded Knee Grass und dem Grass Creek. Auch andere kamen hierher, und wir zimmerten diese kleinen grauen Blockhäuser, die ihr da seht. Sie sind viereckig. Es ist eine schlechte Art zu wohnen, denn in einem Viereck kann keine Kraft wirksam sein.

Ihr habt bemerkt, daß ein Indianer in allem, was er unternimmt, die Kreisform berücksichtigt, weil die Kraft der Welt sich stets in Kreisen auswirkt, und jedes Ding danach strebt, rund zu sein. In den alten Tagen, als wir ein starkes und glückliches Volk waren, strömte uns alle Kraft aus dem heiligen Ring des Volkes zu. Solange der Ring nicht zerbrochen war, gedieh das Volk. Der blühende Baum war die lebendige Mitte des Ringes, und der Kreis der vier Weltteile nährte ihn. Der Osten spendete Frieden und Licht, der Süden die Wärme, der Westen Regen, und der Norden mit seiner Kälte und dem mächtigen Wind begabte mit Kraft und Ausdauer. Dieses Wissen samt unserer Religion kam zu uns aus der andern Welt. Alles, was die Kraft der Welt tut, vollzieht sich in einem Kreis. Der Himmel ist rund, und ich habe gehört, daß die Erde wie eine Kugel rund ist, und so sind alle Sterne. Der Wind, wenn er seine höchste Macht entfaltet, bildet Wirbel. Die Vögel bauen sich runde Nester, denn ihre Religion ist die gleiche wie die unsrige. Die Sonne kommt hervor und geht wieder in einem Kreise nieder. Der Mond tut dasselbe, und beide sind rund. Selbst die Jahreszeiten bilden ihren wechselnden Gang in einem großen Kreis und kehren immer dorthin zurück, von wo sie gekommen. Eines Menschen Leben ist ein Kreis von Kindheit zu Kindheit, und so verhält es sich mit allem, darin Kraft sich regt. Unsere Tipis waren rund wie Vogelnester, und diese wurden stets in einem Kreise angelegt, dem Ring des Volkes, einem Nest von vielen Nestern, wo der Große Geist wollte, daß wir unsere Kinder hegen.

Aber die Uaschitschun haben uns in diese viereckigen Kisten gebannt. Unsere Kraft ist vergangen, und wir liegen im Sterben, denn die Kraft wohnt nicht mehr in uns. Ihr könnt es an unsern Jungen sehen, wie es um uns bestellt ist. Als wir durch die Kraft des Kreises lebten, so wie wir sollten, waren Knaben im Alter von zwölf oder dreizehn Jahren Männer. Aber jetzt brauchen sie viel mehr Zeit zum Heranreifen.

Nun wohl, es ist so, wie es ist. Wir sind Kriegsgefangene, während wir hier warten. Aber es gibt eine andere Welt. –

Es war in dem Monat, da die Ponies werfen [Mai], als wir den Heyoka-Ritus abhielten. Eines Tages in dem Monat des Gedeihens [Juni], als alles blühte, lud ich Eine Seite ein, zu mir herüberzukommen und mit mir zu essen. Ich hatte über das vierstrahlige Kraut nachgedacht, das ich nun zweimal gesehen, – das erste Mal in meinem großen Gesicht, als ich neun Jahre alt war, und das zweite Mal, als ich auf dem Hügel klagte. Ich wußte, ich müsse dieses Kraut haben, um damit zu heilen; und ich glaubte, ich könnte den Ort wieder erkennen, wo ich es in jener Nacht, als ich klagte, hatte wachsen sehen.

Nachdem Eine Seite und ich gegessen hatten, erzählte ich ihm, es sei irgendwo ein Kraut, das ich finden müsse, und ich bat ihn, mir beim Suchen zu helfen. Ich sagte ihm freilich nicht, daß ich es in einem Gesicht erblickt hatte. Er war bereit, mir zu helfen; so saßen wir aufs Pferd und ritten zum Grass Creek hinüber. Dort oben wohnte niemand. Wir gelangten auf den Gipfel eines hohen Berges über dem Fluß, wo wir abstiegen und uns niedersetzten, denn ich fühlte, daß wir in der Nähe des Ortes standen, wo ich in meinem Gesicht von den Hunden das Kraut gesehen hatte. Wir saßen dort eine Zeitlang und sangen zusammen ein paar Heyoka-Lieder. Dann begann ich allein ein Lied, das ich in meinem ersten großen Gesichte gehört:

»Sie schicken Stimmen auf heilige Weise.«

Nachdem ich dieses Lied gesungen hatte, blickte ich hinab gegen Westen, und dort an einer bestimmten Stelle am Wasser kreisten Raben und Elstern, Hühnerfalken und gefleckte Adler immerzu.

Da wußte ich und sagte zu Eine Seite: »Freund, dort rechts ist es, wo das Kraut wächst.« Er antwortete: »Wir wollen gehen und nachsehen.« So saßen wir auf und ritten am Grass Creek hinunter, bis wir zu einem trockenen Flußarm gelangten, dem wir aufwärts folgten. Als wir jenem Ort näher kamen, flogen alle Vögel davon, und wir trafen eine Stelle, wo fünf trockene Flußarme zusammenkamen. Und dort rechts an der Uferseite wuchs das Kraut. Ich erkannte es, obwohl ich ein solches nie zuvor gesehen hatte, außer in meinem Gesicht.

Seine Wurzel war so lang wie mein Unterarm und ein wenig dicker als mein Daumen. Es blühte in vier Farben: blau, weiß, rot und gelb.

Wir stiegen ab, und nachdem ich den sechs Mächten die Borke der roten Weide geopfert, sprach ich zu dem Kraut und sagte zu ihm: »Jetzt werden wir hingehen zu den

Zweibeinern, doch nur zu den schwächsten von ihnen, und unter den Schwachen wird es glückliche Tage geben.«

Es war leicht, das Kraut herauszugraben, denn es wuchs im Lehm am Rande der Uferbank. Dann brachen wir damit auf. Als wir wieder an den Grass Greek kamen, umhüllten wir es mit der guten Salbei, die dort wuchs.

Irgend etwas mußte mich dazu bestimmt haben, das Kraut gerade jetzt zu finden, denn schon am nächsten Abend bedurfte ich seiner und hätte ohne seine Hilfe nichts auszurichten vermocht.

Ich war beim Abendessen, als ein Mann mit Namen Schlägt-in-Stücke eintrat und rief: »Hey, hey, hey!« denn er war in großer Betrübnis. Ich fragte ihn, was der Grund sei, und er berichtete: »Ich habe einen Knaben, der ist sehr krank, ja ich fürchte, er wird bald sterben. Er war schon lange Zeit krank. Sie sagen nun, du habest durch den Pferdetanz und den Heyoka-Ritus große Kraft gewonnen, so könntest du ihn vielleicht retten. Ich hänge so an ihm.«

Ich sagte Schlägt-in-Stücke, wenn er wirklich Hilfe wünsche, so möge er heimgehen und mir eine Pfeife mit einer Adlerfeder bringen. Während er ging, dachte ich darüber nach, was ich tun sollte; und ich hatte Angst, weil ich noch niemanden mit meiner Kraft geheilt hatte. Aber Schlägt-in-Stücke tat mir sehr leid. Ich betete inbrünstig um Hilfe. Als Schlägt-in-Stücke mit der Pfeife zurückkam, sagte ich ihm, er solle sie links von mir herumgeben. Als er dies getan, schickte ich nach Eine Seite, damit er komme und mir beistehe. Darauf nahm ich die Pfeife und ging dorthin, wo der kleine kranke Knabe lag. Mein Vater und meine Mutter kamen mit uns, und mein Freund Stehender Bär war bereits dort.

Zuerst bot ich die Pfeife den sechs Mächten dar, dann gab ich sie weiter, und wir alle rauchten. Hierauf brachte ich auf der Trommel einen donnerähnlichen rollenden Laut hervor. Ihr wißt, wenn die Gewalt des Westens zu den Zweibeinern kommt, dann naht sie mit Gedröhn, und wenn sie vorüber ist, erhebt jedes Ding sein Haupt und freut sich, und alles ist erfrischt. Also machte ich diesen donnernden Laut. Auch ist die Stimme der Trommel ein Opfer an den Geist der Welt. Ihr Schall erhebt das Gemüt und läßt die Menschen das Geheimnis und die Macht der Dinge empfinden.

Der kranke kleine Knabe lag an der Nordostseite des Tipis, und wir traten von Süden ein. Wir gingen von links nach rechts herum und hielten an der Westseite, nachdem wir den Kreis beschrieben.

Ihr müßt wissen, warum wir immer auf diese Art von rechts nach links gehen. Ich kann euch über die Ursache etwas mitteilen, doch nicht alles. Bedenkt dies: ist nicht der Süden die Quelle des Lebens, und kommt nicht der blühende Stab tatsächlich von dort? Und schreitet nicht der Mensch von dort der untergehenden Sonne seines Lebens zu? Nähert er sich dann nicht dem kälteren Norden, wo die Haare weiß sind? Und langt er nicht dann, wenn er am Leben bleibt, an der Quelle von Licht und Erkenntnis an, die der Osten ist? Und kehrt er nicht dorthin zurück, von wo er ausgegangen, zu seiner zweiten Kindheit, um dort sein Leben an alles Leben wieder hinzugeben und sein Fleisch der Erde, aus welcher er es bekommen? Je mehr ihr über solches nachdenkt, um so mehr werdet ihr darin finden.

Wie ich sagte, gingen wir von rechts nach links in das Tipi

und setzten uns an der Westseite nieder. Der kranke kleine Knabe war an der Nordostseite und hatte ein Aussehen, als bestünde er nur aus Haut und Bein. Ich hielt bereits die Pfeife, die Trommel und das vierstrahlige Kraut; so verlangte ich nun eine hölzerne, mit Wasser gefüllte Schale und eine Adlerknochen-Pfeife für den gefleckten Adler meines großen Gesichts. Man stellte die Wasserschale mir gegenüber auf; und jetzt mußte ich eine Zeitlang überlegen, da ich solches zuvor ja noch nie getan hatte und im Zweifel war.

Ich begriff jetzt ein wenig mehr, und so gab ich Eine Seite die Knochenpfeife und sagte ihm, wie er sie zu meiner Unterstützung gebrauchen solle. Darauf füllte ich die Pfeife mit der roten Weidenborke und reichte sie der hübschen jungen Tochter von Schlägt-in-Stücke. Ich gab ihr die Anweisung, die Pfeife genau so zu halten, wie ich in meinem großen Gesicht die Jungfrau des Ostens sie hatte halten sehen.

Alles war nun vorbereitet, und so begann ich auf der Trommel leise zu donnern, während ich in Abständen eine Stimme aussandte. Viermal rief ich. »Hey-a-a-hey«, und trommelte, während ich den Geist der Welt anrief; und während ich dies tat, fühlte ich, wie die Kraft von den Füßen auf mich durchdrang. Nun wußte ich, daß ich dem kranken kleinen Knaben helfen könne.

Ich sandte weiter Stimmen, immer leise auf der Trommel donnernd, und sprach: »Mein Großvater, Großer Geist, du bist der einzige, und zu keinem andern kann eine Stimme dringen. Du hast alles geschaffen, so sagen sie, und du hast es gut und schön gemacht. Die vier Viertel und die zwei Wege, die sich kreuzen, hast du gemacht. Du hast auch eine Kraft erweckt, dort, wo die Sonne niedergeht. Die Zweibeiner auf Erden sind in Verzweiflung. Für sie, Großvater, schicke ich eine Stimme zu dir. Du hast zu mir so gesprochen: Die Schwachen werden gehen. Im Gesicht hast du mich zur Mitte der Welt geführt, und dort hast du mir die Kraft der Hingabe gezeigt. Du gabst mir das Wasser in der Schale; durch seine Kraft wird der Sterbende wieder leben. Das Kraut, das du mir gezeigt hast – durch seine Kraft wird der Schwache aufrecht gehen. Von dort, wo wir immer hinblicken [dem Süden], siehe, wird eine Jungfrau erscheinen, und den guten roten Weg wandern, die Pfeife auf ihrem Wege darbietend; und ihr ist auch die Kraft des blühenden Stabes. Von dort, wo der Riese wohnt [dem Norden], hast du mir den reinigenden heiligen Wind geschickt, und wo dieser Wind vorüberzieht, da werden die Schwachen Kraft erlangen. Solches hast du zu mir gesprochen. Zu dir und zu allen deinen Mächten und zur Mutter Erde schicke ich eine Stimme um Hilfe.«

Ihr habt gehört, ich hatte dies zuvor noch nie getan, und heute weiß ich, daß eine einzige Kraft genug gewesen wäre. Aber ich war so voller Eifer, dem kranken kleinen Knaben zu helfen, daß ich alle Kräfte anrief, die da sind.

Nach Westen hatte ich geschaut, als ich eine Stimme ausschickte. Nun wanderte ich gegen Norden und Osten und Süden, hielt dort an, wo die Quelle allen Lebens ist, und wo der gute rote Weg beginnt. Dort stehend sang ich also:

»Auf heilige Weise machte ich sie gehen.
Ein heilig Volk liegt darnieder.
Auf heilige Weise machte ich sie gehen.
Ein heiliger Zweibeiner liegt darnieder.
Auf heilige Weise wird er gehen.«

Während ich dieses sang, empfand ich in meinem ganzen Leibe etwas Seltsames, etwas, das in mir das Verlangen weckte, über alle unglücklichen Geschöpfe zu weinen, und Tränen rannen über mein Gesicht.
Jetzt ging ich gegen den westlichen Weltteil, zündete dort die Pfeife an, bot sie den Mächten dar, und, nachdem ich einen Zug getan, gab ich sie weiter herum.
Als ich den kranken kleinen Knaben wieder ansah, lächelte er, und ich konnte fühlen, daß meine Kraft zunahm.
Ich nahm zunächst die Wasserschale auf, trank ein wenig und ging hinüber zu der Stelle, wo der kranke kleine Knabe lag. Vor ihm stehend, stampfte ich viermal auf die Erde. Darauf legte ich meinen Mund auf seine Magengrube und blies durch ihn den reinigenden Wind des Nordens. Dann kaute ich etwas von dem Kraut und legte es in das Wasser, darauf blies ich ein wenig davon auf den Knaben und nach den vier Weltgegenden. Die Schale mit dem Rest des Wassers reichte ich der Jungfrau; diese gab es dem kranken kleinen Knaben zu trinken. Hierauf sagte ich der Jungfrau, sie solle dem Jungen aufstehen helfen und mit ihm im Kreise gehen, im Süden, an der Quelle des Lebens beginnend. Er war sehr elend und sehr schwach, doch mit der Jungfrau Hilfe tat er das.
Dann ging ich fort.
Am folgenden Tag kam Schlägt-in-Stücke und berichtete mir, sein kleiner Knabe befinde sich besser, er sitze aufrecht und könne wieder etwas essen. Vier Tage später ging er wieder herum. Er wurde gesund und lebte bis zum dreißigsten Jahr.
Schlägt-in-Stücke gab mir ein gutes Pferd für diesen Dienst. Aber ich würde freilich auch umsonst geholfen haben.

Als die Leute erfuhren, wie der kleine Junge geheilt worden, kamen viele zu mir und baten um Hilfe, und ich hatte die ganze Zeit viel zu tun.
Das war im Sommer meines neunzehnten Jahres [1882], in dem Monat, der fett macht [Juni].

DIE KRÄFTE DES BÜFFELS UND DES HIRSCHES

ICH GLAUBE, euch gesagt zu haben, – wenn nicht, so habt ihr es von selbst verstanden, – daß ein Mensch, der ein Gesicht gehabt, nicht imstande ist, dessen Kraft anzuwenden, bevor er auf Erden das Gesicht für die Menschen sichtbar dargestellt hat. Ihr erinnert euch, daß mein großes Gesicht mich heimsuchte, als ich erst neun Jahre alt war, und ihr habt gehört, daß es zu nicht vielem gut gewesen, ehe ich in meinem achtzehnten Sommer, nahe der Mündung des Tongue River, den Pferdetanz ausgeführt hatte. Und wäre die große Furcht nicht über mich gekommen, die mich genötigt hatte, meine Pflicht zu tun, so wäre ich meinem Volke weniger nütz gewesen als irgendein Mann, den überhaupt ein Traum besucht hat – trotz der ganzen Erinnerung eines so gewaltigen Gesichtes in mir. Doch die Furcht kam, und hätte ich ihr nicht gehorcht, so würde sie mich ganz gewiß nach einer kurzen Weile getötet haben. Es geschah sogar erst nach dem Heyoka-Ritus, in welchem ich mein Gesicht vom Hunde darstellte, daß ich die Kraft erhielt, als Medizinmann Kranke zu heilen; und ich heilte viele mit der Kraft, die mir innewohnte. Freilich war nicht ich es, welcher heilte; es war die Kraft der jenseitigen Welt, und die Gesichte und Riten hatten mich bloß zu einer Öffnung gemacht, durch welche die Kraft zu den Zweibeinern gelangen konnte. Hätte ich geglaubt, daß ich von mir aus also wirke, so hätte sich die Öffnung geschlossen, und die Kraft wäre ausgeblieben; und alles, was ich hätte beginnen wollen, wäre Torheit gewesen. Es gab andere Teile meines großen Gesichts, die ich darstellen mußte, ehe ich die Kraft anwenden konnte, die in ihnen beschlossen war. Denkt ihr nochmals an mein großes Gesicht, so werdet ihr euch auch erinnern, daß jener rote Mann sich in einen Büffel verwandelte, der sich wälzte, und wie danach die Leute den guten roten Weg fanden. Ihr werdet das Geschriebene nachlesen und sehen, wie es war.

Um die Kraft des Büffels zu gebrauchen, mußte ich diesen Teil meines Gesichts den Menschen sichtbar darstellen. Es war im Sommer meiner ersten Heilung, als solches getan wurde. Ich brachte die Pfeife zu Fuchsbauch [Fox-Belly], einem weisen und guten alten Medizinmann, und bat ihn, mir bei der Ausführung dieser Aufgabe beizustehen. Er wollte mir gerne helfen, doch mußte ich ihn zuvor über diesen Teil meines Gesichts unterrichten. Ich erzählte ihm nicht alles aus meinem Gesicht, nur von diesem Teil sprach ich ihm. Nie hatte ich jemandem alles erzählt, und bis jetzt hat keiner je alles vernommen. Selbst mein alter Freund, Stehender Bär, und mein Sohn hier haben es zum erstenmal gehört, jetzt, wo ich es euch erzählt habe. Es war freilich sehr viel in diesem Gesichte, was ich nicht mitzuteilen vermag, auch wenn ich mich darum bemühe, denn gar vieles darin war nicht für Worte gemacht. Aber was gesagt werden kann, das habe ich gesagt.

Es hat mich sehr geschmerzt, dies schließlich tun zu müssen, und ich lag in der Nacht wach und quälte mich mit der Frage, ob ich recht getan; denn ich weiß, daß ich mein Gesicht preisgab. Vielleicht kann ich nun nicht mehr lange leben. Dennoch glaube ich, daß ich recht getan habe, mein Gesicht auf diese Art zu retten, sollte ich darum nun auch früher sterben; ich weiß, der Sinn des Gesichts ist weise und schön und gut; und ihr seht, daß ich, nach allem, nur ein bemitleidenswerter alter Mann bin.

Nun wohl, ich berichtete Fuchsbauch alles, was er zu wissen brauchte, um mir zu helfen. Und als er auch nur soviel gehört hatte, sagte er: »Mein Junge, du hattest ein großes Gesicht, und ich erkenne, es ist deine Aufgabe, deinem Volk zum Wandern auf dem roten Wege zu verhelfen, in einer Art, die den Mächten gefällt.«

Dieser Ritus dauerte nicht lange, doch er war von großer Bedeutung, als ein Bild des Verhältnisses zwischen dem Volke und dem Büffel; und die Kraft lag in seiner Bedeutung. Zuerst richteten wir einen heiligen Platz ein, der einer Büffelsuhle glich, in der Mitte des Rings des Volkes [88], und dort stellten wir das heilige Tipi auf. In dessen Innerem zogen wir den Kreis der vier Weltgegenden; durch den Kreis, von Süden nach Norden, malten wir einen roten Weg, und zu dessen beiden Seiten, seiner ganzen Länge nach, grub Fuchsbauch kleine Büffelspuren ein, was bedeutete, daß die Leute mit der Kraft und Ausdauer des Büffels dorthin ziehen sollten, dem großen, weißen, reinigenden Winde der Welt entgegen. Auch stellte er an das Nordende des Weges die Schale mit Wasser, welche die Gabe des Westens ist, also daß das Volk, während es mit der geduckten Ausdauer des Büffels dem großen Winde entgegenschritt, zugleich dem Wasser des Lebens zuging.

Mein ganzer Körper war rot bemalt gleich dem Manne in meinem Gesicht, ehe er zum Büffel wurde. Ich trug Büffelhörner, und am linken Horn hing ein Stück von dem Morgensternkraut, das die vierstrahlige Blume des Verständnisses trägt. An der linken Seite meines Leibes trug ich eine einzige Adlerfeder; sie war mein Volk, das an der Seite des Büffels hing und sich dort ernährte.

Eine Seite [89] war hergekommen, um mir bei diesem Ritus zu helfen. Er war ganz rot bemalt und trug die Trommel und die Pfeife. Überall hin folgte er mir, wie die Menschen dem Büffel folgen.

Wir standen im Innern des Tipis am Südende des guten roten Weges, und Fuchsbauch sang:

»Dieses offenbarend wandern sie.
Ein heilig Kraut – es offenbarend, wandern sie.
Dieses offenbarend wandern sie.
Des Büffels heilig Leben – es offenbarend, wandern sie.
Heilige Adlerfeder – sie offenbarend, wandern sie.
Sie offenbarend, wandern sie.
Der Adler und der Büffel – gleich Verwandten wandern sie.«

Dann, nachdem wir auf dem roten Wege gegangen, traten wir aus dem Tipi heraus; viele Leute drängten sich um uns, und die Kranken kamen mit Scharlachopfern, um Heilung zu suchen. Wir gingen im Volke herum, benahmen uns wie Büffel und gaben dieselben Laute von uns wie sie. Darauf kehrten wir zum Tipi zurück, und die Leute brachten ihre kleinen Kinder zu uns, und ich gab einem jeden ein wenig von dem Wasser des Lebens aus der hölzernen Schale, damit ihre Füße den guten roten Weg kennen möchten, der zu Glück und Gesundheit führt.

Aus dem Verständnis erwächst die Kraft; und die Kraft

im Ritus kam aus dem Verständnis seines Sinnes; denn nichts kann recht leben, es sei denn auf eine Weise, die mit der Weise der Welt übereinstimmt: so wie die heilige Kraft der Welt lebt und sich regt.

So fuhr ich fort, kranke Leute zu heilen, und das gab mir viel zu tun. Ich war nun nicht mehr im Zweifel, sondern fühlte mich als Mann und konnte allezeit jene Kraft in mir spüren.

Es geschah im folgenden Sommer, als ich in meinem zwanzigsten Jahre stand [1883], daß ich den Ritus des Hirsches vollzog, als eine Pflicht gegenüber diesem Teile meines großen Gesichts. Ihr werdet euch erinnern, wie die Pfeife und der Büffel im Osten waren und der Hirsch im Süden.

Dieser Ritus des Hirsches hatte die Quelle des Lebens und das Geheimnis des Wachstums vorzuführen.

Ich schickte eine Pfeife zu Rennendem Hirsch, der Stehenden Bärs Onkel und ein guter und weiser alter Mann war. Er kam und war bereit, mir zu helfen. Wir stellten in der Mitte ein heiliges Tipi auf, wie zuvor. Ich benötigte sechs Hirsche und vier Jungfrauen. Die Hirsche kommen aus dem Süden, aber die Kraft, die sie in meinem Gesichte vertraten, wird genährt von den vier Weltteilen und vom Himmel und von der Erde; so waren es ihrer sechs. Die vier Jungfrauen stellten das Leben im Ring des Volkes dar, der vier Gegenden hat; so waren es vier Jungfrauen. Rennender Hirsch wählte zwei von den Hirschen aus, und ich, der ich zwischen der Kraft der Welt und dem Ring des Volkes stand, wählte die vier andern, denn meine Aufgabe galt dem Leben des Rings auf Erden. Die sechs Hirschmänner trugen ganze Tierfelle über ihre Rücken und Köpfe; ihre Glieder waren von den Knien und Ellbogen abwärts schwarz bemalt, und von dort aufwärts gelb; denn die Gewalt des Wachstums wurzelt im Geheimnis, gleich der Nacht, und strebt lichtwärts. Saatkörner sprossen in der Finsternis des Erdgrundes, ehe sie zur Kenntnis des Sommers und des Tages gelangen; in der Nacht des Schoßes dringt der Geist belebend in das Fleisch. Die vier Jungfrauen trugen Scharlachkleider, und jede hatte eine einzige Adlerfeder im geflochtenen Haar; denn aus der Frau heraus wächst das Volk, und die Adlerfeder stand wiederum für das Volk, wie im Büffelritus. Die Gesichter der Jungfrauen waren gelb bemalt, in der Farbe des Südens, der Quelle des Lebens. Eine hatte auf ihrer Stirn einen roten Morgenstern. Eine trug einen Halbmond in Blau, denn die Kraft der Frauen wächst an mit dem Mond, und nimmt mit ihm ab und schwindet. Eine trug die Sonne auf ihrer Stirn; und um den Mund und die Brauen der vierten war ein großer, blauer Kreis gemalt[90], der den Ring des Volkes bedeutete. Auf dem Rücken eines jeden von den Hirschmännern war der Ring des Volkes gemalt, denn auf Männerrücken wird das Volk vorwärts gebracht; und in der Mitte jedes Ringes hing für das Volk eine einzige Adlerfeder. Sie hatten gelbe Masken auf ihren Gesichtern, denn hinter des Weibes Lebenskraft ist die Kraft des Mannes verborgen. Sie alle trugen blühende Zweige vom heiligen rauschenden Baum [dem Baumwollbaum]; an ihrer Spitze hatte man die Blätter stehen lassen, während die Zweige selbst rot bemalt waren. Die Frau ist das Leben des blühenden Baumes, doch der Mann muß ihn nähren und ihn pflegen. Auch eine von den Jungfrauen trug einen blühenden Zweig, eine andere trug die Pfeife, die Frieden bringt, eine dritte trug das heilende Kraut, und die vierte hielt den hei-

ligen Reifen; denn alle diese Kräfte zusammen machen die Kraft der Frau aus.
Ehe irgend etwas von all dem getan wurde, hatten sich die Teilnehmer, wie immer, in der Schwitzhütte zu reinigen. Wir waren alle im Innern des heiligen Tipi, und Rennender Hirsch sang dieses Lied:

»Vorrückend zu den vier Weltgegenden,
Vorrückend zu den vier Weltgegenden,
Kommen sie, dich zu schauen.
Vorrückend zu den vier Weltgegenden,
Vorrückend zu den vier Weltgegenden,
Kommen sie, dich zu schauen.«

Nun begannen die Hirschmänner den Hirschruf nachzuahmen: »Unh, unh, unh!« Dann sang wiederum Rennender Hirsch:

»Singend schicke ich eine Stimme im Gehen.
Singend schicke ich eine Stimme im Gehen.
Ich trage einen heiligen Reifen im Gehen.«

Es war nun an der Zeit, das heilige Tipi zu verlassen: zuerst kam die Jungfrau mit der Pfeife; die ihr nächste trug den blühenden Zweig; dann folgte die, welche das heilende Kraut hielt; zuletzt nahte die Trägerin mit dem Ring des Volkes. Die vier Jungfrauen standen nebeneinander, das Gesicht gen Westen gewandt. Nun gingen wir sechs Hirschmänner hinaus, schnaufend und stampfend. Wir stellten uns, Seite an Seite, hinter den Jungfrauen auf, die jetzt die heiligen Gegenstände in den Händen hochhielten und den Donnerwesen darboten. Als sie dies getan, schritten sie in der Reihe gegen Norden, während wir Hirschmänner sie im Kreise umtanzten, und dort boten sie ihre heiligen Gegenstände dem großen weißen reinigenden Winde dar. Auf dieselbe Weise bewegten wir uns gegen Osten und gegen Süden; an jeder Stelle wiederholten die Jungfrauen ihr Opfer, während wir Hirschmänner sie unaufhörlich umtanzten.

Von Süden her wandten sich die vier Jungfrauen gerade nach Norden, dem guten roten Wege zur Mitte des Dorfes folgend, wo das heilige Tipi stand, und wir Hirschmänner folgten ihnen, sie umtanzend, denn die Kraft des Mannes umhegt und beschützt die Kraft der Frau.

Die vier Mädchen betraten das Tipi: zuerst die mit dem heiligen Reifen; dann die mit dem blühenden Zweig; nachher jene, die das reinigende Kraut trug; nach ihr die Trägerin der Pfeife.

Nachdem sie alle eingetreten, folgten wir Hirschmänner ihnen in das Tipi.

Dies war der ganze Ritus. Wie ich schon früher gesagt, beruhte seine Kraft auf dem Verständnis seines Sinnes; denn nichts kann recht leben, es sei denn auf eine Weise, die mit der Weise der Welt übereinstimmt: so wie die heilige Kraft der Welt lebt und ihr Werk treibt.

ÜBER DAS GROSSE WASSER

WIE ICH euch schon mitteilte, führte ich in dem Sommer meines zwanzigsten Jahres [1883] den Hirschritus aus. In jenem Herbste, so sagt man, wurden von den Uaschitschun die letzten Büffelherden hingeschlachtet. Ich kann mich der Zeit erinnern, da die Büffel nicht zu zählen waren. Aber immer mehr Uaschitschun kamen, um sie zu töten, bis schließlich an den Orten, wo sie zu leben pflegten, nur noch zerstreute Haufen von Knochen lagen. Die Uaschitschun töteten sie nicht, um sie zu essen; sie töteten sie wegen des Metalls, das die Leute wahnsinnig macht[91], und sie nahmen nur die Häute, um sie zu verkaufen. Manchmal nahmen sie nicht einmal die Häute, nur die Zungen; und ich habe gehört, daß Feuerboote den Missouri River herabfuhren, vollgeladen mit getrockneten Bisonzungen. Da könnt ihr sehen, daß die Menschen, die solches taten, nicht bei Verstand waren. Manchmal nahmen sie auch nicht einmal die Zungen; sie töteten und töteten einfach, weil es ihnen gefiel. Wenn wir Büffel jagten, dann töteten wir so viele wie wir brauchten. Als jedoch nichts mehr übrig war als Knochenhaufen, kamen die Uaschitschun und lasen sogar die Knochen zusammen, um auch diese zu verkaufen.

Alle unsere Leute wohnten nun dort unten in viereckigen Häusern, hier und dort über dieses ganze hungernde Land angesiedelt, und die Uaschitschun hatten eine Grenze um sie gezogen, um sie dort festzuhalten. Der Ring des Volkes war zerbrochen und es gab keine Mitte mehr für den blühenden Baum. Die Menschen waren in Verzweiflung. Sie schienen mir schwer, schwer und trübe; so schwer, daß es schien, man könne sie nicht mehr erheben; so trübe, daß sie für nichts mehr sehend gemacht werden könnten. Hunger herrschte nun oft unter uns, denn vieles von dem, was der Große Vater in Washington uns schickte, muß von den Uaschitschun, die vor Geldgier wahnsinnig waren, gestohlen worden sein. Viele Lügen gab es, doch diese konnten wir nicht essen. Die gespaltenen Zungen machten Versprechungen.

Ich fuhr während drei weiteren Jahren fort, Kranke zu heilen, und viele kamen zu mir und wurden wiederhergestellt; aber wenn ich an mein großes Gesicht dachte, dessen Sinn die Rettung des Rings des Volkes war und das Erblühen des Baums in seiner Mitte, dann war es mir ums Weinen, denn der heilige Ring war zerbrochen und zersprengt. Das Leben des Volkes bestand in dem Ring; und was sind viele einzelne kleine Leben, wenn das Leben dieser Leben entwichen ist?

Doch spät in meinem dreiundzwanzigsten Sommer [1886] schien es eine kleine Hoffnung zu geben. Einige Uaschitschun, die eine Truppe Ogalallas für eine große Schaustellung unter der Leitung des andern Pahuska[92] anzuwerben wünschten, kamen zu uns und sagten, diese Schautruppe werde über das Große Wasser in fremde Länder ziehen, und ich dachte, ich sollte mitgehen, weil ich vielleicht von den Uaschitschun ein Geheimnis erführe, das meinem Volke irgendwie Hilfe bringen könnte. In meinem großen Gesicht, wo ich in der Mitte der Welt stand, hatten mir die zwei Männer aus dem Osten das Morgenstern-Kraut gebracht und mich geheißen, es auf die Erde fallen zu lassen; und als es den Boden berührte, trieb es Wurzeln und blühte vierstrahlig. Es war das Kraut des Verständnisses[93]. Auch wuchs an der Stelle, wo der rote Mann meines Gesichts sich in einen wälzenden Büffel verwandelt hatte, dasselbe Kraut und blühte, als der Büffel verschwunden war, und danach fanden die Leute in meinem Gesicht den guten roten Weg wieder. Vielleicht, wenn ich die große Welt der Uaschitschun sehen könnte, verstünde ich, wie ich den heiligen Ring wieder zusammenfügen und den Baum in seiner Mitte zum Blühen bringen könnte.

Ich sah auf die Vergangenheit zurück und auf meiner Leute einstige Lebensweise; doch so lebten sie nun nicht mehr. Sie gingen auf dem schwarzen Wege, ein jeder für sich, und ohne rechte Regeln, wie ich in meinem Gesicht vorausgeschaut. Ich war in Verzweiflung und dachte, wenn die Uaschitschun einen besseren Weg kennten, dann wäre es vielleicht richtiger, mein Volk lebte auf ihre Weise. Ich weiß heute, daß dies töricht war, doch ich war jung und in Verzweiflung.

Meine Verwandten rieten mir, zu Hause zu bleiben und weiter kranke Menschen zu heilen, doch wollte ich nicht auf sie hören.

Die Leute von der Schaustellung schickten von Rushville die Wagen der Eisenbahn, um uns abzuholen, und wir waren gegen hundert Männer und Frauen. Viele von den Unsrigen begleiteten uns halbwegs zur Bahn. Wir lagerten und aßen miteinander. Darauf ließen wir unsere Freunde weinend zurück, denn wir gingen sehr weit über das Große Wasser.

An dem Abend, da die großen Wagen uns auf der eisernen Straße erwarteten, vollführten wir einen Tanz. Dann stiegen wir in die Wagen. Als wir abfuhren, war es dunkel und es machte mich sehr traurig, an mein Heim und meine Leute zu denken. Am liebsten wäre ich auf und davon und zurückgekehrt. Aber wir rollten die ganze Nacht hindurch und am Morgen aßen wir zu Long Pine. Dann fuhren wir weiter und rollten den ganzen Tag und kamen am Abend in einer sehr großen Stadt an [94].

Dann rollten wir wieder die ganze Nacht hindurch und gelangten zu einer viel größeren Stadt [95]. Dort blieben wir den ganzen Tag und die ganze Nacht; und hier konnte ich meines Volkes Lebensart mit derjenigen der Uaschitschun vergleichen, aber das machte mich noch trauriger als zuvor. Ich wünschte, ich wäre nicht von zu Hause fortgefahren. Dann rollten wir weiter, und nach einiger Zeit gelangten wir zu einer noch viel größeren Stadt – einer sehr großen Stadt[96].

Wir wanderten durch diese Stadt zum Platz der Schaustellung[97]. Einige Pawnees und Omahas waren dort, und als sie uns erblickten, erhoben sie ein Kriegsgeschrei, sprengten wie zum Angriff auf uns los und berührten uns[98]. Sie taten es zum Scherz, weil sie sich sehr freuten, uns zu sehen. Ich staunte über die großen Häuser und die vielen Leute; und da waren helle Lichter in der Nacht, so daß man die Sterne nicht sehen konnte, und manche von diesen Lichtern, so hörte ich, wurden aus der Kraft des Donners gemacht.

Wir blieben hier und gaben Schaustellungen für viele, viele Uaschitschun während dieses ganzen Winters. Ich liebte die Rolle, die wir bei diesen Schaustellungen spielten, doch nicht die Rolle, welche den Uaschitschun zufiel. Nach einiger Zeit hatte ich mich daran gewöhnt, dort zu sein, aber ich war wie ein Mensch, dem nie ein Gesicht zuteil geworden. Ich fühlte mich tot, und meine Leute schienen mir verloren, da dachte ich, ich würde sie nie wieder finden. Ich sah nichts, womit ich meinem Volke hätte helfen können, und erkannte, daß die Uaschitschun nicht für einander sorgten, so wie unser Volk das tat, bevor der Ring des Volkes zerbrochen war. Jeder Uaschitschun nähme dem andern alles weg, wenn er könnte. Ja es gab solche, die von allem mehr besaßen, als sie zu verbrauchen vermochten, während Haufen von Leuten gar nichts besaßen und vielleicht darbten. Sie hatten vergessen, daß die Erde ihre Mutter war. Das konnte nicht besser sein als die frühere Lebensweise meines Volkes. Es gab ein Gefangenenhaus auf einer Insel, wo das Große Wasser gegen die Stadt heraufkam, und wir sahen es eines Tages, wie Männer Gewehre auf die Gefangenen richteten und sie wie Tiere in einem Käfig im Kreis laufen ließen. Das machte mich sehr traurig, denn auch die Leute meines Volkes waren auf Inseln[99] zusammengepfercht, und vielleicht war dieses die Art, wie die Uaschitschun mit ihnen umzugehen gedachten.

Im Frühjahr wurde es wärmer, doch die Uaschitschun hielten sogar das Gras abgesperrt. Da hörten wir, daß wir über das Große Wasser nach fremden Ländern fahren sollten. Einige von unsern Leuten gingen nach Hause und wünschten, daß ich mit ihnen zöge, aber ich hatte noch nichts gesehen, das für mein Volk gut gewesen wäre; vielleicht konnte ich jenseits des Großen Wassers etwas finden. Also ging ich nicht heim, wenngleich ich elend und verzweifelt war.

Sie verluden uns alle auf ein sehr großes Feuerboot. Es war so groß, daß ich, als ich es erblickte, meinen Augen nicht traute, und als ich seine Stimme hörte, erschrak ich. Noch andere große Feuerboote waren da, die ihre Stimme ausschickten, und auch kleine.

Nach einiger Zeit konnte ich nichts mehr sehen als Wasser, Wasser, Wasser, und es schien uns, daß wir nirgends hin führen, nur auf und ab; aber man sagte uns, daß wir uns sehr rasch vorwärtsbewegten. War dem so, dachte ich, dann mußten wir dort hinabfallen, wo das Wasser endete; oder vielleicht müßten wir anhalten, wo der Himmel auf dem Wasser ruhte. Man sah nun nichts mehr als Nebel dort,

wo wir die große Stadt zu sehen pflegten, und nichts als Wasser ringsum.
Wir waren alle in Verzweiflung, und manche fühlten sich so krank, daß sie begannen, ihre Sterbelieder zu singen.
Als der Abend kam, heulte ein starker Wind, und das Wasser donnerte. Wir hatten Dinge bekommen, die wir aufhängen sollten, um darin zu schlafen. Jedoch erfuhr ich erst später, was wir damit anfangen sollten; so breiteten wir sie nun über dem Boden aus und legten uns darauf. Der Boden schaukelte nach jeder Richtung, und das wurde schlimmer und schlimmer, derart, daß wir von der einen Seite nach der andern rollten und nicht schlafen konnten. Wir fürchteten uns, und jetzt waren wir gar alle sehr krank. Die Uaschitschun lachten uns zuerst aus; bald aber konnten wir bemerken, daß auch sie sich fürchteten, da sie herumliefen und sehr aufgeregt sprachen. Unsere Frauen weinten, und selbst von den Männern weinten einige, denn es war schrecklich, und sie konnten nichts tun. Nach einiger Zeit kamen die Uaschitschun und gaben uns Dinge, die wir uns um den Leib binden sollten, auf daß wir schwimmen könnten. Ich legte den Gürtel, den sie mir reichten, nicht um; denn ich wünschte nicht zu schwimmen. Statt dessen zog ich mich für das Sterben an, kleidete mich in meine besten Kleider, die ich bei der Schaustellung trug, und sang dann mein Sterbelied. Auch andere kleideten sich für das Sterben an und sangen. Wenn dies das Ende unseres Lebens war und wir nichts tun konnten, so wollten wir doch mutig sterben. Gegen das, was uns töten wollte, war nicht zu kämpfen, aber wir konnten so sterben, daß sich die Geister unserer Verwandten für uns nicht zu schämen brauchten. Härter kam es uns an, weil wir uns so krank fühlten. Alles, was

wir gegessen, kehrte wieder zurück, und dann hielt dieses Heraufkommen als Reiz an, als nichts mehr da war.
Wir schliefen überhaupt nicht, und am Morgen sahen die Wogen wie Berge aus, doch der Wind hatte etwas nachgelassen. Einige von den Büffeln und Bären, die wir für die Schaustellungen mitgenommen hatten, starben an diesem Tage, und die Uaschitschun warfen sie ins Meer. Als ich die armen Büffel hinabstürzen sah, war mir ums Weinen, denn ich dachte, es sei, als werfe man einen Teil von der Kraft meines Volkes weg.
Nachdem wir eine lange Zeit auf dem Feuerboot zugebracht hatten, sahen wir viele Häuser und dann viele andere eng zusammengebundene Feuerboote am Ufer. Wir dachten, wir könnten nun bald an Land gehen, doch es wurde nichts daraus. Ein kleines Feuerboot kam durch das Wassertor auf uns zugefahren und hielt neben uns an, und die Leute, die darauf waren, betrachteten jedes Ding auf unserem Schiff, bevor wir weiter durften. Wir fuhren fast den ganzen Tag sehr langsam, glaube ich, und gelangten endlich in eine Gegend, wo viele, viele Häuser dicht beisammen standen, und mehr Feuerboote, als man zählen konnte. Diese Häuser waren von jenen, welche wir bisher gesehen hatten, verschieden. Die Uaschitschun behielten uns noch die ganze Nacht auf dem Feuerboot, dann luden sie uns endlich aus und brachten uns an den Ort, wo die Schaustellung statthaben sollte. Der Name dieser sehr großen Stadt war London. Wir befanden uns an Land, doch fühlten wir uns so schwindlig, als wären wir noch auf dem Wasser. Anfangs fiel uns das Gehen schwer.
Wir blieben sechs Monde an diesem Ort; und viele, viele Leute kamen, um die Schaustellung zu sehen.

Eines Tages wurde uns gesagt, daß Ihre Majestät kommen werde. Ich wußte zuerst nicht, was das war, erfuhr es aber später. Es war Großmutter England [Königin Victoria], der Großmutters Land gehörte, wo wir eine Zeitlang gelebt, nachdem die Uaschitschun Tolles Pferd ermordet hatten.

Sie fuhr zur Schaustellung in einem großen glänzenden Wagen, auf beiden Seiten von ihr ritten Soldaten, und noch viele andere glänzende Wagen trafen ein. An diesem Tag durften keine andern Leute zur Schaustellung kommen – gerade nur Großmutter England und einige Leute, die sie begleitet hatten.

Manchmal mußten wir bei unseren Vorführungen schießen, doch diesmal unterblieb das Schießen gänzlich. Wir tanzten und sangen, und ich war einer von den Tänzern, die besonders ausgewählt worden, um dies vor der Großmutter zu tun, denn ich war damals jung und gelenkig und verstand auf viele verschiedene Arten zu tanzen. Wir standen der Großmutter England gerade gegenüber. Sie war klein, aber rundlich, und wir liebten sie, da sie gut zu uns war. Nachdem wir getanzt hatten, sprach sie mit uns. Sie sagte ungefähr dies: »Ich bin sechsundsiebzig Jahre alt. Auf der ganzen Welt habe ich alle Arten von Völkern gesehen; heute jedoch sah ich die schönsten Menschen[100], die mir je vor Augen gekommen. Wenn ihr mir gehörtet, dann würde ich nicht erlauben, daß man euch in einer solchen Schaustellung herumführt.« Sie sagte uns noch andere freundliche Dinge, und daß wir zu ihr kommen sollten, nun, da sie doch zu uns gekommen sei. Sie schüttelte jedem von uns die Hand. Ihre Hand war sehr klein und weich. Wir erhoben ein lautes Jubelgeschrei für sie, und dann

kamen die glänzenden Wagen herein, und sie bestieg einen von ihnen, und alle fuhren davon.
Etwa einen halben Mond später gingen wir die Großmutter besuchen. Sie setzten uns in ein paar von jenen glänzenden Wagen und führten uns zu einem sehr schönen Ort, wo ein sehr großes Haus mit scharfen, spitzen Türmen stand. Da waren viele Stühle hoch in einem Kreise aufgestellt, und diese waren voll von Uaschitschun, die alle mit ihren Hakken stampften und schrien: »Jubilee! Jubilee! Jubilee!« Ich habe nie erfahren, was das bedeutet.
Sie brachten uns alle zusammen an eine bestimmte Stelle unterhalb der Sitze. Zuerst erschien ein schöner schwarzer Wagen mit zwei schwarzen Pferden, welche die ganze Runde des Platzes abschritten. Ich hörte, Großmutters Großsohn, ein kleiner Junge, sei in dem Wagen. Darauf kam ein schöner schwarzer Wagen mit vier grauen Pferden. Auf jedem der beiden Pferde rechter Hand saß ein Reiter, und ein Mann zu Fuß führte das erste Pferd links. Ich hörte, daß einige von Großmutters Verwandten sich in diesem Wagen befänden. Nun kamen acht rehbraune Pferde, zwei und zwei, die einen glänzenden schwarzen Wagen zogen. Auf jedem Pferd rechter Hand saß ein Reiter, und ein Mann zu Fuß führte das erste Pferd zur Linken. Soldaten mit aufgepflanztem, nach außen gerichtetem Bajonett umgaben diesen Wagen. Jetzt riefen und schrien alle Leute auf den Sitzen: »Jubilee!« und »Victoria!« Dann sahen wir Großmutter England wieder. Sie saß vor der Rückseite des Wagens und zwei Frauen saßen ihr gegenüber. Ihr Kleid war heller Glanz und ihr Hut war heller Glanz und ihr Wagen heller Glanz und so auch die Pferde. Sie war wie ein nahendes Feuer.

Später vernahm ich, daß gelbes und weißes Metall Wagen und Pferde bedeckten.
Als sie bei uns angelangt war, hielt ihr Wagen an, und sie erhob sich. Da standen alle diese Leute auf und schrien und verbeugten sich vor ihr; aber sie verneigte sich vor uns. Wir schrien laut, und unsere Frauen grüßten mit dem Getriller. Die Leute in der Menge waren so erregt, daß einige von ihnen krank wurden und hinfielen, so sagte man uns. Als alles ruhig war, sangen wir Großmutter ein Lied. Das war eine sehr glückliche Zeit.
Wir liebten Großmutter England, weil wir sahen, daß sie eine edle Frau war, und sie war gut gegen uns. Vielleicht, wenn sie unsere Großmutter gewesen, wäre es unserem Volke besser ergangen.

DIE GEIST-REISE[101]

JA, DAS war eine glückliche Zeit; doch nun war das alles vorbei. Wir fuhren nach Manchester und gaben dort Vorstellungen während mehreren Monden.
Als die Schaustellung sehr früh am nächsten Morgen wegzog, hatten sich drei andere junge Männer und ich mit ihnen in Manchester verirrt. Das Feuerboot fuhr ohne uns ab. Wir konnten die Uaschitschun-Sprache nicht reden und wußten nicht, was tun; so streiften wir einfach herum. Nach einiger Zeit stießen wir auf zwei andere Lakotas, die zurückgelassen worden waren, und einer von diesen konnte Englisch sprechen. Er sagte, wenn wir nach London gingen, könnten wir bei einer andern Schautruppe, die dort sei, Geld verdienen, und alsdann nach Hause zurückkeh-

ren. Wir hatten sehr Heimweh. Also löste der Englisch-Sprecher mit dem Geld, das wir alle zusammenlegten, Fahrkarten, und wir gelangten nach London auf dem Eisenweg. Die Schaustellung trug den Namen Mexican Joe. Es war eine kleine Truppe, doch sie gaben uns für jeden Tag einen Dollar. Nachdem wir eine Zeitlang in London aufgetreten, brachte Mexican Joe uns nach Paris, und hier blieb unsere Schaustellung sehr lange. Da war ein Uaschitschun-Mädchen, das sehr oft zu uns kam. Es hatte mich gern und nahm mich nach Hause mit, zu Vater und Mutter; sie alle hatten mich gern und waren gut zu mir. Ich konnte ihre Sprache nicht sprechen, so machte ich Zeichen, und das Mädchen lernte einige Lakota-Wörter.

Von Paris zogen wir nach Deutschland und von dort an einen Ort, wo die Erde brannte. Da war ein großer Hügel, oben gestaltet wie ein Tipi, und da oben brannte er. Ich hörte, daß vor langer Zeit eine große Stadt und viele Menschen hier in der Erde verschwunden seien.

Unter meinem Heimweh litt ich immer mehr, denn es war nun zwei Winter her, seit ich mein Land verlassen hatte. Ich konnte an nichts anderes mehr denken, und das machte mich mit der Zeit wirklich krank; aber ich dachte, ich sollte noch solange bei der Schautruppe bleiben, bis ich Geld genug hätte, um heimzukehren.

Mexican Joe brachte uns nach Paris zurück, doch konnte ich bei der Schaustellung nicht mitwirken, weil ich zu krank war. Das Mädchen, von dem ich euch erzählte, nahm mich in sein Haus zu seinem Vater und seiner Mutter, und sie machten mich wieder gesund. Dann, eines Morgens, ging ich für kurze Zeit nach Hause:

An jenem Morgen trug ich Uaschitschun-Kleider und

Schuhe; nichts fehlte dabei. Der einzige Unterschied lag darin, daß ich langes Haar hatte, das ungeflochten offen über meine Schultern hing. Ich fühlte mich wohl, und wir hatten uns eben zu unserer ersten Mahlzeit niedergelassen. Dieser mein weiblicher Freund hatte sich neben mich gesetzt, und ihre Mutter und ihr Vater und zwei Schwestern hatten auch Platz genommen.

Als wir so dasaßen, blickte ich zur Decke auf, und sie schien sich zu bewegen. Das Haus drehte sich oben und streckte sich während des Drehens in die Höhe. Ich sah, wie wir alle mit dem ganzen Haus sehr schnell in die Höhe stiegen, und es sich während des Steigens rundum drehte. Dann kam eine Wolke auf uns herab, während wir aufstiegen, und plötzlich stand ich auf dieser Wolke. Die andern Leute und das Haus fielen unter mir zurück und von mir weg.

Dann war ich allein auf dieser Wolke, und sie bewegte sich sehr geschwind. Ich hielt mich an ihr fest, denn ich fürch tete, hinabzustürzen. Weit unten sah ich Häuser und Städte, grünes Land und Ströme, und alles sah ganz flach aus. Danach war ich gerade über dem großen Wasser. Jetzt fürchtete ich mich nicht mehr, denn nun wußte ich, daß ich heimwärts ging. Es war dunkel, dann wurde es wieder licht, und dann konnte ich eine große Stadt unter mir sehen. Da wußte ich, es war jene, wo wir zuerst das große Feuerboot bestiegen und daß ich wieder in meinem eigenen Lande war. Ich fühlte mich sehr glücklich. Die Wolke und ich trieben stetig und in großer Eile weiter. Ich sah Städte und Ströme und Städte und grünes Land; da fing ich an, das Land unter mir zu erkennen: den Missouri River, dann weiter in der Ferne die Black Hills und die Mitte der Welt, zu der die Geister in meinem großen Gesichte mich entführt hatten.

Als ich nun gerade über Pine Ridge war und die Wolke stehenblieb, schaute ich hinab und konnte nicht begreifen, was ich sah, denn es schien mir, nahezu alle Leute der verschiedenen Stämme meines Volkes seien dort in einem großen Lager versammelt. Ich sah das Tipi meines Vaters und meiner Mutter; sie waren im Freien, meine Mutter kochte. Ich wollte hinabspringen und bei ihnen sein, doch ich fürchtete, zu Tode zu stürzen. Wie ich so hinabschaute, blickte meine Mutter herauf, und ich war ganz gewiß, daß sie mich sah. Doch eben jetzt begann die Wolke sich zurückzubewegen, sehr schnell. Ich war traurig, aber ich konnte nicht hinab. Unter mir schwanden Ströme und grünes Land und Städte rasch zurück. Bald flogen die Wolke und ich wieder über die sehr große Stadt. Und dann war nichts als Wasser und ich, und die sternlose Nacht kam; so war ich ganz allein in einer schwarzen Welt und weinte. Doch nach einiger Zeit begann in der Ferne über mir sich Licht zu zeigen. Darauf sah ich Erde unter mir; Städte und grünes Land und Häuser, und alles floh zurück. Bald hielt die Wolke an über einer großen Stadt, und ein Haus fing an zu mir heraufzufahren und drehte sich während seines Aufstiegs um und um. Als ich die Wolke berührte, nahm es mich in sich und begann zurückzusinken. Und es drehte sich mit mir um und um.

Ich berührte den Boden, und da vernahm ich des Mädchens Stimme und hierauf andere Stimmen erschreckter Leute. Dann lag ich auf dem Rücken in einem Bett, und das Mädchen und sein Vater und seine Mutter und seine Schwestern und ein Arzt schauten mich an mit einem Ausdruck, als wären sie entsetzt. Der Englisch-Kundige von unserer Schautruppe kam und erzählte mir, wie sich alles zugetragen. Ich sei beim Frühstück gesessen; da, sagten sie, habe ich in die Höhe geblickt und gelächelt und sei dann wie tot von meinem Stuhl gefallen. Drei Tage habe ich so leblos dagelegen, nur ein einziges Mal hätte ich ganz wenig geatmet. Oft konnten sie mein Herz überhaupt nicht fühlen. Sie waren überzeugt, daß ich wirklich bald tot sein werde, und sie dachten bereits daran, für mich einen Sarg zu kaufen. Mag sein, wenn ich diesmal nicht ins Leben zurückgekehrt wäre, so würden sie mir einen guten Sarg gegeben haben; doch wie die Dinge nun liegen, denke ich, wird es nur eine Kiste sein.

Ich erzählte den Leuten nicht, wo ich gewesen war; denn ich begriff sehr wohl, daß sie meinen Worten nicht Glauben schenken könnten.

Nach ein paar Tagen hörten meine Freunde, daß Pahuska wieder in die Stadt gekommen sei. So brachten sie mich zu seiner Schaustellung, und er freute sich, mich wieder zu sehen. Er ließ alle seine Leute ein dreifaches Hoch auf mich ausbringen. Dann fragte er mich, ob ich bei ihm und seiner Truppe bleiben oder ob ich heimkehren wolle; ich antwortete ihm, ich sei vor Heimweh krank. Er sagte, er werde dem Rechnung tragen und gab mir eine Fahrkarte und neunzig Dollar. Danach bestellte er mir ein tüchtiges Essen. Pahuska hatte ein wackeres Herz. Nach einiger Zeit kam ein Polizeimann, der hieß mich meine Sachen holen. Er führte mich zur Eisenstraße, und am Morgen war ich am Großen Wasser. Wiederum brachten sie mich auf ein großes Feuerboot. Wir waren acht Tage auf dem Meer. Ich war die meiste Zeit krank, aber ich war nicht traurig, denn ich ging ja heim.

Als das Feuerboot wieder in der großen Stadt meines eigenen Landes angekommen war, ging ich sogleich zur Eisenstraße.

Es war früh morgens, als wir in Rushville anlangten. Gar keine Lakotas befanden sich dort; doch ein gedeckter Maultier-Wagen stand da, im Begriff nach Pine Ridge abzufahren. Also reiste ich mit diesem Wagen.

Als ich Pine Ridge erreicht hatte, war jedes Ding ganz so, wie ich es von der Wolke aus gesehen hatte. Alle Lakotas lebten hier, wie ich sie gesehen, denn dieses war das Jahr des Vertrages [1889], da die Uaschitschun noch mehr von unserem Lande kauften – all das Land, welches zwischen dem Smoky Earth [dem Weißen] und dem Good River [dem Cheyenne] lag. Ich war fast drei Jahre fort gewesen und hatte von dieser wahnwitzigen Sache bis dahin nichts erfahren.

Meiner Mutter Tipi stand gerade dort, wo ich es gesehen, als ich von der Wolke niederschaute, und auch andere Leute hatten ihre Wohnstatt genau dort, wo ich sie erblickt hatte. Meine Eltern waren voller Freude, mich zu sehen, und meine Mutter weinte vor Glück. Auch ich weinte. Man mußte wohl annehmen, daß ich nun ein Mann sei, gleichwohl kamen mir die Tränen. Meine Mutter berichtete mir, sie habe in einer Nacht geträumt, ich sei auf einer Wolke zurückgekehrt, habe aber nicht bleiben können. Da erzählte ich ihr von meinem Gesicht.

HUNGER herrschte unter meinem Volk in jener Zeit, bevor ich über das große Wasser ging, weil die Uaschitschun uns nicht alle die Lebensmittel gaben, die sie uns im Vertrag der Black Hills versprochen. Sie schlossen diesen Vertrag von sich aus; unsere Leute wünschten ihn nicht und machten ihn nicht. Jedoch die Uaschitschun, die ihn vorgeschlagen, hatten uns weniger als die Hälfte des darin Versprochenen geliefert; darum hungerten die Leute in der Zeit, bevor ich wegging.

Nach meiner Rückkehr war es aber noch schlimmer. Mein Volk sah jammervoll aus. Es herrschte eine große Dürre im Land, und die Flüsse und Bäche schienen zu versiegen. Nichts von dem, was die Leute gepflanzt hatten, kam zum Wachstum; die Uaschitschun hatten uns noch weniger Vieh und Nahrungsmittel geschickt als je. Rücksichtslos metzelten sie die Büffel nieder und pferchten uns ein. Es sah aus, als sollten wir alle Hungers sterben. Lügen konnten wir nicht essen, und wir wußten uns nicht zu helfen.

Gerade jetzt hatten die Uaschitschun einen neuen Vertrag geschaffen, um uns etwa die Hälfte des Landes, das wir verlassen hatten, wegzunehmen. Auch diesen Vertrag wollten unsere Leute nicht, aber Drei Sterne[102] kam und brachte ihn dennoch zustande, weil die Uaschitschun unser Land zwischen Smoky Earth und dem Good River haben wollten. Und so fraß die Flut der Uaschitschun, schmutzig von schlechten Taten, die Hälfte der Insel weg, die man uns zugestanden hatte. Als Drei Sterne gekommen war, um uns am Rosebud zu vernichten, hatte ihn Tolles Pferd geschlagen und zurückgeworfen; doch als er jetzt ohne einen ein-

zigen Soldaten kam, schlug er uns und warf uns zurück. Wir waren eingepfercht und konnten nichts unternehmen. Während der ganzen Zeit, wo ich, von daheim weg, jenseits des Großen Wassers lebte, war meine Kraft verschwunden. Ich war wie ein toter Mann und irrte herum. Kaum vermochte ich, mich an mein Gesicht zu erinnern, und wenn mir das gelang, dann war es wie ein trüber Traum.
Gleich nach meiner Heimkunft baten mich ein paar Leute, einen Kranken zu heilen, und ich befürchtete, die Kraft werde nicht zurückkehren; doch sie kam. So fuhr ich fort, den Kranken zu helfen, und ihrer waren viele, denn die Masern waren unter den schon vom Hunger geschwächten Leuten ausgebrochen. Noch stärker wuchs die Zahl der Kranken in jenem Winter an, als der Keuchhusten die schlecht genährten kleinen Kinder wegraffte.
So lagen die Dinge. Unser Volk war in einem jammervollen Zustand und am Verzweifeln.
Doch am Anfang jenes Sommers, als ich über das Große Wasser zurückgekehrt [1889], waren seltsame Gerüchte aus dem Westen gekommen, und die Leute hörten nicht auf, davon zu reden. Sie erzählten mir davon gleich nach meiner Ankunft; damals habe ich davon gehört. Diese Neuigkeiten vernahmen vor den andern die Ogalalla, und ich hörte, daß sie von den Schoschonen und den Blauen Wolken [Arapaho] zu uns gedrungen. Manche glaubten sie, andere glaubten sie nicht. Es war nicht leicht, daran zu glauben; als ich zuerst davon hörte, dachte ich, es sei alles närrisches Geschwätz, das einer irgendwo in Umlauf gesetzt habe. Dieses Gerede besagte: dort draußen im Westen, an einem Ort, nicht weit von den großen Bergen [die Sierras], ehe man an das Große Wasser kommt, lebe ein heiliger

Mann unter den Paiute; der habe in seinem Gesicht mit dem Großen Geiste gesprochen, und dieser habe ihm gesagt, was zu tun sei, um die Indianerstämme zu retten, die Uaschitschun verschwinden zu machen und alle Büffel und die toten Leute zurückzubringen, und wie dann eine neue Erde erstehen würde. Noch vor meiner Heimkehr hatten die Leute darüber gesprochen, und sie hatten drei Männer ausgeschickt: Guter Donner [Good Thunder], Tapferer Bär [Brave Bear] und Gelbe Brust [Yellow Breast], die diesen heiligen Mann mit ihren eigenen Augen sehen und erkunden sollten, ob die Geschichten über ihn wahr seien. So hatten diese drei Männer die lange Reise nach dem Westen unternommen. Im Herbst nach meiner Heimkehr kehrten sie zu den Ogalalla zurück und hatten wunderbare Dinge zu erzählen.

Es wurde eine große Zusammenkunft oben am White Clay Creek, nicht weit von Pine Ridge, veranstaltet, doch ich ging nicht hin, daran teilzunehmen, weil ich noch nicht glaubte. Ich dachte vielmehr, daß wohl nur die Verzweiflung die Menschen glauben machte, gerade so wie ein verhungernder Mann von einem Überfluß an guten eßbaren Dingen träumen mag.

Obschon ich nicht selbst zu der Versammlung ging, erfuhr ich doch alles, was dort mitgeteilt wurde. Diese drei Männer berichteten das gleiche, und es waren rechtschaffene Männer; sie sagten, sie seien weit gereist, bis sie zu einem großen flachen Tal gelangten [103], unweit der letzten großen Berge vor dem Großen Wasser, und dort sahen sie den Uanekia [104], der ein Sohn des Großen Geistes ist. Sie sprachen mit ihm. Die Uaschitschun nannten ihn Jack Wilson [105], aber sein Name war Uowoka. Er sagte ihnen, eine andere

Welt werde kommen, so wie eine Wolke kommt; sie werde in einem Wirbelsturm aus dem Westen kommen, und alles, was in dieser Welt alt und am Sterben sei, zerschlagen. In dieser andern Welt sei Überfluß an Fleisch, ganz wie in den alten Zeiten; und dann würden alle verstorbenen Indianer lebendig werden, und alle Büffel, die je getötet worden, wieder umherstreifen[106].

Dieser heilige Mann gab Gutem Donner etwas heilige rote Farbe und zwei Adlerfedern. Die Leute mußten diese Farbe auf ihre Gesichter streichen und dann sollten sie einen Geistertanz tanzen, den der heilige Mann Guten Donner, Gelbe Brust und Tapferen Bär gelehrt hatte. Wenn sie solches täten, alsdann könnten sie in diese andere Welt, wenn diese gekommen, eingehen, und die Uaschitschun vermöchten nicht weiter vorzudringen und würden verschwinden. Als er Gutem Donner die zwei Adlerfedern gab, sagte der heilige Mann: »Nimm diese Adlerfedern und betrachte sie, denn mein Vater wird durch sie bewirken, daß dein Volk zu ihm heimkehrt.«

Dies war alles, was ich während des ganzen Winters hörte. Als ich das von der roten Farbe und den Adlerfedern und dem Zurückbringen meines Volkes zum Großen Geiste vernahm, gab mir das sehr zu denken. Ich hatte ein großes Gesicht gehabt, nämlich die Weisung, das Volk in den Ring des Volkes zurückzubringen. Vielleicht aber hatte dieser heilige Mann das gleiche Gesicht gehabt, und nun sollte es sich verwirklichen, also daß das Volk wieder auf den roten Weg zurückgelangen würde. Vielleicht war nicht beabsichtigt, daß ich selbst dies tun sollte, aber wenn ich mithülfe mit der Kraft, die mir gegeben war, könnte der Baum wieder blühen und das Volk gedeihen. Das ging mir diesen ganzen Winter durch den Sinn, aber ich wußte nicht, was dem heiligen Manne dort außen offenbart worden war, und ich wünschte, ich könnte ihn sprechen und es herausfinden. Das setzte sich mit jedem Tag tiefer in mir fest; aber der Winter war sehr schlimm, mit viel Hunger und Krankheit. Mein Vater starb im ersten Teil des Winters an der argen Krankheit, die viele Leute befiel. Das machte mich sehr traurig. Alles Gute schien hinwegzuschwinden. Mein jüngerer Bruder und meine Schwester waren vor meiner Heimkehr gestorben, und jetzt stand ich vaterlos in der Welt. Aber ich hatte noch meine Mutter und arbeitete in einem Warenlager für die Uaschitschun, so daß ich ihr etwas zu essen verschaffen konnte; deshalb arbeitete ich dort weiter und dachte nach über das, was Guter Donner, Gelbe Brust und Tapferer Bär erzählt hatten; aber noch war ich meiner Sache nicht gewiß.

Im Verlauf dieses Winters begehrten die Leute mehr über diesen heiligen Mann und die kommende neue Welt zu vernehmen; also sandten sie wiederum Männer aus, die soviel wie möglich in Erfahrung bringen sollten. Guter Donner und Gelbe Brust, mit zwei andern, kamen von Pine Ridge. Einige Männer aus den andern Agenturen zogen mit ihnen; zwei von diesen waren Tretender Bär [Kicking Bear] und Kurzer Stier [Short Bull]. Nachrichten kamen von diesen Männern, als sie westwärts zogen, und es schien, daß die Leute überall glaubten, was wir gehört hatten, und noch mehr. Briefe gelangten zu uns, die solches bestätigten. Ich blieb bei meiner Arbeit im Warenlager und half wieder kranken Menschen durch meine Kraft.

Und dann war Frühling [1890], als ich hörte, alle diese Männer seien aus dem Westen zurückgekehrt, und sie sagten, es sei alles wahr. Auch zu dieser Zusammenkunft ging ich nicht, doch vernahm ich das nun allenthalben umgehende Gerede. Die Leute sagten, er sei wahrhaftig der Sohn des Großen Geistes; als er vor langer Zeit zu den Uaschitschun gekommen sei, hätten diese ihn getötet; aber dieses Mal komme er zu den Indianern. Keine Uaschitschun würden in der neuen Welt sein, die gleich einer Wolke in einem Wirbelsturm erscheinen und die sterbende alte Erde vernichten werde. Dieses, sagten sie, werde sich ereignen, nach einem weiteren Winter [1891], wenn das Gras wieder sproße.

Ich hörte viel Wunderbares über den Uanekia, was diese Männer vernommen und gesehen hatten; und es waren zuverlässige Männer. Er konnte Tiere reden machen, und einmal, als sie bei ihm waren, rief er eine Geistererscheinung herauf, die sie alle schauten. Sie erblickten ein großes Wasser und jenseits davon war ein schönes grünes Land. Alle Indianer, die je gelebt hatten, und die Büffel und die übrigen Tiere fanden sich hier in ihrer Heimat zusammen. Darauf, so sagten sie, ließ der Uanekia dieses Gesicht wieder verschwinden, denn es war noch nicht an der Zeit, daß solches geschehe. Nach einem weiteren Winter, wenn das Gras wieder sprieße, werde sich all das verwirklichen.

Und einmal, so erzählten sie, streckte der Uanekia seinen Hut aus, damit sie hineinblickten; und als sie dies taten, sahen sie dort – einer ausgenommen – die ganze Welt und alles, was darin wunderbar ist. Jener eine aber, sagten sie, sah nur die Innenseite des Hutes [107].

Guter Donner selbst erzählte mir, daß er durch die Kraft des Uanekia ein Büffelhaut-Tipi betreten habe. Dort habe sein längst verstorbener Sohn mit seiner Frau gelebt, und er hätte mit ihm zusammen eine lange Unterredung gehabt. Dies war nichts in der Art meines großen Gesichts, und ich setzte meine Arbeit im Warenlager fort. Doch war ich verwirrt und wußte nicht, was ich denken sollte.

Später hörte ich, daß nördlich von Pine Ridge, am obern Ende des Cheyenne Creek, Tretender Bär den ersten Geistertanz abgehalten habe, und daß die Leute, die mitgetanzt, ihre verstorbenen Verwandten gesehen und mit ihnen gesprochen hätten. Das Nächste, was ich darauf vernahm, war, daß sie am Wounded Knee Creek gerade unterhalb Manderson tanzten.

Ich glaubte noch immer nicht, doch wollte ich den Dingen auf den Grund gehen, da alles dieses seit dem Tode meines Vaters in meinem Herzen mehr und mehr Raum eingenommen hatte. Irgend etwas hieß mich dorthin gehen, um mich selbst zu überzeugen. Eine Zeitlang hielt ich mich noch zurück, doch endlich vermochte ich es nicht mehr. Also saß ich auf und ritt zu jenem Geistertanz am Wounded Knee Creek unterhalb Manderson.

Ich war überrascht und wagte kaum zu glauben, was ich sah; so vieles aus meinem Gesicht konnte ich hier wieder erkennen. Die Tänzer, beide, Männer und Frauen, hielten sich in einem großen Kreis bei der Hand, und in der Mitte des Kreises hatten sie einen rotbemalten Baum aufgerichtet, dessen Äste zum großen Teil abgeschnitten waren, bis auf ein paar Zweige mit welken Blättern. Das war ganz genau der Teil in meinem Gesicht, wo der heilige Baum starb, und der Kreis der Männer und Frauen, die einander bei den Händen hielten, war gleich dem heiligen Ring, der die Kraft haben sollte, den heiligen Baum wieder blühen zu machen. Ich sah auch, daß die heiligen Gegenstände, welche die Leute dargebracht, scharlachfarben waren, wie in meiner Offenbarung, und die Gesichter waren rot bemalt. Auch hatten sie die Pfeife im Gebrauch und die Adlerfedern. Ich saß dort, schaute und war traurig; denn alles schien irgendwie aus meinem großen Gesicht herzukommen, und ich hatte noch nichts getan, um den Baum blühen zu machen.

Dann auf einmal überkam mich die Empfindung vollen Glücks, und diese dauerte an und erfüllte mich ganz. Das sollte mich mahnen, sogleich ans Werk zu gehen und mitzuhelfen, mein Volk in den heiligen Ring zurückzubringen, auf daß es wieder auf dem roten Weg in heiliger Weise wandere, ein Wohlgefallen den Mächten des Alls, die eine einzige Macht sind. Ich dachte daran, wie die Geister mich in die Mitte der Erde gebracht und mir die guten Dinge gezeigt hatten und wie mein Volk gedeihen sollte. Ich dachte daran, wie die sechs Großväter mir gesagt, daß ich mit ihrer Kraft mein Volk lebendig machen und wie der heilige Baum blühen sollte. Ich glaubte, mein Gesicht würde endlich Wahrheit werden, und ich war glücklich.

Als ich zum Tanze ritt, beherrschte mich nur die Absicht, zu erfahren und zu verstehen, was die Leute glaubten; nun aber wollte ich bleiben und von der Kraft, die mir gegeben, Gebrauch machen. Der Tanz war für diesen Tag beendet, doch wünschte man am nächsten Tag wieder zu tanzen, und ich wollte mittun.

So KLEIDETE ich mich in heiliger Weise, und ehe der Tanz am folgenden Morgen begann, mischte ich mich unter die Leute, die den dürren Baum umstanden. Guter Donner, der ein Verwandter meines Vaters war und später meine Mutter heiratete, legte seine Arme um mich, geleitete mich zu dem heiligen Baum, der nicht geblüht hatte, und sprach hier ein Gebet für mich. Er sagte: »Vater, Großer Geist, schau her auf diesen Knaben! Deine Wege soll er erkennen!« Dann weinte er.

Ich dachte an meinen Vater und meinen Bruder und meine Schwester, die uns verlassen hatten, und ich konnte das Strömen meiner Tränen nicht hindern. Ich hob mein Gesicht hoch, um sie zurückzudrängen, aber sie strömten weiter. Ich weinte mit meinem ganzen Herzen, und während ich weinte, dachte ich an mein Volk in seiner Verzweiflung. Ich dachte an mein Gesicht und wie mir versprochen ward, daß meine Leute einen Platz auf dieser Erde haben sollten, wo sie jeden Tag glücklich sein könnten. Ich dachte an sie, die nun auf dem falschen Wege gingen, doch vielleicht konnten sie in den Ring zurückgebracht werden und auf den guten Weg.

Unter dem Baum, der nimmer blühte, stand ich und weinte, weil er verdorrt war. Tränenüberströmt bat ich den Großen Geist, ihn mit Leben zu beschenken und mit Blättern und singenden Vögeln, so wie ich es in meinem Gesicht geschaut hatte.

Dann ging ein seltsamer Schauer durch meinen ganzen Leib, und ich wußte, daß die Kraft noch in mir wohnte.

Guter Donner ergriff nun meinen einen Arm, Tretender

Bär den andern, und wir begannen zu tanzen. Das Lied, das wir sangen, klang so:

»Wer, denkt ihr, ist es, der da kommt?
Es ist einer, der seine Mutter sucht.«

Es war, was wohl die Toten singen, wenn sie in die andere Welt eintreten und nach ihren Verwandten ausschauen, die ihnen vorangegangen sind.

Als ich tanzte, zwischen Gutem Donner und Tretendem Bär, die meine Arme hielten, überkam mich das seltsame Gefühl, völlig vom Boden hochgehoben zu werden. Ich hatte an diesem ersten Tage kein Gesicht. In der Nacht dachte ich an die andere Welt und daran, daß der Uanekia selbst bei meinem Volke sei; daß auch der heilige Baum aus meinem Gesicht nun dort unten wirklich blühen werde und mein Gesicht vielleicht bereits Wirklichkeit geworden sei. Aus der Mitte der Erde hatte ich alle guten und schönen Dinge in einem großen Friedensring erschaut; vielleicht war dieses Land meines Gesichts der Ort, nach dem mein ganzes Volk hinging; wo es leben und gedeihen würde und wo keine Uaschitschun wären, noch je sein könnten.

Bevor wir am folgenden Tage zu tanzen begannen, sprach Tretender Bär ein Gebet. Er redete: »Vater, Großer Geist, sieh dieses Volk! Sie alle gehen heute ihre Verwandten schauen, und dort werden sie glücklich sein, Tag um Tag, und ihr Glück wird nimmer enden.«

Darauf tanzten wir, und die meisten Leute schrien und wehklagten, während sie einander im Kreis an den Händen hielten; einige aber lachten vor Glück. Hie und da fiel einer zur Erde wie tot, und andere schwankten umher und keuchten, bevor sie hinfielen. Während sie wie tot dort lagen, hatten sie Gesichte. Wir aber setzten das Tanzen und Singen fort, und viele weinten und flehten, daß die alte Lebensweise zurückkehren und die Religion von einst wieder mit ihnen sein möge.

Nach einiger Zeit hatte ich eine merkwürdige Empfindung. Zuerst schien es mir, als wimmelten in meinen Beinen Ameisen. Ich tanzte mit geschlossenen Augen, wie die andern. Plötzlich war es, als werde ich vom Boden hochgerissen und berühre diesen nicht mehr. Die seltsame Empfindung stieg von meinen Beinen aufwärts und war nun in meinem Herzen. Es schien mir, als schwinge ich vorwärts wie eine Schaukel, und dann wieder zurück, in längeren und immer längeren Schwingungen. Dabei hatte ich keine Furcht, nur ein wachsendes Glücksgefühl.

Ich muß zu Boden gefallen sein, doch mir war, als sei ich von meiner Schaukel geflogen, als sie vorwärts schwang, und als sauste ich nun, Kopf voran, aufwärts durch die Luft. Meine Arme hielt ich ausgestreckt, und alles, was ich zunächst sah, war eine einzelne Adlerfeder, gerade vor mir. Darauf wurde die Feder zu einem gefleckten Adler, der mir voran tanzte und mit den Schwingen flatterte, und er stieß den schrillen pfeifenden Ton aus, der ihm eigen ist[108]. Mein Körper bewegte sich nicht im geringsten, doch blickte ich aufwärts und glitt mit großer Geschwindigkeit durch die Luft in der Richtung, in die ich blickte.

Rechts vor mir lag ein Felsenkamm, und ich dachte, ich werde dort anrennen, aber ich wurde über ihn hinweggetragen. Auf der andern Seite dieses Hanges erblickte ich eine schöne Gegend, wo viele, viele Menschen in einem großen Kreise lagerten. Ich sah, sie besaßen zum Leben die Fülle und waren glücklich. Überall sah man mit Fleisch beladene Trockengestelle. Die Luft war klar und schön von einem alles beglänzenden lebendigen Licht. Ringsum auf dem grünen, grünen Gras weideten wohlgenährte muntere Pferde; Tiere jeder Art waren auf den grünen Hügeln verstreut, und singende Jäger kehrten mit Fleisch beladen zurück.

Ich schwebte über die Tipis und kam erst in der Mitte des Ringes auf die Füße nieder, wo ich den schönen Baum ganz grün und voller Blüten sah. Als ich den Boden berührte, kamen zwei Männer auf mich zu. Diese trugen heilige Hemden[109], die auf besondere Art geschnitten und bemalt waren. Sie kamen und sagten zu mir: »Es ist für dich noch nicht die Zeit, deinen Vater zu besuchen, der glücklich ist. Du hast ein Werk zu verrichten. Wir werden dir etwas geben, das du deinem Volke heimbringen mußt; damit sollen sie kommen, ihre Lieben zu sehen.«

Ich wußte: was ich heimbringen sollte, war die Art, wie ihre heiligen Hemden gemacht wurden. Man hieß mich, sogleich zurückzukehren, und dann schwebte ich wieder durch die Luft, so eilig wie zuvor. Als ich wieder über dem Tanzplatz eintraf, tanzten die Leute immer noch, doch schien es, sie gaben dabei gar keinen Laut. Ich hatte gehofft, den dürren Baum nun in Blüte zu sehen, doch er war tot. Dann fiel ich in meinen Körper zurück. In diesem Augenblick hörte ich überall Stimmen um mich und über mir, und ich saß auf dem Erdgrund. Viele drängten sich um mich, fragend, was ich in meinem Gesicht geschaut hätte. Ich teilte ihnen mit, was ich gesehen, und daß, was ich mitgebracht, die Erinnerung an die heiligen Hemden der beiden Männer sei.

An diesem Abend zogen einige von uns gemeinsam zum

Tipi von Großem Weg [Big Road] und beschlossen, die Geisterhemden, die ich gesehen hatte, zu tragen. Also verfertigte ich den ganzen folgenden Tag über Geisterhemden und bemalte sie nach der heiligen Art meines Gesichts. Während ich mit den Hemden beschäftigt war, dachte ich darüber nach, wie in meiner Schau alles wie in alten Zeiten gewesen, wie der Baum geblüht hatte, bei meiner Rückkunft aber tot gewesen war. Und ich dachte, wenn diese Welt sich verhielte, wie das Gesicht lehrte, dann könnte auch hier der Baum erblühen.

Das erste Hemd machte ich für Fürchtet den Falken [Afraid of Hawk] und das zweite für den Sohn von Großer Weg.

Am Abend bereitete ich einen heiligen Stab und bemalte ihn rot mit der roten Farbe des Uanekia. An seinem oberen Ende befestigte ich eine einzige Adlerfeder, und damit ging ich später zum Tanz und trug das heilige Hemd, wie ich es gesehen hatte. Wegen meines Gesichts und der Kraft, von der die Leute wußten, baten sie mich, am nächsten Morgen den Tanz anzuführen. Wir alle standen, das Gesicht nach Westen, in einer geraden Linie, und ich betete: »Vater, Großer Geist, schau auf mich! Das Volk, dem ich angehöre, ist in Verzweiflung. Die neue Erde, die du verheißen, du hast sie mir gezeigt. Laß auch mein Volk sie schauen.«

Nach dem Gebet standen wir, die rechte Hand gegen Westen erhoben, und alle fingen zu weinen an. Und gerade da, bevor der Tanz begann, fielen einige ohnmächtig hin.

Als wir tanzten, hatte ich wieder jene merkwürdige Empfindung, als hätten meine Füße die Erde verlassen und ich schwänge. Tretender Bär und Guter Donner hielten mich an den Armen. Nach einer Weile war es, als ließen sie mich los, und wieder schwebte ich, Kopf oben, das Gesicht nach unten, mit ausgebreiteten Armen, und wiederum tanzte der gefleckte Adler über mir, und ich konnte sein schrilles Pfeifen und sein Kreischen vernehmen.

Wieder schaute ich den Hügelkamm, und als ich mich ihm näherte, war da ein tiefes grollendes Gedröhn, und eine Flamme schlug aus ihm empor. Doch glitt ich über sie hinweg. Vor mir lagen sechs Dörfer in jenem schönen Land, das hell und grün im lebendigen Lichte lag. Über diese glitt ich im Bogen hin und schwebte auf der Südseite des sechsten Dorfes nieder. Als ich dort den Boden berührte, traten zwölf Männer auf mich zu, und sie sagten: »Unsern Vater, den zweibeinigen Häuptling [110], sollst du sehen!«

Dann führten sie mich in die Mitte des Rings, wo ich den heiligen Baum wieder voller Blätter und Blüten sah.

Doch war das noch nicht alles, was ich sah. An den Baum gelehnt stand ein Mann, der die Arme weit vor sich geöffnet hielt. Ich blickte ihn scharf an, konnte aber nicht erkennen, welchem Volke er angehörte. Er war kein Uaschitschun und er war kein Indianer. Sein langes Haar hing offen herab, und auf der linken Kopfseite trug er eine Adlerfeder. Sein Leib war stark und wohlgestaltet, und er war rot bemalt. Ich strengte mein Gedächtnis an, ihn zu erkennen, doch brachte ich nicht heraus, wer er sei. Er bot einen sehr edeln Anblick. Während ich ihn unverwandt betrachtete, begann sein Körper sich zu verändern, er wurde sehr schön und leuchtend in allen Farben des Lichts, und Licht war rings um ihn her. Wie singend sagte er: »Mein Leben ist so, daß alle irdischen Wesen und wachsenden Dinge mir gehören. Euer Vater, der Große Geist, hat dies gesagt. Auch du sollst dies sagen.«

Dann erlosch er, so wie ein Licht im Winde auslischt.
Die zwölf Männer, die dort waren, sprachen: »Betrachte uns! Deines Volkes Leben soll also sein!«
Ich erkannte wieder, wie schön der Tag war, – der Himmel rein und blau und erfüllt von gelbem Licht über der grünenden Erde. Und ich sah: alle Menschen waren schön und jung. Da gab es keine Alten, auch keine Kinder, – nur Menschen etwa gleichen Alters. Alle waren schön.
Und dann erschienen zwölf Jungfrauen, die mir in einer Reihe gegenüberstanden und sprachen: »Sieh sie dir an! Ihre Lebensweise sollst du auf die Erde zurückbringen.«
Als sie gesprochen hatten, hörte ich im Westen Gesang, und ich behielt den Gesang, den ich gehört.
Einer von den zwölfen nahm zwei Stöcke, einen weiß- und einen rotbemalten. Er pflanzte sie in den Grund und sagte: »Nimm diese! Auf sie sollst du dich stützen. Eile!«
Ich wollte gehen, doch da schien mir, ein starker Wind trage mich hoch. Ich war in der Luft, mit ausgestreckten Armen, in raschem Flug. Da sah ich einen gefährlichen schwarzen Fluß, über den ich hinweg mußte, und ich erschrak. Er brauste und tobte und war voll kochenden Schaums. Ich schaute hinab und sah viele Männer und Frauen, die versuchten, das finstere und schreckliche Wasser zu überqueren, aber es gelang ihnen nicht. Weinend sahen sie zu mir herauf und riefen: »Hilf uns!« Doch konnte ich in meinem Fluge nicht anhalten, denn es war, als trüge mich ein mächtiger Wind.
Dann gewahrte ich wieder mein irdisches Volk auf dem Tanzplatz und fiel in meinen Körper zurück, der dort lag. Da saß ich auf, die Leute umdrängten mich und fragten, welches die Art meines Gesichts gewesen.

Ich erzählte mein Gesicht durch Gesänge, und die älteren Männer erklärten sie den andern. Ich sang ein Lied; die Worte waren dieselben, die der Uanekia [111] unter dem blühenden Baume sprach, und die Weise war jene, die ich im Westen vernommen, nachdem die zwölf Frauen gesprochen hatten. Ich sang es viermal, und beim viertenmal weinten alle Leute, weil die Uaschitschun uns die schöne Welt raubten.

Ich sann und dachte nach über dieses Gesicht. Die sechs Dörfer schienen die sechs Großväter zu vertreten, die ich vor langer Zeit im Flammenden Regenbogen-Tipi gesehen; und ich war bis zu dem sechsten Dorfe gelangt, das für den sechsten Großvater dastand, den Geist der Erde, weil ich ihn in der Welt vertreten sollte. Ich fragte mich, ob der Uanekia der rote Mann meines großen Gesichts sein könnte, der sich in einen Büffel verwandelt hatte und darauf in das vierstrahlige Kraut, das Morgenstern-Kraut des Verständnisses. Dann überlegte ich, die zwölf Männer und zwölf Frauen müßten die Monde des Jahres bedeuten.

ARGES UNHEIL KOMMT

WÄHREND sich diese Dinge zutrugen, ging der Sommer [1890] seinem Ende zu. Ich wußte damals noch nicht alles, was sich an andern Orten begab, doch einiges davon vernahm ich, und viel mehr hörte ich später.

Als Guter Donner und Tretender Bär im Frühjahr von ihrem Besuch bei dem Uanekia zurückkehrten, sperrten die Uaschitschun sie für einige Zeit ins Gefängnis und ließen sie dann wieder frei. Das zeigte, daß die Uaschitschun irgend etwas befürchteten. Im Monat der Schwarzen Kirschen [August] tanzten viele Leute bei No Water's Camp am Clay Creek, doch der Agent kam und hieß sie den Tanz einstellen. Das wollten sie nicht, und sie sagten, wenn sie das tun müßten, so würden sie für ihre Religion kämpfen. Der Agent ging, und sie tanzten weiter. Sie nannten ihn Junger-Mann-fürchtet-die-Lakotas.

Später hörte ich, daß die Brûlés drüben, östlich von uns, tanzten; dann vernahm ich, daß die Leute von Großem Fuß in der Good River Reservation tanzten; sodann, daß Tretender Bär in Sitzenden Stiers Lager am Grand River gegangen und daß die Leute auch dort tanzten. Das Gerücht verbreitete sich, daß die Indianer überall zu tanzen begonnen hatten.

Die Leute hungerten und waren in Verzweiflung, und viele glaubten an die gute neue Welt, die kommen sollte. Die Uaschitschun gaben uns nicht die halbe Zahl der Rinder, die sie uns im Vertrag versprochen hatten, und es waren sehr geringe Tiere. Eine Zeitlang weigerten sich unsere Leute, dieses Vieh anzunehmen, weil es so wenig und von so kläglicher Beschaffenheit war. Endlich aber mußten sie es nehmen, wenn sie nicht verhungern wollten. Also erhielten wir mehr Lügen als Rinder, doch Lügen konnten wir nicht essen. Als der Agent den Leuten befahl, das Tanzen einzustellen, verfinsterten sich ihre Herzen.

Von dem Tanzplatz am Wounded Knee ging ich zu dem der Brûlés hinüber, die zu jener Zeit am Cut Meat Creek ihr Lager hatten. Ich nahm sechs Hemden mit mir, die denen glichen, die von den zwölf Männern in meinem Gesicht getragen wurden; ferner sechs Kleider, wie sie die zwölf

Frauen getragen. Ich gab diese den Brûlés, und sie machten noch andere für sich selbst.
Wir tanzten dort, und da hatte ich wiederum ein Gesicht. Ich schaute einen flammenden Regenbogen, wie jenen, den ich in meinem ersten großen Gesichte gesehen. Unter dem Regenbogen stand ein aus Wolken gebildetes Tipi. Über mir flog ein gefleckter Adler auf, der sagte zu mir: »Denk daran.« Das war alles, was ich sah und hörte.
Seither habe ich viel darüber nachgedacht und geschlossen, daß hier mein großer Fehler lag: ich hatte ein sehr großes Gesicht gehabt, und ich hätte mich ausschließlich auf dieses verlassen sollen, damit es mich zum Guten führe. Aber ich folgte den minder hohen Gesichten, die sich mir gezeigt, als ich am Wounded Knee Creek tanzte. Das Gesicht von dem Flammenden Regenbogen sollte vielleicht eine Warnung sein; aber ich hatte sie nicht verstanden. Ich war nicht meinem großen Gesichte gefolgt, wie ich es hätte tun sollen; ich verließ mich auf die zwei Stöcke, die ich im geringeren Gesichte gesehen hatte. Es ist schwer, einem einzigen großen Gesichte in dieser Welt der Finsternis und der vielen wechselnden Schatten zu folgen. Unter solchen Schatten gehen die Menschen verloren.
Als ich von den Brûlés zurückkam, setzte Kälte ein. Viele von den Brûlés nahmen, als ich wieder zurück war, am Tanz der Ogalalla am Wounded Knee teil. Wir hörten: Soldaten seien am Pine Ridge angekommen, und fortwährend kämen noch mehr dazu. Dann, eines Morgens, erhielten wir Nachricht, die Soldaten seien gegen uns im Anmarsch; so brachen wir das Lager ab und zogen westwärts an den Grass Creek. Von da gingen wir nach White Clay, lagerten eine Weile dort und tanzten.

Es besuchten uns Feuer-Donner, Rote Wunde [Red Wound] und Junges Amerikanisches Pferd [Young American Horse]. Sie brachten eine Botschaft von den Soldaten: diese Angelegenheit des Geistertanzes sei zu erwägen; er müsse Bestimmungen unterstellt werden; sie wollten uns zwar nicht vom Tanzen abhalten. Aber konnten wir denn irgend etwas, das die Uaschitschun je zu uns gesagt hatten, glauben? Sie sprachen mit gespaltenen Zungen.

Wir zogen näher an Pine Ridge hinan und lagerten. Dort waren nun sehr viele Soldaten. Wozu aber waren sie da?

Eine große Zusammenkunft unter dem Agenten fand statt, aber ich wollte ihn nicht anhören. Er stellte die Regel auf, daß wir jeden Mond drei Tage tanzen dürften, in der übrigen Zeit uns jedoch irgendwie unseren Lebensunterhalt verschaffen sollten. Wie wir das tun könnten, das sagte er uns nicht. Doch unsere Leute stimmten dem zu.

Am nächsten Tage, als ich mit Gutem Donner in einem Tipi saß, kam ein Polizeimann zu uns und sagte: »Man hat mich nicht hierher geschickt, doch komme ich zu euerm Besten, um euch zu sagen, was ich gehört habe, daß sie vorhaben, euch zwei zu verhaften.«

Guter Donner meinte, wir sollten zu den Brûlés gehen, die ein großes Lager am Wounded Knee aufgeschlagen hatten, unterhalb von Manderson. Also sattelten wir an diesem Abend und brachen auf. Wir kamen über den Pepper Creek und White Horse Creek zum Wounded Knee und folgten diesem hinab bis zum Brûlé-Lager. Sie freuten sich, uns zu sehen.

Am Morgen ging der Ausrufer herum und holte die Leute zu einer Versammlung. Ich sprach zu den Brûlés und sagte ihnen dieses: »Meine Nächsten, es ist eine gewisse Sache,

die wir getan haben. Von dieser heiligen Sache haben wir Gesichte gehabt. In diesen Gesichten haben wir gesehen und auch gehört, daß unsere Verwandten, die uns vorangegangen sind, sich in der Anderen Welt befinden, welche uns offenbart worden, und daß wir alle dorthin gelangen werden. Sie stehen nun in der Gerechtigkeit des Uanekia. Wenn die Uaschitschun gegen uns kämpfen, so mögen sie's tun. Haltet die große Sehnsucht in euch wach, und seid mutig. Wir müssen auf die Abgeschiedenen vertrauen, die in der neuen Welt sind, die einst kommen wird.«
Noch mehr Brûlés zogen dorthin, von Porcupine und den Medicine Root Creeks, und wir alle brachen das Lager ab und gingen den Wounded Knee hinab nach dem Smoky Earth River [dem Weißen]. Dort kam ein Schwarzrock [katholischer Priester] und versuchte, uns zur Umkehr zu überreden. Unsere Leute erwiderten ihm, daß Uaschitschun-Versprechungen nichts wert seien; daß alles Lüge gewesen, was sie uns gesagt hatten. Nur ein paar wenige Ogalallas kehrten mit dem Schwarzrock zurück. Er war ein guter Mann, und er wurde in diesem Winter schwer verletzt in dem Gemetzel von Großen Fußes Schar. Er war ein sehr guter Mann, gar nicht wie die andern Uaschitschun[112].
Vom Smoky Earth River zogen wir nach High Pocket's Place, südwestlich vom Top of the Badlands[113]. Als wir uns dort aufhielten, traten Amerikanisches Pferd und Schneller Donner [Fast Thunder] zu uns. Beide waren Häuptlinge, und sie waren gekommen, um uns nach Pine Ridge zu bringen. Wir mußten gehorchen. Die Brûlés jedoch wollten nicht gehorchen und versuchten, uns zurückzuhalten. Sie schlugen uns, und es kam zwischen uns zu

einem Handgemenge; wir gingen gleichwohl, denn wir mußten ja doch gehen. Tretender Bär blieb für jetzt noch bei den Brûlés, doch folgte er ein wenig später nach Pine Ridge. Nur ganz wenige Brûlés begleiteten uns.
Wir lagerten am White River, dann am White Clay, dann am Cheyenne Creek nördlich von Pine Ridge. Die meisten Ogalalla lagerten in dieser Gegend.
Um jene Zeit drangen schlimme Nachrichten aus dem Norden zu uns. Wir hörten, eine Anzahl Polizeimänner seien von Standing Rock an den Grand River gegangen, um Sitzenden Stier zu verhaften, und daß er sich nicht gefangen nehmen lassen wollte; so sei es zu einem Kampf gekommen, und sie töteten ihn.
Es ging nun gegen das Ende des Mondes der Platzenden Bäume [Dezember, 1890]. Wir vernahmen, aus den Badlands herab komme Großer Fuß mit fast vierhundert Leuten; einige von diesen gehörten zur Schar Sitzenden Stiers. Sie waren geflohen, als Sitzender Stier getötet worden, und hatten sich Großem Fuß am Good River angeschlossen. In dieser Schar gab es nur etwa hundert Krieger, der Rest bestand aus Frauen und Kindern und ein paar alten Männern. Alle froren und waren halb verhungert, auch Großer Fuß war so krank, daß sie ihn in einem Pony-Karren weiterbringen mußten[114]. Sie alle waren in die Badlands gelaufen und hatten sich dort versteckt; Hunger und Kälte trieben sie nun zurück. Als sie Smoky Earth River überquerten, folgten sie dem Medicine Root Creek bis ganz hinauf. Soldaten erwarteten sie dort. Die Soldaten hatten alles, sie hungerten und froren nicht. Nahe bei Porcupine Butte trafen die Soldaten auf die Groß-Fuß-Leute, und diese ergaben sich und gingen mit den Soldaten zum

Wounded Creek, dorthin, wo sich jetzt das Brenan-Warenhaus befindet.
Es war Abend, als wir hörten, daß die Groß-Fuß-Leute dort mit den Soldaten zusammen lagerten, ungefähr fünfzehn Meilen von der alten Straße entfernt, von der wir hergekommen waren. Am nächsten Morgen [29. Dezember 1890] ereignete sich etwas Schreckliches.

DAS GEMETZEL AM WOUNDED KNEE

AN JENEM Abend, bevor das geschah, ging ich nach Pine Ridge. Dort hörte ich von diesen Dingen, und während ich dort war, brachen die Soldaten nach dem Ort auf, wo die Groß-Fuß-Leute lagerten. Als ich den Aufbruch sah, da fühlte ich, daß sich etwas Schlimmes vorbereite. Ich konnte in dieser Nacht kaum schlafen und ging fast die ganze Zeit herum.
Am Morgen trat ich hinaus, um nach meinen Pferden zu sehen, und als ich draußen war, hörte ich im Osten Schüsse. Dem Tone nach wußte ich, daß dies Wagen-Gewehre [Kanonen] sein mußten, die man abfeuerte. Der Schall ging mir durch Mark und Bein, und ich hatte die Empfindung, daß Furchtbares geschehen werde.
Als ich mit den Pferden im Lager anlangte, ritt ein Mann auf mich zu und schrie: »Hey-hey-hey! Auf die Leute, die kommen, wird geschossen! Ich weiß es!«
Ich sattelte meinen Rehbraunen und zog mein heiliges Hemd an. Es war eines, das ich nur für mich gemacht hatte und das kein anderer tragen sollte. Auf seinem Rücken war ein gefleckter Adler mit ausgebreiteten Schwingen gemalt,

auf der linken Schulter ein Morgenstern, weil, wenn wir uns gegen Süden kehren, diese Schulter gegen Osten weist. Über die Brust, von der linken Schulter zur rechten Hüfte, zog sich der flammende Regenbogen; ein anderer Regenbogen, mit einem Stern zu unterst, zog sich wie ein Halsband um den Hals. Auf jeder Schulter, jedem Ellbogen und Gelenk stand eine Adlerfeder; und über dem ganzen Hemd waren zackige rote Streifen, wie Blitze, zu sehen. Ihr seht, all das kam aus meinem großen Gesicht, und ihr werdet erfahren, wie es mich an jenem Tage beschützte. Mein Antlitz bemalte ich rot, und in mein Haar steckte ich eine einzige Adlerfeder für den Allerhöchsten.

Ich brauchte nicht lange Zeit, um mich bereit zu machen, denn beständig konnte ich drüben das Schießen hören. Nun ritt ich allein auf der alten Straße, die über den Hügel nach Wounded Knee führte. Ich hatte kein Gewehr und führte einzig den heiligen Bogen des Westens mit mir, den ich in meinem großen Gesicht gesehen. Ich war noch nicht weit gekommen, als eine Bande von jungen Leuten mir nachgaloppierte. Die ersten, die mich erreichten, waren Liebt Krieg [Loves War] und Eiserner Uaschitschun [Iron Wasichu]. Ich fragte sie, was sie beabsichtigten, und sie sagten, sie wollten nachsehen, wo dort geschossen werde. Nun kamen noch andere nach, auch ein paar ältere Männer.

Wir ritten rasch und waren jetzt wohl unser zwanzig. Das Schießen tönte lauter. Ein Reiter kam von dort drüben in strengem Galopp auf uns zu und sagte: »Hey-hey-hey! Sie haben sie gemordet!« Dann peitschte er sein Pferd und ritt in noch größerer Eile gen Pine Ridge.

Nach kurzer Zeit waren wir auf der Höhe des Hügelkamms angelangt, von wo man, nach Osten blickend, zum

erstenmal das Denkmal erblicken kann und den Begräbnisplatz auf dem kleinen Hügel, wo die Kirche steht. Von dort hat das Schreckliche seinen Ausgang genommen. Gerade südlich von dem Begräbnisgrund auf dem kleinen Hügel zieht sich in starken Krümmungen eine tiefe wasserlose Schlucht ostwärts und westwärts, und westlich steigt sie beinahe bis zu der Höhe des Hügelkammes an, auf der wir uns befanden. Sie trug keinen Namen, doch die Uaschitschun nennen sie nun zuweilen Battle Creek. Wir hielten auf dem Hügelkamm, nicht weit von der Höhe der Schlucht. Noch immer schossen Wagen-Gewehre dort auf dem kleinen Hügel drüben, und später fielen die Geschosse dem Rand der Schlucht entlang. Viele Schüsse fielen dort unten, man hörte viel Geschrei, und wir konnten auf den Hügeln uns gegenüber berittene Soldaten sehen. Diese ritten der Schlucht entlang und schossen hinein, wo sich Frauen und Kinder in den Einbuchtungen und hinter verkümmerten Kiefern zu bergen suchten.
Nicht gar weit von uns entfernt, gerade unterhalb der Höhe der Schlucht, hatten sich ein paar Frauen und Kinder unter einem Lehmhügel zusammengedrängt. Ein paar Kavalleristen hielten die Gewehre auf sie gerichtet.
Wir zogen uns auf dem Hügelkamm ein wenig zurück, und ich sagte zu den andern: »Seid mutig. Dieses sind unsere Verwandten. Wir wollen versuchen, sie zu befreien.« Dann sangen wir ein Lied, das lautete:

»Ein Donnerwesen-Volk bin ich, hab ich gesagt.
Ein Donnerwesen-Volk bin ich, hab ich gesagt.
Du sollst leben.
Du sollst leben.
Du sollst leben.
Du sollst leben.«

Dann ritt ich über den Hügelkamm nach vorn und die andern folgten mir, und wir riefen: »Faßt Mut! Es ist Zeit zum Kampf!« Die Soldaten, die unsere Verwandten bewacht hatten, schossen auf uns und machten sich dann eilig davon, auch einige Kavalleristen auf der andern Seite der Schlucht taten das gleiche. Wir hatten unsere Verwandten befreit und schickten sie über den Hügelkamm nach Nordwesten, wo sie sich in Sicherheit bringen konnten.
Ich hatte kein Gewehr, und als wir vorstürmten, hielt ich nur in der rechten Hand den heiligen Bogen vor mich hin. Keine von den Kugeln traf uns.
Wir sahen ein kleines Kindchen ganz allein in der Nähe des obern Endes der Schlucht. Ich konnte es jetzt nicht mitnehmen, doch holte ich es später, und einige von meinen Leuten nahmen es bei sich auf. Jetzt wickelte ich es nur etwas besser in den Schal, in den es gehüllt war, und ließ es dort liegen. Es war ein sicherer Ort, und ich hatte jetzt noch anderes zu tun.
Die Soldaten waren ostwärts über die Hügel geeilt, wo noch andere Soldaten sie erwarteten. Sie waren von den Pferden abgestiegen und lagen auf der Erde. Ich hieß meine Leute zurückbleiben und stieß gegen die Soldaten vor, den heiligen Bogen in der rechten Hand gegen sie hingestreckt. Sie alle schossen auf mich, und ich konnte die Kugeln um mich pfeifen hören, doch trieb ich mein Pferd ganz dicht an sie heran und schwenkte erst dann zur Seite. Ein paar Soldaten jenseits der Schlucht fingen an, auf mich zu schießen, aber ich gelangte unverletzt zu meinen Leuten zurück.
Mittlerweile waren noch viele andere Lakotas, die das Schießen gehört, von Pine Ridge hergekommen, und jetzt griffen wir vereint die Soldaten an. Sie flohen ostwärts,

worauf erst der große Schrecken begann. Wir eilten der Schlucht entlang hinab, doch was wir sahen, war furchtbar. Tote und verwundete Frauen, Kinder und Säuglinge lagen überall auf dem Weg, auf dem sie sich hatten retten wollen. Die Soldaten hatten sie, als sie die Schlucht hinab liefen, verfolgt und dort ermordet. Zuweilen lagen sie in Haufen, da sie sich zusammengedrängt hatten, und überall lagen andere einzeln herum. Da und dort, wo die Wagen-Gewehre hingezielt hatten, lagen getötete und in Stücke gerissene Menschen in Haufen. Ich sah ein kleines Kind, das an seiner Mutter zu saugen versuchte, doch die Mutter war blutüberströmt und tot.

An einem Orte dieser Schlacht befanden sich zwei kleine Knaben. Sie hielten Gewehre und hatten ganz von sich aus Soldaten umgebracht. Wir sahen die Soldaten, die sie getötet hatten. Die Knaben saßen dort ganz allein und unverletzt. Das waren sehr tapfere kleine Jungen.

Als wir die Soldaten zurückgedrängt hatten, gruben sie sich in die Erde ein, und nun waren wir nicht Leute genug, sie von dort zu vertreiben. Am Abend zogen sie nach Wounded Knee Creek hinauf, und nun sahen wir erst alles, was sie angerichtet.

Männer und Frauen und Kinder lagen in Haufen oder einzeln auf der Ebene am Fuße des kleinen Hügels, wo die Soldaten ihre Wagen-Gewehre aufgestellt hatten. Aber gegen Westen hin, die Schlucht hinan bis zu dem Hügelkamm, lagen tote Frauen und Kinder und Säuglinge zerstreut.

Als ich dies sah, da wünschte ich, ich wäre auch gestorben, doch bedauerte ich die Frauen und Kinder nicht. Es war für sie besser, in der andern Welt glücklich zu sein, und ich hätte auch dort sein mögen. Doch ehe ich dorthin ging, wollte ich Rache üben. Ich dachte, ein Tag werde kommen, da würden wir unsere Rache haben.

Nachdem die Soldaten abgezogen, vernahm ich von meinem Freund, Hunde-Häuptling [Dog Chief], wie das Unheil sich zugetragen hatte. Er war gerade dort bei Gelbem Vogel [Yellow Bird] gewesen, als es geschah. Und so begab sich's:

Am Morgen fingen die Soldaten damit an, den Groß-Fuß-Leuten, die auf der Ebene unterhalb des kleinen Hügels ihr Lager besaßen – dort wo jetzt der Begräbnisplatz ist und das Denkmal steht –, alle ihre Flinten wegzunehmen. Die Leute hatten fast alle ihre Gewehre und selbst ihre Messer nahe bei dem Tipi, in welchem Großer Fuß krank lag, aufgestellt und zusammengebracht. Soldaten waren oben auf dem kleinen Hügel und rings herum und Soldaten jenseits der Schlucht im Süden und auch östlich längs dem Wounded Knee Creek. Unsere Leute sahen sich nahezu umzingelt, und die Wagen-Gewehre waren auf sie gerichtet.

Einige hatten ihre Flinten noch nicht abgegeben, darum durchsuchten die Soldaten die Tipis, warfen alles durcheinander und schnüffelten in alles hinein. Da war ein Mann namens Gelber Vogel [Yellow Bird]. Dieser und ein anderer Mann standen vor dem Tipi, darin Großer Fuß krank lag. Sie waren ganz weiß vermummt, mit Löchern für die Augen, und unter den Tüchern hatten sie Gewehre. Ein Offizier kam, um sie zu durchsuchen. Er nahm des einen Mannes Gewehr und schickte sich darauf an, auch Gelbem Vogel seines abzunehmen. Doch Gelber Vogel wollte dieses nicht loslassen. Er rang mit dem Offizier, und während dieses Kampfes ging das Gewehr los und tötete den Offizier. Uaschitschun und ein paar andere haben gesagt, er habe dies absichtlich getan, doch Hunde-Häuptling, der dabei gestanden, sagte mir, dem sei nicht so gewesen. Sowie der Schuß gefallen, habe ein Offizier geschossen und Großen Fuß getötet, der im Innern des Tipi krank lag.

Und dann plötzlich, niemand weiß recht, wie es kam, schossen alle Soldaten, und die Wagen-Gewehre begannen auf unsere Leute zu feuern.

Viele wurden dort auf der Stelle getötet. Die Frauen und Kinder rannten westwärts zu der Schlucht hinauf, wobei fortwährend einzelne hinfielen, denn die Soldaten schossen auf sie, als sie liefen. Wir hatten kaum etwa hundert Krieger; und da waren nahezu fünfhundert Soldaten. Die Krieger eilten zu der Stelle, wo sie ihre Gewehre und Messer zusammengebracht hatten und kämpften mit bloßen Händen gegen Soldaten, bis sie sich der Gewehre bemächtigt hatten. Hunde-Häuptling sah, wie Gelber Vogel mit seiner Flinte in ein Tipi lief und von dort aus Soldaten tötete, bis das Tipi Feuer fing und er von Kugeln durchbohrt fiel.

Es war ein schöner Wintertag, als all das geschah. Die Sonne schien. Als die Soldaten ihr schmutziges Werk verrichtet hatten, fiel dichter Schnee. In der Nacht erhob sich der Wind. Es fegte ein heftiger Schneesturm, und es wurde sehr kalt. Der Schnee trieb tief hinein in die gekrümmte Schlucht; die war ein einziges langes Grab hingemetzelter Frauen und Kinder und Säuglinge, die nie jemandem etwas angetan und bloß versucht hatten, sich zu retten.

DAS ENDE DES TRAUMES

NACH DEM Wegzug der Soldaten machten Rote Krähe und ich uns auf, um nach Pine Ridge zurückzugelangen; ich hatte das kleine Kind mitgenommen, von dem ich oben erzählte. Rote Krähe hielt auch eines im Arm.

Wir zogen nach Pine Ridge zurück, weil wir annahmen, daß dort wieder Frieden herrsche; doch dem war nicht so. Während wir fort waren, wurde dort um die Agentur herum gekämpft, und alle unsere Leute waren nun weggegangen. In solcher Eile waren sie geflohen, daß sie alle Tipis hatten stehen lassen.

Es war fast dunkel, als wir nördlich von Pine Ridge, wo jetzt das Krankenhaus steht, vorbeiritten. Ein paar Soldaten schossen auf uns, doch ohne zu treffen. Wir ritten in das Lager; es stand vollkommen leer. Wir waren sehr hungrig, da wir seit dem frühen Morgen nichts gegessen hatten, so sahen wir uns in den Tipis um, bis wir einen Topf mit gekochtem Papa [getrocknetem Fleisch] vorfanden.

Wir setzten uns nieder und begannen zu essen. Während wir damit beschäftigt waren, schossen die Soldaten auf das Tipi, und eine Kugel schlug zwischen Roter Krähe und mir in den Boden. Sie warf Staub in unsere Suppe, doch wir aßen ruhig weiter, bis wir satt waren. Dann nahmen wir unsere Kleinkinder wieder auf und ritten davon. Hätte die Kugel mich getroffen, ich wäre mit Trockenfleisch im Munde gestorben.

Die Leute waren den Clay Creek hinab geflohen, und wir folgten ihrer Spur. Es wurde nun völlig dunkel. Spät in der Nacht kamen wir zu dem Ort, wo sie ohne ein einziges Tipi lagerten. Sie saßen nur an kleinen Feuern, und der Schneewind erhob sich. Wir ritten durch sie hindurch, da hörte ich die Stimme meiner Mutter. Sie sang ein Totenlied für mich, denn sie hielt es für gewiß, daß ich dort drüben gefallen sei. Nun war sie so glücklich, mich lebend zu sehen, daß sie weinte und weinte.

Frauen, die Milch hatten, nährten die Kleinen, die Rote Krähe und ich mitgebracht hatten.

Ich glaube, daß außer den kleinen Kindern in dieser Nacht niemand schlief. Der Schnee wurde heftig herangeblasen, und wir hatten keine Tipis.

Als es tagte, gingen eine Anzahl Krieger hinaus, und auch ich machte mich auf; doch nahm ich diesmal ein Gewehr mit. Als ich Tags zuvor nach Wounded Knee aufgebrochen war, trug ich nur meinen heiligen Bogen bei mir, der nicht zum Schießen gemacht war; denn ich war damals ein wenig im Zweifel über die Wanekia-Religion und wollte ihrethalben niemanden töten.

Doch nun fühlte ich nicht mehr so. Nach dem, was ich dort oben gesehen, wünschte ich Rache; ich wünschte zu töten. Wir überquerten White Clay Creek und ritten ihm entlang, an seiner Westseite hinauf. Bald hörten wir viele Schüsse knallen. So hielten wir nach Westen, einem Kamm folgend, und gelangten dorthin, wo der Kampf im Gang war. Das war nahe bei der Mission, und noch jetzt stecken viele Kugeln in den Wänden des Hauses.

Von diesem Grat aus sahen wir, daß die Lakotas zu beiden Seiten des Baches standen und auf die Soldaten, die den Creek herunter kamen, schossen. Wir erblickten eine kleine Talschlucht, und jenseits erhob sich ein großer Hügel. Wir gingen hinüber und ritten den Hügelkamm hinauf.

Eben hier kämpften sie, und ein Lakota rief mir zu: »Schwarzer Hirsch, dies ist ein Tag, an dem Großes vollbracht werden sollte!« Ich antwortete: »Hau!«[115].

Dann stieg ich vom Pferd und rieb mich mit Erde ein, um den Mächten zu zeigen, daß ich ohne ihre Hilfe gar nichts sei. Danach ergriff ich meine Flinte, stieg aufs Pferd und sprengte zur Höhe des Hügels hinauf. Rechts unter mir schossen die Soldaten, und meine Leute riefen mir zu, ich solle mich nicht dort hinabwagen; die Soldaten hätten ein paar gute Schützen unter sich, und ich würde für nichts in den Tod rennen.

Doch ich gedachte meines großen Gesichts, jenes Teils, da die Gänse aus dem Norden erschienen. Ich verließ mich auf ihre Kraft. In der rechten Hand Gewehr und Waffen vor mich hinstreckend, wie eine Gans, wenn sie vor einem Umschlag des Wetters niedrig fliegt, gab ich den Laut der Gänse von mir: »br-r-r-p, br-r-r-p, br-r-r-p«; und also stürmte ich zum Angriff vor. Die Soldaten, die mich sahen, eröffneten ein heftiges Feuer. Ich rannte auf meinem Rehbraunen vorwärts, schoß ihnen, als ich ihnen nahe war, ins Gesicht, bog dann zur Seite und ritt wieder den Hügel hinauf.

Während dieser ganzen Zeit pfiffen die Kugeln um mich, und ich wurde nicht getroffen. Doch gerade als ich die Hügelkuppe erreicht hatte, war es mir, wie wenn ich plötzlich erwachte, und ich fürchtete mich. Ich ließ die Arme sinken und brach den Gänseruf ab. In diesem Augenblick fühlte ich einen Schlag über meinem Gürtel, als habe einer mit dem Rücken einer Axt dort hingetroffen. Ich wäre beinah aus dem Sattel gestürzt, vermochte mich aber noch zu halten und ritt über den Hügel.

Ein alter Mann mit Namen Beschützer [Protector] war dort; er kam herbeigeeilt und hielt mich fest, denn jetzt sank ich vom Pferd. Ich will euch zeigen, wo die Kugel mich hier seitlich über dem Bauch getroffen hat [er zeigte bei diesen Worten eine lange, tiefe Narbe über dem Unterleib]. Mein Eingeweide trat heraus. Protector riß eine Decke in Streifen und band sie mir um den Leib; so drängte er meine Eingeweide zurück. Doch jetzt erfaßte mich eine rasende Wut, zu töten, und ich sagte zu Beschützer: »Hilf mir auf mein Pferd! Laß mich dort hinüber reiten! Es ist ein guter Tag zum Sterben, so will ich dort hinüber reiten!« Aber Beschützer erwiderte: »Nein, junger Neffe! Heute sollst du nicht sterben. Das wäre töricht. Dein Volk bedarf deiner. Es mag ein besserer Tag zum Sterben kommen.« Er hob mich in den Sattel und führte mein Pferd den Hügel hinab. Dann fühlte ich mich sehr elend.

Jetzt sah es aus, als sollten die Soldaten vernichtet werden, und die Lakotas kämpften noch wilder; aber ich hörte, nachdem ich den Ort verlassen, seien die schwarzen Uaschitschun-Soldaten gekommen, und die Lakotas hätten sich zurückziehen müssen.

In der Mission waren viele von unsern Kindern, und die Schwestern und die Priester betreuten sie. Man sagte mir, daß Schwestern und Priester in der Schlacht waren, um den Verwundeten zu helfen und um zu beten.

Da war ein Mann, Kleiner Soldat [Little Soldier] mit Namen, der sich meiner annahm und mich zu der Lagerstelle unserer Leute brachte. Während wir oben in der Schlacht bei der Mission gewesen, waren unsere Leute nach dem O-ona-gazhi[116] geflohen und hatten auf seiner Höhe gelagert, wo Frauen und Kinder vor den Soldaten sicher waren.

Altes Hohles Horn [Old Hollow Horn] war dort[117]. Er war ein sehr fähiger Bären-Medizinmann, und er war herübergekommen, um meine Wunde zu heilen. Drei Tage später konnte ich gehen, doch trug ich noch ein Stück von einer Decke um meinen Leib gebunden.

Es war nun fast schon in der Mitte des Mondes des Frosts im Tipi [Januar]. Wir vernahmen, Soldaten seien am Smoky Earth River und zögen heran, uns im O-ona-gazhi anzugreifen. Sie waren in der Nähe von Black Feathers place. Also betrat eine Abteilung von etwa sechzig der Unsrigen den Kriegspfad, um sie aufzufinden. Meine Mutter versuchte, mich zurückzuhalten, denn, wiewohl ich gehen und reiten konnte, so war meine Wunde doch noch nicht geheilt. Aber ich wollte nicht bleiben; nach dem, was ich am Wounded Knee gesehen, verlangte es mich nach einer Gelegenheit, Soldaten umzubringen.

Wir ritten den Grass Creek hinab nach Smoky Earth und überquerten unten reitend den Strom. Bald erblickten wir von der Höhe eines kleinen Hügels aus Wagen, die von Kavallerie bewacht waren. Die Soldaten stellten die Wagen zu einer Schutzwand zusammen und machten sich kampfbereit. Wir stiegen ab und schlichen hinter ein paar Erhebungen hindurch zu einem kleinen Hügel, auf den wir hinaufkrochen, um das Lager zu überblicken. Einige Soldaten führten angeschirrte Pferde an einen kleinen Bach hinab zur Tränke, und ich sagte zu den andern: »Wollt ihr hier bleiben und auf die Soldaten schießen, so will ich drüben angreifen und ein paar gute Pferde ergattern.« Sie wußten von meiner Kraft, also handelten sie, wie ich vorgeschlagen. Ich ritt auf meinem Rehbraunen zum Angriff, indessen die andern ihre Schüsse abgaben. Sieben von den Pferden eroberte ich; doch als ich mit diesen zurückkehrte, wurde ich von allen Soldaten gesehen und beschossen. Sie töteten zwei von den Pferden, die andern brachte ich heil in Sicherheit und wurde selbst nicht getroffen. Außer Schußweite wählte ich mir einen schönen weißköpfigen Fuchs und ließ meinen Rehbraunen frei. Darauf trieb ich die übrigen zu unsern Leuten hin.

Doch jetzt kamen mehr berittene Soldaten flußaufwärts, ein großer Trupp, und eine Zeitlang wurde schwer gekämpft, denn wir waren zu gering an Zahl. Kämpfend zogen wir uns zurück, und auf einmal sah ich Rote Weide [Red Willow] zu Fuß heranlaufen. »Vetter, mein Pferd ist getötet!« rief er mir zu. So faßte ich eines der Soldatenpferde, das einen Strick hinter sich herschleppte, und brachte es zu Roter Weide, während die Soldaten fortwährend heftig auf mich schossen. Da war ich nun, für eine kleine Weile, selber ein Uanekia[118]. In diesem Gefecht wurden Langer Bär und ein anderer Mann, dessen Namen ich vergessen, schwer verwundet; doch wir retteten sie und nahmen sie mit uns. Die Soldaten verfolgten uns nicht weit in die Badlands, und als es Nacht geworden, ritten wir mit unseren Verwundeten nach O-ona-gazhi zurück.

Wir wären gern eine viel größere Kriegerschar gewesen, damit wir den Soldaten standhalten und an ihnen hätten Rache nehmen können. Doch das war schwierig, denn die Leute waren nicht alle derselben Meinung. Sie waren auch hungrig und hatten kalt. Wir hielten dort eine Versammlung ab, bereit, mit mehr Kriegern wieder in den Kampf zu ziehen, als Selbst-sein-Pferd-ist-gefürchtet von Pine Ridge herüberritt, um mit Roter Wolke, der bei uns war, Frieden zu schließen.

Unsere Gruppe äußerte den Wunsch, gleichwohl zum Kampf zu gehen, aber Rote Wolke sprach zu uns ungefähr dieses: »Brüder, jetzt ist ein sehr harter Winter. Frauen und Kinder verhungern und erfrieren. Wären wir im Sommer, dann würde ich raten, bis zum Ende zu kämpfen. Nun aber können wir nicht. Wir müssen an die Frauen und Kinder denken und daran, wie schlimm es um sie steht. Also müssen wir Frieden schließen, und ich will dafür sorgen, daß niemandem durch die Soldaten etwas geschieht.«
Die Leute stimmten dem bei, denn es war die Wahrheit. Wir brachen am folgenden Tag das Lager ab und zogen vom O-ona-gazhi nach Pine Ridge, und viele, viele Lakotas waren bereits dort. Da standen aber auch viele, viele Soldaten. Sie empfingen uns mit vorgehaltenem Gewehr in zwei Reihen, zwischen denen hindurch wir zu unserem Lagerort gehen mußten.
Und so war alles vorbei.
Ich wußte damals nicht, wie gründlich es zu Ende war. Wenn ich jetzt von diesem hohen Berge meines Alters auf mein langes Leben zurückschaue, dann sehe ich die hingemetzelten Frauen und Kinder in Haufen liegen und längs der vielgekrümmten Schlucht verstreut, so deutlich, als erblicke ich sie noch mit jungen Augen. Und ich begreife, daß noch etwas anderes im blutigen Schlamm gestorben und vom Schneesturm begraben worden ist. Der Traum eines Volkes starb dort. Es war ein schöner Traum.
Und ich, der ich in meiner Jugend mit einem so großen Gesicht bedacht worden – ihr seht mich nun als einen bejammernswerten alten Mann, der nichts vollbracht hat, denn der Ring des Volkes ist zerbrochen und zerfallen. Es gibt keine Mitte mehr, und der heilige Baum ist tot.

NACHDEM er seine Erzählung beendet hatte, saßen Schwarzer Hirsch und unsere Gesellschaft an der Nordkante von Cuny Table und schauten nach den Badlands hinüber [»die Schönheit und die Seltsamkeit der Erde«, wie der alte Mann sich ausdrückte]. Auf den Harney Peak weisend, der dunkel vor dem fernen Himmelsrand aufragte, sagte Schwarzer Hirsch: »Dorthin trugen mich, als ich jung war, die Geister in meinem Gesicht, nach der Mitte der Erde und zeigten mir alles Gute in dem heiligen Kreis. Ich wollte, ich könnte im Fleisch dort oben stehen, ehe ich sterbe, denn ich hätte den Sechs Großvätern etwas zu sagen.«

Also wurde ein Ausflug nach dem Harney Peak ins Werk gesetzt, und wenige Tage später waren wir dort oben. Auf dem Wege zum Gipfel bemerkte Schwarzer Hirsch zu seinem Sohn Ben: »Etwas sollte heute geschehen. Wenn mir noch von meiner Kraft geblieben ist, dann sollten die Donnerwesen des Westens mich hören, wenn ich eine Stimme schicke, und zum mindesten müßte ein wenig Donner und ein wenig Regen kommen.« Was geschah, das mag nun freilich für Uaschitschun-Leser nicht mehr sein als ein erstaunliches Zusammentreffen. Es war ein strahlender, wolkenloser Tag, und als wir den Gipfel erreicht hatten, schien der Himmel vollkommen klar. Es herrschte eine Zeit der Dürre, eine der schlimmsten, deren der alte Mann sich entsinnen konnte. Der Himmel blieb bis gegen das Ende des nun kommenden Ritus klar.

»Dort drüben rechts«, sagte Schwarzer Hirsch und zeigte auf einen Felsen, »ist der Ort, wo ich in meinem Gesichte stand, doch der Ring der Welt um mich herum war anders, denn was ich sah, das sah ich im Geiste.«

Nachdem er sich gekleidet und bemalt hatte, wie damals zur Zeit seines großen Gesichts, schaute er nach Westen und streckte die heilige Pfeife in seiner rechten Hand vor sich hin. Dann schickte er eine Stimme; eine dünne, ergreifende Stimme schien es in dem weiten Raum, der uns umgab:

»Hey-a-a-hey! Hey-a-a-hey! Hey-a-a-hey! Großvater, Großer Geist, noch einmal schau mich an auf Erden und neige dich meiner schwachen Stimme. Du lebtest zuerst, und du bist älter als alle Not, älter als alles Gebet. Alle Dinge gehören dir – die zweibeinigen, die vierbeinigen, die Vögel in der Luft und alle grünen Dinge, die leben. Du hast die Mächte der vier Weltgegenden eingesetzt, auf daß eine jede die andere kreuze. Den guten Weg und den Weg der Mühsale hießest du einander kreuzen; und der Ort, wo sie einander kreuzen, ist heilig. Tag ein und Tag aus, immerdar, bist du das Leben der Dinge.

Darum schicke ich eine Stimme, Großer Geist, mein Großer Geist, mein Großvater, der du nichts vergissest, was du geschaffen, nicht die Sterne des Alls, nicht die Gräser der Erde.

Du sagtest mir, als ich noch jung war und hoffen konnte, wenn ich in Not sei, solle ich viermal eine Stimme schicken, für jedes Weltviertel einmal, und du werdest mich erhören. Heute schicke ich eine Stimme für ein Volk in Verzweiflung.

Du hast mir eine heilige Pfeife gegeben, und durch sie hindurch soll ich mein Opfergebet darbringen. Du siehst es jetzt.

Vom Westen hast du mir die Schale lebendigen Wassers und den heiligen Bogen gegeben, die Kraft lebendig zu machen und zu vernichten. Du hast mir einen heiligen Wind gegeben und das Kraut, von dort, wo der weiße Riese lebt – die reinigende Kraft und die Heilkraft. Den Morgenstern und die Pfeife hast du mir aus dem Osten gegeben; und aus dem Süden des Volkes heiligen Ring und den Baum, der blühen sollte. In die Mitte der Welt hast du mich gebracht und mir die Güte und die Schönheit und die Seltsamkeit der grünenden Erde gezeigt, der einzigen Mutter – und dort hast du mir die Geist-Formen der Dinge gezeigt, so wie sie sein sollten, und ich habe gesehen. In der Mitte dieses heiligen Kreises hast du gesagt, ich solle den Baum zum Blühen bringen.

Unter rinnenden Tränen, o Großer Geist, Großer Geist, mein Großvater – unter rinnenden Tränen muß ich nun bekennen, daß der Baum nie geblüht hat. Ein beklagenswerter alter Mann, so siehst du mich hier, und ich bin abtrünnig geworden und habe nichts getan. Hier, in der Mitte der Welt, wo du mich hingebracht und unterwiesen hast, als ich jung war, hier, nun alt, stehe ich, und der Baum ist verdorrt, Großvater, mein Großvater!

Nochmals, und vielleicht zum letztenmal auf dieser Erde, rufe ich das große Gesicht wieder auf, das du mir gesandt hast. Es könnte ja sein, daß eine kleine Wurzel des heiligen Baumes noch lebte. Nähre sie, auf daß sie Blätter und Blüten trage und sich mit singenden Vögeln fülle. Höre mich, nicht um meinetwillen, um meines Volkes willen; ich bin alt. Erhöre mich, auf daß sie wiederum in den heiligen Ring zurückkehren und den guten roten Weg finden, und den beschirmenden Baum!«

Wir Zuhörenden bemerkten jetzt, daß sich über uns dünne Wolken versammelt hatten. Ein spärlicher kühler Regen begann zu fallen, und ein leiser murmelnder Donner war zu hören, ohne Blitz. Tränen rannen über seine Wangen, als der alte Mann seine Stimme zu einer dünnen Klage erhob: »In Trauer schick' ich eine schwache Stimme, o Sechs Mächte der Welt. Hört mich in meiner Trauer, denn ich werde vielleicht nie wieder zu Euch rufen. O laßt mein Volk leben!«

Während einiger Minuten stand der alte Mann schweigend da, mit erhobenem Antlitz, und weinte im rieselnden Regen.

Nach einer kurzen Weile war der Himmel wieder klar.

ANHANG

ANMERKUNGEN

[1] In der Sprache der Sioux: Hächaka Ssapa. Gemeint ist der Wapiti Nordamerikas.

[2] Nach Schwarzen Hirschs Erklärung [an J. E. Brown] versinnbildlichen die Schlangen hier die Leidenschaften.

[3] »So ist es wahrhaftig!«

[4] Die westliche und zahlreichste Gruppe der Sioux oder Lakota.

[5] Ein Nachbarstamm der Sioux wie die Pani, Cheyenne, Arapaho, Odschibwä und andere.

[6] Battle of the Hundred Slain = The Fetterman Fight, gewöhnlich als »Massaker« dargestellt, in dem Hauptmann Fetterman und 81 Mann in der Peno-Bucht bei Fort Phil Kearney am 21. Dezember 1866 vernichtet wurden.

[7] Uaschitschun = eine Bezeichnung des weißen Mannes, doch enthält das Wort keine Anspielung auf dessen Hautfarbe. Der eigentliche Sinn des Wortes ist »Geister«; dieser Name wurde den Weißen wegen ihrer völligen Fremdartigkeit gegeben.

[8] Die Cheyenne.

[9] Die Arapaho.

[10] Das typische, konische Zelt der Prärie-Indianer.

[11] Ein kleineres Pferd, aber durchaus nicht das unter dem Namen Pony bekannte Zwergpferd.

[12] Die Wagenburg-Schlacht [The Wagon Box Fight], die sechs Meilen westlich von Fort Phil Kearney stattfand, am 2. August 1867.

[13] Breech-loading Springfields.

[14] The Union Pacific Railway.

[15] Der kleine Big Horn River.

[16] Der Stamm oder das Volk wird als Kreis gedacht, entsprechend der kreisförmigen Aufstellung der Indianerdörfer.

[17] Schwarzer Hirsch glaubt, es seien die drei Arme des Missouri gewesen.

[18] Der Baumwollstrauch.

[19] Das Präriehuhn.

[20] Blau sowohl wie schwarz kann die Macht des Westens bezeichnen.

[21] Ein Indianerzelt hat oben zwei klappenartige Öffnungen, die mit langen,

an ihnen befestigten Stangen je nach Bedürfnis geschlossen oder geöffnet werden können.

[22] Der Kreis des Stammes wird bei Riten durch einen großen Ring oder Reifen versinnbildlicht.

[23] Schwarzer Hirsch sagte, der Berg, auf dem er in seinem Gesicht gestanden, sei der Harney Peak in den Black Hills gewesen. »Doch überall ist die Mitte der Welt«, setzte er hinzu.

[24] Ein Zweig der Teton-Sioux, wie die Ogalalla, die Hunkpapa und andere.

[25] Mit diesem Worte ist kein Karren gemeint, sondern ein »Travoi« [kanadischer Ausdruck, von »travail«], das heißt eine Art Tragbahre, an die ein Pferd gespannt wurde, während der hintere Teil am Boden nachschleppte; dieses Gerät bestand aus zwei Tipi-Stangen und Lederdecken. Kleinere Travois wurden von Hunden geschleppt.

[26] Die Ogalalla, Brûlés, Sans Arcs, Ohenompa, Hunkpapa, Minneconjou. Die Schwarzfüße [nicht zu verwechseln mit dem gleichnamigen großen Algonkin-Stamm] waren bei jenem Treffen der Teton-Sioux nicht zugegen.

[27] Fort Robinson.

[28] Akuiapi, »über und über braun«, Brot. Päschuta ssapa, »schwarze Medizin«, Kaffee. Tschahumpi ska, »weißer Baumsaft«, Zucker.

[29] Nicht ein Stammeszweig wie die Ogalalla, sondern eine Gruppe innerhalb eines solchen Zweiges. Jeder der sieben Zweige des Lakota-Stammes teilte sich in mehrere Gruppen ein.

[30] Langes Haar, General Custer.

[31] Der Umstand, daß die »Aufständischen« wie Tolles Pferd und Sitzender Stier durchaus im Recht waren, bringt nicht mit sich, daß Rote Wolke ein Verräter gewesen sei. Rote Wolke war den Uaschitschun genau so feindlich gesinnt wie die genannten Häuptlinge, er war jedoch durch sein früheres Versprechen, nie mehr zu den Waffen zu greifen, gebunden, und er wußte anderseits, daß ein neuer Krieg das Ende seines Volkes bedeuten würde.

[32] Oberst Dodge mit 400 Mann und 75 Wagen aus Fort Laramie begleitete eine geologische Expedition in diesem Frühling in die Hügel und blieb bis zum Oktober.

[33] Cheyennen und Arapahos.

[34] The Bozeman Trail.

[35] Die Indianernamen haben meist gar nichts mit dem Äußeren ihres Trä-

gers zu tun, sondern können sich auf irgendwelche Begebenheit beziehen oder sinnbildliche Anspielungen sein.

[36] Der Stockhieb auf einen Feind, ob tot oder lebend, trug Ehre ein, der erste Schlag natürlich am meisten.

[37] Das heißt: auf den toten Krähen-Indianer [Absaroka].

[38] Oberst Reynolds griff Tolles Pferd, wie festgestellt, mit sechs Kavallerie-Kompanien am Morgen des 16. März 1876 an.

[39] Der Bozeman Trail, geschlossen durch den Vertrag von 1868.

[40] Der gesamte Stamm der Sioux besteht aus sieben Unterstämmen: Mdewakanton, Wahpekute, Wahpeton, Sisseton, Yankton, Yanktonais [Ihanktonwanna], Teton; die vier erstgenannten bilden als Santi eine besondere, sprachlich bestimmte Gruppe; die wichtigste Gruppe sind jedoch die Teton oder Lakota, denn sie umfassen zwei Drittel aller Sioux. Jeder der sieben Unterstämme zerfällt in mehrere Zweige: so zerfallen die Teton in die sieben Zweigstämme [»die sieben Ratsfeuer«, Otschenti Tschakowin], die unser Text erwähnt, und unter welchen der Ogalalla-Stamm der bedeutendste ist.

[41] »Rauschender Baum«, Baumwollstrauch.

[42] Das heißt, es wurden zwei tiefe Einschnitte gemacht, und der am Baume befestigte Riemen wurde hindurchgezogen.

[43] Little Big Horn

[44] General Crook.

[45] Am 17. Juni 1876.

[46] Die Heilkunde der Indianer beruht auf einer dem abendländischen Denken sehr fernliegenden, laut vieler Beobachtungen aber durchaus wirksamen Anwendung kosmischer Wechselbeziehungen. Noch ganz kürzlich sind erstaunliche Heilungen dieser Art bei den Navaho-Indianern bestätigt worden.

[47] Dies war Renos Abteilung, die vom südlichen Ende des Lagers angriff.

[48] Ob dieses englische Wort hier »Galle«, »Groll« oder »Schramme« bedeuten soll, ist uns nicht bekannt. Von ziemlich vielen Indianernamen sind übrigens nur falsche Übersetzungen in die Geschichte eingegangen; so hieß der bekannte Häuptling Young-Man-Afraid-of-His-Horses [Junger-Mann-erschrickt-vor-seinen-Pferden] in Wirklichkeit: Selbst-sein-Pferd-ist-gefürchtet!

[49] Wahrscheinlich Hauptmann French.

[50] Custer hatte das Lager an seinem nördlichen Ende, vier Meilen entfernt, angegriffen.

[51] Er sah Reno in einer Entfernung von vier Meilen zum Angriff heranrücken.

[52] Augenscheinlich Custers Abteilung, die kam, um den Angriff am nördlichen Teile des Lagers auszulösen.

[53] Mit Custers Truppe.

[54] Die Ri oder Arikara waren Feinde der Sioux; Custer hatte Ri als Späher bei sich.

[55] Eine Abteilung von Renos Kommando war ausgerückt, um Custer zu unterstützen; der Rest folgte. Sie waren auf den Hügel zurückgeworfen worden, auf den sie sich nach der Niederlage im Tal am Südende des Lagers zurückgezogen hatten.

[56] Ein indianischer Kriegsbrauch. Es gibt besondere, mit Federn geschmückte Lanzen [coup-stick], um den Feind zu berühren; diese Berührungen [coup] werden gezählt und gelten als verdienstvolle Taten.

[57] Die indianischen Beinkleider [Englisch: leggins] bestehen aus zwei getrennten Stücken, die oben am Gürtel befestigt werden.

[58] General Terry kam den Fluß herauf von der Mündung des Little Big Horn her auf den Kampfplatz.

[59] Diejenige Custers.

[60] Das heißt, der Indianer hatte alle diese Gegenstände mit Tupfen bemalt, denen eine kosmisch-magische Bedeutung zukommt. So gilt auch der gefleckte Adler [Uambali galeschka] als ein besonders heiliges Tier.

[61] Custer.

[62] Dieser Name [Uaschitschun Sapa] bedeutet wahrscheinlich »Neger«. Wie jener Indianer zu diesem Namen kam, ist uns so wenig bekannt wie die Begründung anderer Indianernamen.

[63] Ein grimmiger Scherz, denn die Indianer ernährten sich niemals von Menschenfleisch.

[64] Die Frage bleibt offen, ob es sich hier um das indianische Travoi handelt oder ob die Sioux damals schon einige Karren besaßen.

[65] Die alten Rothäute konnten sich nach dem herben Büffelfleisch nie an das »süßliche« Kuhfleisch gewöhnen.

[66] Ein »Bild«, das heißt eine Erscheinung in Form einer auf indianische Weise bemalten Büffelhaut.

[67] Dampfschiff.

[68] Die Schlacht von Slim Buttes, am 9. September 1876.

[69] Den Kriegspfad verlassen hatten.

[70] Der Vertrag wurde im Oktober 1876 unterzeichnet.

71 Davon war in Wirklichkeit keine Rede, sondern die Häuptlinge wurden unter der Drohung, ihr Volk werde ausgehungert, zur Unterschrift gezwungen; sie fügten sich erst nach heftigem Sträuben.

72 Hauptmann Mackenzie griff, wie erwähnt, das Dorf der Cheyennen am 26. November 1876 an.

73 Hier stoßen wir wieder auf die voreilige Meinung der freigebliebenen Indianer, die anderen seien zu den Weißen übergegangen. In Wirklichkeit bestand der Unterschied nur darin, daß die einen noch an die Möglichkeit der Freiheit glaubten, während die anderen ihr Volk durch die Übergabe retten wollten; dabei sahen weder die einen noch die anderen die schmachvolle Behandlung voraus, die ihrer nach der restlosen Übergabe harrte, und die einer planmäßigen und völlig rücksichtslosen Vernichtung allen Indianertums gleichkam.

74 Ein Beweis, daß Rote Wolke ihnen nicht gefügig war.

75 Vielleicht, um ihn dadurch zu retten.

76 Schwarzen Hirschs Blockhütte liegt etwa zwei Meilen westlich vom Manderson Postamt, Pine Ridge Reservation, Süd Dakota.

77 Kanada.

78 Nicht Sioux-, sondern Algonkin-Schwarzfüße. Letzere waren Feinde der Sioux und der Krähen.

79 Bei den Indianern eine heilige Pflanze.

80 Der Norden.

81 Der heilige Tabak, auch Kinnikinnik genannt.

82 Die Bewegung ging also von der Mitte aus und ging dann, als die Westseite erreicht war, im Kreise nach Norden, Osten, Süden, Westen — eine Umkreisung, die in fast allen indianischen Riten wiederkehrt. Man darf bei der vorliegenden Beschreibung nie aus den Augen verlieren, daß schwarz, weiß, rot und rehbraun [oder gelb] je dem Westen, Norden, Osten und Süden entspricht; hat das Pferd seinen Weltteil erreicht, so »verschwindet« es in ihm, daher das jeweilige Zurücktreten.

83 Es handelt sich hier um den schon erwähnten Kriegsritus, der darin besteht, den lebenden oder toten Gegner bloß zu berühren; oft dient die gefiederte Lanze [coup-stick] dazu. Daß dieser Ritus auf heilige Gegenstände wie das geheiligte Tipi und den Sonnentanz-Baum angewandt wird, scheint darauf hinzuweisen, daß durch die Beruhrung etwas von der Weihe oder Kraft des Berührten auf den Berührenden übergeht.

84 Dezember 1881.

85 Das heißt, den Großen Geist in der Einsamkeit anzurufen.

[86] Schwarzen Hirschs Wohnung in der Nähe von Manderson P. O., Süd-Dakota.

[87] Indianischer Ruf, dessen zweite Silbe sehr langgezogen ist.

[88] Das heißt, in der Mitte des kreisförmigen Zeltdorfes.

[89] Wir erinnern daran, daß dies der Name eines schon erwähnten Medizinmannes ist.

[90] Das heißt, sie hatte einen großen blauen Kreis im Gesicht, der unter dem Munde und oberhalb der Brauen vorbeiging und somit seitlich die Wangen einschloß. Nebenbei sei bemerkt, daß es sich um die Brauengegend und nicht um dichte Brauen handelt, denn die Brauen der Indianer sind von Natur aus eher dünn und wurden dazu noch ausgerupft.

[91] Das Gold.

[92] Langhaar, Buffalo Bill. — Da auch Custer so genannt wurde — denn langes Haar war bei den Weißen eine Ausnahme —, nennt Schwarzer Hirsch hier Buffalo Bill den »anderen« Pahuska.

[93] Das heißt: der Erkenntnis. Der indianische Dolmetscher sagte »understanding«, was hier wörtlich wiedergegeben wurde.

[94] Omaha.

[95] Chicago.

[96] New York.

[97] Madison Square Garden.

[98] Der schon erwähnte Kriegsbrauch; auf englisch: counting coup oder: couping. Diese Berührung konnte mit einem Stock, einer Waffe oder auch mit der bloßen Hand geschehen.

[99] Das ist bildlich gesprochen.

[100] The best-looking people. Der in seiner Art seltene Ausdruck von Stolz und Kühnheit der freilebenden Prärie-Indianer, sowie die schlichte Würde ihrer Bewegungen, waren schon Catlin und anderen vorurteilslosen Reisenden aufgefallen.

[101] The Spirit Journey. »Spirit« ist sehr wahrscheinlich die Übersetzung des lakotischen Wortes »uakan«, welches alles Übersinnliche — oder mit dem Übersinnlichen verknüpfte — und im engeren Sinne das Heilige, Göttliche bezeichnet.

[102] General Crook war das Haupt der Kommission, welche den Vertrag von 1889 ausarbeitete.

[103] Mason Valley, Nevada.

[104] »Einer, der leben macht.«

[105] Weil er als Knabe bei einem gewissen Mr. Wilson gearbeitet hatte.

[106] Die von Uowoka [Wovoka] verkündete Lehre war an sich nicht neu, sondern beruhte auf altindianischen, übrigens bei allen Völkern wiederkehrenden Vorstellungen von Weltende und neuem Paradies. Der mit diesen Vorstellungen verbundene Kultus erhielt durch die tragische Lage der Präriestämme ein von der ursprünglichen Lehre in manchen Punkten abweichendes Gepräge.

[107] Uowoka war — wie die meisten Paiute-Indianer — wie ein Weißer gekleidet und trug den großen Filzhut der Westmänner. Der für Uowokas Fluidum unempfängliche Mann war Großer Stier [Tall Bull], ein übermütiger Witzbold, der später lahm wurde.

[108] Der gefleckte Adler — Uambali Galeschka — versinnbildlicht bei den Indianern die Offenbarung und ist deshalb ein heiliges Tier. Er scheint dem Garuda der Hindus zu entsprechen.

[109] Gemeint sind die indianischen Hemden aus Wildleder, die unten und an den Ärmeln meist mit Fransen oder Haaren verziert sind.

[110] Das heißt: den Herrn der Menschen [der »Zweibeiner«].

[111] Damit ist diesmal der im Gesicht geschaute »Herr der Menschen« — wohl der Urmensch — gemeint.

[112] Der Priester war Pater Craft.

[113] Cuny Table, eine Hochebene inmitten der Badlands.

[114] Er war an einer Lungenentzündung schwer erkrankt.

[115] Ausruf der Zustimmung.

[116] Schutzplatz, eine Hochebene in den Badlands, mit abschüssigen Seiten und unzugänglich, abgesehen von einer schmalen, leicht zu verteidigenden Landenge.

[117] Auch Häuptling Rote Wolke befand sich dort, mit den Häuptlingen Zwei Schläge [Two Strike] und Kurzer Stier und dem Oberpriester Tretender Bär. Rote Wolke war nach dem Gemetzel von Wounded Knee mit seiner ganzen Familie in die Badlands geflohen und war dadurch zu den sogenannten »Feindlichen« [hostiles] übergegangen.

[118] Ein »Macht-leben«, Erretter.